Gastronomía erótica

Las mejores recetas afrodisíacas y otras curiosidades sexuales

Grupo ROBIN BOOK

Barcelona - México
Buenos Aires

Gastronomía erótica

Las mejores recetas afrodisíacas y otras curiosidades sexuales

Alicia Misrahi

ROUGE

ROBINBOOK

Un sello de Ediciones Robinbook
información bibliográfica
Industria 11 (Pol. Ind. Buvisa)
08329 - Teià (Barcelona)
e-mail: info@robinbook.com
www.robinbook.com

© Alicia Misrahi

© Ediciones Robinbook, s. l., Barcelona

Diseño cubierta: Regina Richling

Ilustración de cubierta: iStockphoto © Alonzo Design

Diseño de interior: Cifra

ISBN: 978-84-9917-144-9

Depósito legal: B-33.108-2011

Impreso por S.A. DE LITOGRAFIA, Ramon Casas, 2 cant. Torrent Vallmajor,
08911 Badalona (Barcelona)

Impreso en España - *Printed in Spain*

Índice

El poder de los alimentos

Comer y amar; la mesa y la cama; la comida y el sexo; bocados delicio-sos y el placer sexual; el sabor y el gusto... Placeres que van unidos, a veces indisolublemente, y que, para algunas personas, son sinónimos o, para otras, uno es preludio del otro, o quizá complemento o, a lo me-jor, la forma de coronar con éxito una agradable velada, que puede ini-ciarse comiendo en un restaurante para terminar entre sábanas y gemi-dos. Aunque también se puede empezar en el lugar donde nos sorprenda la pasión, para acabar comiendo de forma íntima algunas *de-licatessen* o un yogur a dos cucharas, dos bocas, dos lenguas y una sola voluntad: la de disfrutar y reír y ser cómplices y amantes.

Rindámonos a la evidencia: comer y hacer el amor son dos de los placeres fundamentales de la vida. El primero es asequible y el segundo... gratis, siempre y cuando no recurramos a los servicios de un/a profesional. La comida y el amor..., ambos apelan a nues-tros sentidos más primarios y a nuestra necesidad de obtener pla-cer inmediato y alimento —sea para el cuerpo, sea para el espíritu o para ambos.

Entre el acto de comer y el acto sexual hay paralelismos eviden-tes y emociones y sentimientos coincidentes. Comer produce, como el sexo, excitación, y en ambos actos hay la voluntad de asimilar, morder, devorar, poseer..., unidos a una agresividad juguetona y lúdica: se muerde la comida y, en ocasiones, de puro deseo y pasión, se muerde al amante.

La comida como seducción

Charlar y coquetear ante una buena comida, preferiblemente en un restaurante íntimo, romántico o de lujo —o las tres cosas— es una técnica básica de seducción, casi universal.

Es una táctica que no sólo practicamos los humanos; en muchas especies animales el macho obsequia a la hembra con manjares para tentarla o para demostrar que son buenos cazadores y, por tanto, un buen partido. Usan esta práctica los chimpancés, las moscas rastreras, las golondrinas marinas...

En el caso de las golondrinas marinas, el factor decisivo para escoger pareja es que el macho regale un pescado a la hembra. Con este obsequio, ella llega a la conclusión de que es un buen proveedor de alimentos y podrá sacar adelante a sus crías.

El macho de la mosca colgante agasaja a su pretendida con un tentador y suculento insecto muerto. Ella devora el manjar durante el acto sexual. Como el mundo está lleno de pillos, algunas moscas macho imitan el comportamiento de las hembras para conquistar a un macho y conseguir el regalo. Antes de que el otro macho reaccione, se dan a la fuga con su obsequio de amor, que se pueden comer o pueden ofrecer a una hembra para conseguir sus favores. Si es que no topan en su camino con otro macho travestido.

La hembra de la mantis religiosa puede devorar al macho tras la cópula en el supuesto de que a éste no le dé tiempo a huir. Lo intenta conseguir por todos los medios, pero no siempre lo logra...

La comida aviva los sentidos, produce placer y buen humor, invita a la conversación, a bromear y a relajarse, y predispone el ánimo para la intimidad. Oler, saborear, escuchar y dejarse llevar por los aromas y por los colores o la vistosidad de un buen plato mima y exalta todos los sentidos y enardece el ánimo hasta conducirlo a la excitación.

El paralelismo entre el sexo y el placer de la mesa es evidente para muchas personas, especialmente para las mujeres que, en general, se fijan más en los detalles: «El sexo —señala Alba, de 42 años— es como una buena comida: a mí me gusta primero disfrutar del aroma, de la presentación de los platos, de una mesa puesta con buen gusto y con un toque romántico. Me encanta acompañar la comida con un buen vino, gozar de cada detalle: del intenso olor del vino al descorchar la botella, de la forma en que se desliza en la boca, de sus contrastes con las especialidades que como…, de los sabores que van apareciendo poco a poco ocultos en las recetas de cada plato. Me gusta comer con tranquilidad, disfrutando del momento, hablando y bromeando de forma que se convierte en una experiencia sensorial total».

La buena noticia es que, según un estudio de la AESS (Asociación Española para la Salud Sexual), un 33 % de los hombres españoles afirman que su prolegómeno preferido al acto sexual es una cena romántica.

Una cena romántica es un excelente inicio para disfrutar de una noche de pasión.

La cena romántica es usada como principal elemento de seducción por los españoles. La segunda opción es ir a ver una película. No parece muy buena idea porque, aunque pone a salvo a la pareja de silencios inoportunos o de la falta de conversación, en una sala de cine es imposible comunicarse —salvo que se quiera despertar las iras de los demás espectadores—, y puede ser duro estar sentado al lado de un extraño durante dos horas, o tres, según la duración de la película. A cambio, después de la experiencia escópica o *voyeur* que supone «mirar» las vidas de los personajes de ficción, siempre hay tema seguro de conversación... Es aconsejable no cometer la torpeza del protagonista bien intencionado de *Taxi Driver*, que lleva a su pretendida a ver una película pornográfica y la horroriza.

Cenas románticas por comunidades autónomas

Los canarios son los que consideran que la cena es el mejor preámbulo para un encuentro sexual (43,4 %), seguidos de: catalanes (34,6 %); gallegos y asturianos (34,5 %); murcianos (34,1 %); navarros (33 %); baleares (33,2 %); castellanomanchegos y extremeños (32,4 %); valencianos (32,2 %); aragoneses (30,2 %); andaluces (30 %); vascos (29,9 %); cántabros y madrileños (29,4 %); riojanos (27,5 %); castellanoleoneses (27,2 %).

No obstante, en temas de seducción y de conquista, quien no corre vuela: el 66 % de los valencianos admite haber invitado a una cena con fines sexuales.

El poder de los afrodisíacos

La relación entre comida y sexo va más allá de la seducción y, en todas las épocas y culturas, los hombres —y también las mujeres— han experimentado con alimentos, recetas, perfumes y pociones varias para fortalecer su potencia sexual, para remediar inoportunos o recurrentes desmayos del miembro o para hacer crecer su propio deseo sexual... o el de la pareja, para forzar una conquista o acabar con alguna virtud demasiado resistente.

Tradicionalmente, las mujeres han usado filtros amorosos para conseguir amor, y los hombres, para conseguir sexo. Existen teorías que sostienen que los afrodisíacos son producto de las sociedades patriarcales, donde el hombre detenta el poder. Según esta idea, los hombres, para seducir a las mujeres (aunque, tratándose de sus esposas, también había cierta represión sexual hacia ellas para evitar infidelidades y, por tanto, la posibilidad de que tuvieran hijos de otros hombres), inventó afrodisíacos para despertar el deseo sexual de éstas y hacerlas accesibles en la cama.

Afrodita, la diosa del amor griega, ha prestado su nombre a los afrodisíacos, mientras que Venus, diosa del amor romana, ha tenido peor suerte y ha originado el término enfermedades «venéreas».

Los afrodisíacos pueden ser químicos —es decir, los que aportan al organismo sustancias estimulantes o excitantes— o mentales. Los afrodisíacos son, en muchos casos, alimentos o sustancias que se ingieren —y que pueden actuar sobre el cuerpo provocando cambios químicos, aunque la mayoría de las veces actúan sobre nuestra mente por sugestión—, pero también pueden ser olores, objetos o actos que estimulan la imaginación, como una llamada telefónica picante, un mensaje o una carta provocativos, música, flores, disfraces, lencería sugerente, revistas, vídeos o literatura eróticos... En *El jardín perfumado* (compilación de textos de distintos orígenes realizada por Jeque Nefzawi en el siglo XVI) se identifican seis ingredientes principales para el placer: «Las causas del placer son seis en número: el fuego del amor ardiente, la superabundancia de esperma, la proximidad de la persona amada, la belleza del rostro, las viandas excitantes y el contacto». Eliminemos la «superabundancia de esperma» y sustituyamos «la belleza del rostro» por «el atractivo personal»... y, entonces, estaría totalmente de acuerdo. También podríamos cambiar «la proximidad de la persona amada» por «la cercanía de la persona deseada o amada», y añadir: complicidad, conversación, coqueteo, juegos...

Si creemos en ellos o nos abandonamos a sus «efectos», los afrodisíacos, físicos o mentales, tienen un gran poder sobre nuestro estado de ánimo, nuestras apetencias y la intensidad de nuestro deseo. Por lo que, en última instancia, los afrodisíacos actúan, sobre todo, estimulando la mente o la imaginación. Y es que nuestro órgano sexual por excelencia es el cerebro. Cada persona tiene sus gustos particulares. A algunos les excita el olor de sudor (limpio o no), a otros los pies de las mujeres. Hay gustos muy variados: la música, una película pornográfica, ver comer de forma sensual a la otra persona, mirar alguna parte de su cuerpo, verla masturbarse... El abanico de opciones es variadísimo.

La realidad sobre los afrodisíacos es que, si uno cree que funcionan, entonces funcionan. Por eso se puede usar como estimulante todo aquello en lo que creamos, siempre y cuando no implique la extinción de una especie (como el cuerno de rinoceronte triturado, que, además, no contiene ninguna sustancia estimulante) o sea perjudicial para la salud, como algunas sustancias de las que hablaré más adelante.

A lo largo de miles de años de historia de la humanidad, se ha usado prácticamente de todo como afrodisíaco: vegetales, frutas, marisco, pescados, especias, condimentos, carne —especialmente las partes «más tiernas» de algunos animales macho, y también de hembras, quizá por aquello de que de lo que se come se cría—, insectos, polvo de momias, cuerno de rinoceronte y de otros astados, setas, sustancias extrañas obtenidas de plantas o de raíces, caparazones de moluscos molidos o fluidos corporales como la orina o la sangre menstrual (entre los más asquerositos)...

No nos horroricemos ni pensemos que son prácticas de un pasado bárbaro. Una de las culturas que usó la orina para exacerbar la libido fue la de la China milenaria. Además, en la actualidad, en Occidente, hay muchos adeptos de la orinoterapia como medio para aliviar muchas enfermedades y regenerar el organismo. Eso sí, normalmente se trata de orina de producción propia.

En la península Ibérica fueron populares, como afrodisíacos, los testículos de toro. De hecho, se atribuye la muerte de Fernando el Católico, ya sexagenario, a un potaje afrodisíaco que le hizo servir su esposa Germana para motivar al rey y asegurar la descendencia..., un potaje que, entre otros ingredientes, contenía testículos de toro.

El romano Plinio el Viejo recomendaba, para despertar el apetito sexual, los testículos de caballo y el testículo derecho de un asno, acompañados de un vaso de vino. Evidentemente, el tamaño de los órganos sexuales de estos animales era el origen de su fama como estimulantes. En la Biblioteca de El Escorial se conserva un manuscrito árabe, seguramente del siglo XVI, que recoge una multitud de recetas para aprovechar los animales con los más diversos fines. Se citan como afrodisíacos diversos testículos acompañados de sus correspondientes recetas:

- «Los testículos de ternero, cuando se secan y machacan, y se dan a beber, estimulan y vigorizan el coito.»
- «Cuando se seca el testículo del zorro y se administra de ello un *dirham* con agua de dátil día y noche, es afrodisíaco y calienta los riñones.»
- «Si se seca el testículo derecho del erizo grande y se administra de ello un *dirham* con miel, quitada la espuma, es afrodisíaco y aumenta la intensidad del coito.»
- «El testículo izquierdo del cocodrilo, seco y bebido con agua de garbanzo, es afrodisíaco.»

En China, se usaban los genitales del castor para preparar una pasta con la que untarse el miembro viril. En Canadá, en el siglo XVI, en cambio, se usaban los testículos de los castores, pulverizados, mezclados con un intenso licor casero e ilegal, para evitar los embarazos no deseados.

Existe el rumor de que, hacia 1920, algunos hombres europeos se hacían implantar quirúrgicamente testículos enteros o trozos de monos o machos cabríos, entre otros animales, para fomentar su potencia sexual.

Las mujeres, entre ellas la lujuriosa emperatriz Mesalina (hacia 25-48), usaban vulva de oveja y ubre de vaca. Existen varias recetas para cocinar estos delicados manjares.

Cada cultura y cada época han tenido sus elementos y recetas preferidos para potenciar el rendimiento sexual, sin que nunca se haya demostrado que sean totalmente efectivos. Sin embargo, hay algunos alimentos o sustancias que ayudan algo por los efectos beneficiosos que tienen sobre nuestro organismo, sobre todo si son incluidos regularmente en la dieta. Además, el efecto psicológico es importante, sobre todo si se instiga con una buena puesta en escena, una ambientación romántica o morbosa y variados elementos sensuales.

No se han descubierto panaceas para recuperar el deseo ni para tener más potencia sexual ni para animar la libido. No obstante, o quizá precisamente por esta razón, esta búsqueda del elemento mágico para disparar las experiencias sexuales continúa hoy en día. Además de manjares exquisitos y elaboradas recetas, se han usado como afrodisíacos sustancias o elementos bastante raros, repugnantes e incluso tóxicos. Algunos han dañado la salud de los que los han tomado; otros han llevado a la tumba a sus usuarios; otros los han llevado a la cárcel, como le ocurrió al Marqués de Sade (1740-1814), que contrariamente a lo que se piensa, fue más perverso en sus obras que en su vida. Y no sólo por los perturbadores pasajes literarios en los que torturaba física y mentalmente a jovencitas, sino por su defensa de la libertad sexual y de un sistema de valores que iba en contra de la moral predominante y cuestionaba abiertamente el poder y el *establishment*.

Fueron sus escarceos con el afrodisíaco llamado «mosca española» o cantárida, sustancia con la que intoxicó a varias prostitutas —aunque sin querer, ya que calculó mal la dosis—, los que le llevaron a la cárcel. Las autoridades, que eran conscientes de la leyenda negra del «divino marqués» y de sus anteriores escándalos por cometer actos blasfemos e impíos con prostitutas —además de usar para sus encuentros sexuales elementos de la liturgia católica—, le condenaron a la cárcel por intento de asesinato y sodomía.

Hoy en día continúa la lucha por mantener una vida sexual plena y satisfactoria y por no perder potencia —especialmente en el caso de los hombres, cuyo vigor sexual se puede reducir a partir de los cuarenta—. La Viagra ha significado, para muchos hombres afectados de impotencia, una nueva vida.

No nos confundamos: la Viagra no es un afrodisíaco ni mejora el rendimiento sexual sino que es un medicamento que se debe usar bajo prescripción médica y que sirve para superar la disfunción eréctil ocasionada por problemas físicos (se calcula que entre el 70 % y el 80 % del total). La Viagra y otros medicamentos similares (como el Cialis) no pueden hacer nada si las causas de la disfunción eréctil son psicológicas o si lo que ocurre es que hay falta de deseo o motivación sexual.

Afrodisíacos, ¿verdad o mentira?

Aunque no se puede decir que exista ningún afrodisíaco definitivo y milagroso, la relación entre comer y disfrutar del sexo es muy íntima y fuerte. Si estimulas un placer, seguramente desearás otro tipo de goces. El placer genera deseo y ansia de más placer.

Además, es indiscutible que, como sabemos en la actualidad, la buena salud, relacionada directamente con nuestra dieta diaria, es una gran baza a favor del buen funcionamiento sexual. Y viceversa, ya que el buen sexo nos hace estar más felices y saludables.

Por eso, la relación entre comida y sexo es profunda, múltiple y duradera en el tiempo, y también se presta a todo tipo de fantasías, porque, si algo han descubierto los buenos amantes es que la fantasía y el juego son los mejores afrodisíacos. ¡Juguemos, señoras! ¡Juguemos, señores!

Sabores, fragancias, olores, texturas..., todo ello forma parte de la sensualidad que reclaman las mujeres y que cada vez más hombres (al menos en la cultura occidental) están deseando experimentar.

Juego, mucho juego; picardía; imaginación; fantasía; complicidad...
para jugar en la mesa, para experimentar en la cocina o acudir a nuevos restaurantes y para explorar las múltiples relaciones entre la cocina, las recetas y los alimentos, por un lado, y el sexo, por otro. ¡Hagan juego, señores!

Los mejores afrodisíacos son la imaginación y el deseo, provenientes ambos de nuestro mayor órgano erógeno: la mente. Una ma-
trona romana del siglo VI a. C., Lucrecia, fue bien clara respecto al
uso de pociones afrodisíacas: «El único filtro del que me he servido
toda la vida ha sido besar y abrazar; sólo con esto he hecho enloque-
cer a los hombres como bestias, obligándolos a que me adoraran
como un ídolo».

Agasajar, invitar a cenar, envolver en atenciones a las mujeres y, en
bastantes casos, usar algunas técnicas de seducción poco claras o un
tanto engañosas son los elementos clásicos para intentar conseguir
sexo. Los tiempos han cambiado, pero quizá no tanto como pensamos
o como desearíamos.

Uno de los personajes que encarnó Marilyn Monroe, la sensual,
divertida y lista corista Elsie Marina, de *El príncipe y la corista*, sabe
que cuando el príncipe la invita a degustar una cena fría en sus aposentos, lo que desea es el sexo más caliente servido sin tardanza en
bandeja.

La película, que dirigió y protagonizó Laurence Olivier, transcurre entre las tretas de Elsie para truncar los avances del príncipe regente de Carpatia, los enredos varios y los esfuerzos de la artista por
no estropear las relaciones internacionales por rehusar los requeri-
mientos del noble con una negativa demasiado abrupta.

En contrapartida al hombre que seduce invitando a cenar en un
restaurante o en su guarida, tenemos a la mujer conocedora de los
secretos de la cocina que agasaja y conquista al hombre envolvién-
dole en aromáticas, picantes, sabrosas, calóricas o dulces elaboraciones culinarias.

Como el personaje de Maribel Verdú en *Amantes* (filme de Vi-
cente Aranda), Trini, que intenta luchar sin éxito por su novio, Paco,
encarnado por Jorge Sanz, con su virtud y sus guisos. Su adversaria
es Luisa (Victoria Abril), una viuda con la que el novio inicia una
apasionada relación sexual. La inocente Trini está dispuesta a todo
para que Paco olvide a la otra, pero ni su talento en la cocina, ni su

decisión de acostarse con él (a pesar de sus creencias), ni su renuncia a sus ahorros serán suficientes... Una historia dura de la posguerra española.

En teoría, estos son modelos del pasado, pero aún están muy vivos entre nosotros. Estamos en una época de cambios en la que las costumbres antiguas conviven, más o menos pacíficamente, con las modernas.

Los tiempos han cambiado, y también existen mujeres nuevas, independientes y fuertes que son grandes conocedoras de restaurantes, chefs y tendencias... Y asimismo hay algunos hombres dispuestos a descubrirlas, a experimentar todo tipo de sabores y dejarse conquistar. Por una noche, por un día, por un mes, por un año o, en algunos casos, hasta que dure.

Los tiempos han cambiado y surgen algunas dificultades que antes no se planteaban: ¿quién paga la cuenta en el caso de que sea una pareja que no se conoce o no tiene confianza todavía? Muchos hombres temen ofender a las mujeres si pagan ellos, otros consideran que la famosa liberación femenina pasa porque paguen ellas y algunos más optan por el igualitario acuerdo de que cada uno pague la mitad de la cuenta del restaurante. Hay tres casos en los que recomiendo huir sin mirar atrás:

- Cuando el hombre (o la mujer) calcula qué ha tomado cada uno y el coste de su comida e insiste para que cada uno aporte el importe exacto de lo consumido.
- Cuando se plantea una batalla para ver quien deja la propina (me refiero al caso de que el acompañante insista en que sea el otro quien lo haga).
- Cuando en una cena o una comida con una cuenta que asciende a unos 60 euros, el interfecto o interfecta deja cinco céntimos de propina.

Porque todos estos casos son indicios de egoísmo, y el buen sexo está reñido con el egoísmo. Como veremos en los siguientes capítulos, se pueden conocer muchos detalles sobre la forma de ser de una persona o sobre su forma de comportarse en el sexo, simplemente, por la forma de comer o por los alimentos que le gustan (o los que no le gustan...).

Relación íntima entre comida y sexo

Los labios, la boca y la lengua son algunas de las partes más sensibles de nuestro cuerpo, tanto como los genitales, con los que, por otra parte, están conectados. Besa a tu amante en los labios, sorbe y succiona —con delicadeza— su labio superior con tus labios y activarás su deseo. Las sensaciones en los labios se reflejan inmediatamente en el clítoris o en el pene y disparan la excitación. Besar, que es casi como comer al otro, acelera los latidos del corazón, causa un gran placer, sensibiliza todas las zonas erógenas, hace que la sangre afluya a la piel y prepara el cuerpo para el placer.

Existe una gran similitud física entre la boca y el sexo, son zonas con carne sensible y llenas de terminaciones nerviosas. Resulta más que evidente el paralelismo entre los labios que sonríen en la cara y los genitales femeninos.

Cuando la persona está excitada, los labios y los órganos sexuales se vuelven más oscuros y prominentes, la sangre fluye hacia estas zonas y calienta todo el cuerpo. Por esta razón resultan tan atractivos unos labios carnosos y de color subido: funcionan como un reclamo sexual tanto en hombres como mujeres, informan al otro de que quien tiene delante está preparado para el placer —aunque no sea verdad porque hay muchas formas de darles mayor volumen y color—, dan a entender que los genitales están tan henchidos de deseo y de sangre como esta parte del rostro. Los labios de las mujeres son más susceptibles a estos cambios físicos que los de los hombres; por este motivo unos labios carnosos resultan más atrayentes en una mujer que en un hombre y, en los últimos tiempos, parecen una condición indispensable para ser atractiva, sensual y deseable.

Los humanos somos la única especie animal que tiene labios que sobresalen, en lugar de una simple línea, como en perros y gatos, por ejemplo. Se trata de una artimaña de la naturaleza para movernos al sexo y, por tanto, a reproducirnos. En primera instancia, puede parecer simple, pero no debemos perder de vista que somos animales y que, debajo de nuestro barniz de cultura, existe un gran número de instintos que vivimos y canalizamos como podemos, muchas veces sin darnos cuenta de ello. Nos queda el consuelo de pensar que, al menos, somos más sofisticados y finos que algunos monos cuyas hembras, cuando están receptivas, experimentan llamativas transformaciones en sus genitales: se hinchan y se tiñen de rojo.

Conscientes del atractivo de unos labios carnosos, mullidos y coloridos, muchas mujeres los maquillan de colores rojizos o de rojo para resaltarlos y potenciar su sex appeal, que no es otra cosa que una llamada sexual...

¿Comer o amar?

Hacer el amor es como comer. Ambos placeres empiezan con el precalentamiento y los preparativos: con cariño, tranquilidad y amor se motiva al amante con los «preliminares» y se le proporcionan los ingredientes necesarios para cocinar la pasión. Del mismo modo, en la cocina, se disponen, preparan y arreglan los diferentes componentes de las viandas que se van a degustar; el plato se cuece con paciencia y mimo, como cuando se calienta al amante lentamente. Nunca hay una receta fija, el sexo y la cocina son improvisación, imaginación y ensayo... Dos artes que necesitan nuestros cinco sentidos y los envuelven en tentaciones y en estímulos.

El guiso o la pasión se cocinan en sus propios jugos. Y, entonces, llega el momento culminante: comer. Se come y se devora, preferiblemente bocado a bocado, con fruición pero con calma, y se disfruta de los diferentes sabores, notas y connotaciones de los manjares. Al final, consumado y consumido el placer en ambos casos, los que son fumadores fuman un cigarrillo. Para muchos, el mejor es el de después de amar. Llega la sobremesa o la «sobrecama», el cuerpo y la mente, henchidos de hormonas placenteras y de gozo, piden reposo y comunicarse perezosamente. Quizá llegue el sueño, especialmente en el caso de los hombres. Las mujeres, en cambio —y esto es algo que los hombres deberían tener en cuenta— desean aún unos golosos dulces en forma de besos, abrazos y arrumacos. En ningún caso, ni en el sexo ni en la comida, conviene que las sobremesas sean demasiado largas. La necesidad que tienen muchos hombres de desconectar, dormir o pasar a otra cosa es una realidad que las mujeres deberían tener presente. Quizá hombres y mujeres deberían llegar en las «sobrecamas» a un término medio que satisfaga a los dos... Ni «demasiadas» atenciones ni ninguna.

La comida también es amor y cariño: nos reconforta en los malos momentos y sirve para reunir y unir —o incluso reconciliar— a las familias, a los amigos o a los miembros de algún club, de alguna organización lúdica o profesional, del trabajo... En estos casos, comer no es sinónimo y expresión de amor pasional, sino de amor familiar o fraternal o de compañerismo.

Todos los actos importantes de la vida de los hombres y de las mujeres se celebran comiendo: nacimientos, cumpleaños, bodas... Y hasta las defunciones, en las que se recurre a comidas reconfortantes, las que nos

Un escena de la película erótica
Historia de O (1975), dirigida por
Just Jaeckin.

hacen sentir bien y nos consuelan. En este caso, recetas típicas de cada zona o sopas o guisos que levantan el ánimo.

Las comidas reconfortantes pueden ser recetas familiares, transmitidas normalmente de madres a hijas, platos regionales que evocan el olor y sabor de la tierra —sobre todo cuando estamos lejos—, víveres suaves, dulces y blandos —fáciles de preparar o de comer—, o guisos calientes —que alguien cocina para nosotros— a los que acudimos cuando estamos tristes, melancólicos o desesperados...

Los alimentos que reconfortan son diferentes en cada país. En España, podríamos hablar de: sopas; postres, como natillas, flan o arroz con leche, que tienen en común su textura cremosa y su color suave; helados, que son alimentos fuente de gran consuelo; puré de patatas; pasta italiana; potajes..., y otros muchos. En general, son platos que se comen con cuchara y para los que no es necesario usar el cuchillo, que requiere un mayor trabajo y, además, es un elemento agresivo.

Otro tipo de comida reconfortante que, además, es comida para jugar, es la comida que se come con los dedos. Entrarían en esta categoría alimentos como pizzas, patatas fritas, aceitunas y otros aperitivos y, por supuesto, las hamburguesas y todo tipo de comidas rápidas. Este tipo de comida se presta a comer informalmente, a disfrutar tocando la comida —algo que normalmente no es socialmente aceptable—, a que el acto de comer sea más relajado y placentero y, por supuesto, dado el carácter juguetón de este tipo de comida, a que las reuniones sean más alegres y la conversación fluya con más facilidad. Además, la comida para picar o la comida que se come con los dedos es sexy y se presta a juegos variados.

Estados Unidos es el país de los comedores con los dedos. Las comidas que triunfan entre los estadounidenses son las propuestas por los «restaurantes» de comida rápida: hamburguesas, frankfurts, pollo frito, alitas de pollo, mazorcas de maíz...

Son comidas que también complacen a los niños, porque les permiten jugar con ellas, algo que normalmente los adultos les prohíben.

En la mayoría de los países existen especialidades que se comen con los dedos y que, normalmente, se corresponden con la comida que se vende en la calle: tacos mexicanos, *fish and chips* inglés, rollitos de primavera chinos, samosas hindúes o paquistaníes, shawarmas árabes...

Alimentos considerados afrodisíacos y sus propiedades

La humanidad, a veces, es conmovedoramente simple: un gran número de alimentos afrodisíacos son considerados como tales porque sus formas recuerdan a los órganos sexuales femeninos o masculinos. Entre ellos, por supuesto, están las ostras, las almejas (nombre que en España también sirve para designar el sexo de la mujer) y frutas como los melocotones, los higos y las papayas. El clítoris se llama, en ocasiones, pepita, semilla o almendra; y los pechos femeninos son identificados con cocos o melones por los que gustan de las formas generosas, y con peras por los más mesurados. En el caso de los hombres, se identifican con los productores de esperma (los testículos) frutos secos como las nueces, los dátiles y los pistachos —entre otros muchos—, y los kiwis —que son ovaladitos, peludos y oscuritos— Y, por supuesto, el falo es asociado invariablemente con el plátano y el pepino.

Inconscientemente, y sin tener sólo en cuenta su forma ni el género que les atribuye el idioma, asociamos con cualidades femeninas o masculinas a los alimentos y a las diversas especialidades culinarias. En general, son percibidos como femeninos los que reúnen una o varias de estas características: son suaves, blanditos, cremosos, dulces y de color claro. Entre los alimentos femeninos se cuentan la leche, los yogurs, las cremas, el queso, los huevos —a pesar de que es una palabra que se usa para denominar a los testículos—, el pollo —porque su sabor es suave, acogedor y decididamente reconfortante—, los postres de todo tipo, la miel...

Entre los alimentos masculinos figuran las carnes rojas –especialmente si se consumen poco hechas—, el steak tartar, las chuletas de cerdo, la carne a la parrilla —que, en muchos casos, suele ser la única aportación a la cocina familiar del hombre de la casa—, el pan, las tostadas, los cereales, el bacón, las patatas fritas... En general, alimentos fuertes o que requieren bastante energía para ser consumidos, que son duros o crujientes, o ambas cosas. El plátano, a pesar de su forma fálica, tiene, sin embargo, una consistencia, un sabor y una dulzura femeninas. Sucede, asimismo, que muchos de estos alimentos femeninos o masculinos son identificados como afrodisíacos para el género con el que se asocian.

Hay varias razones por las que son considerados estimulantes sexuales algunos alimentos o sustancias que se han ingerido históricamente para aumentar el vigor sexual:

• Por su forma, como ya hemos visto.
• Por su procedencia; naturalmente, penes y testículos de todo tipo de animales de mayor o menor tamaño y, también, órganos sexuales de algunas hembras de animales.
• Por sus propiedades nutritivas; alimentos sanos cargados de vitaminas y minerales como el zinc, o muy energéticos, como los frutos secos.
• Por sus efectos; algunos alimentos o sustancias tienen propiedades irritantes de las vías urinarias y crean una sensación de escozor que se confunde con la excitación sexual (es el caso de la cantárida o mosca española), mientras que otros son estimulantes del sistema nervioso central, como el ginseng, que gozó y goza de gran popularidad en la medicina tradicional china.

Además de los alimentos que son considerados afrodisíacos por sus formas, también hay otros que no han llegado a considerarse potenciadores de la libido, pero que se usan habitualmente para designar a los órganos sexuales masculinos o femeninos. Los pechos pueden ser limones, peras, melocotones o melones, dependiendo de su tamaño y forma; los pezones se asocian de forma habitual con cerezas o fresas, y muchas personas esbozan una sonrisa o sueltan una risita cuando se habla de alimentos de forma fálica como pepinos, nabos, zanahorias, salchichas, butifarras, plátanos, bananas, chorizo, chopped, morcilla... Las asociaciones entre la comida y el sexo son numerosas. Por ejemplo, tenerla «morcillona» significa que el miembro masculino está inquieto y alerta aunque no totalmente erecto.

En el lenguaje coloquial abundan las expresiones que relacionan el atractivo de una persona con la comida, con el acto de comer o con la boca: «está para comérselo», «está buenísimo», «está como un queso», «está que cruje», «está de toma pan y moja», «es un bombón», «tengo hambre de ti», «me lo/la comería entero/a», «está jamona», «nunca me sacio de ti», «contigo saciaré toda mi hambre», «es un yogurín», «es un bocado exquisito», «me lo comería a besos», «te voy a devorar»... A veces, cuando se desea mantener relaciones sexuales con otras personas, se habla de «probar nuevos platos». Hasta el extremo de que un seductor no demasiado hábil, casado con una mujer muy atractiva, le dijo a una mujer a la que quería llevar a la cama: «Sí, estoy casado, pero si cada día comes solomillo, a veces te apetece comer un bocadillo de mortadela». Comparar a su presa con un bocadillo de mortadela no parece la mejor forma de seducirla...

Cuando buscamos el amor o creemos haberlo encontrado, nos referimos a «la media naranja», esa persona que, supuestamente, es nuestra mitad y que puede convertirse en un concepto peligroso, porque, si creemos haberla encontrado y la perdemos, ¿significaría eso que nunca más podremos amar? O, para los más románticos e indecisos, ¿cómo podemos estar seguros de que una persona es nuestra media naranja?

La lista de alimentos afrodisíacos es larga. En este libro hago una selección, prestando atención especial a los más beneficiosos para la salud, cuando se incluyen en la dieta normalmente, y, también a los más raros o curiosos.

Guía exprés de los afrodisíacos

Aunque dedico un apartado específico a muchos de los alimentos afrodisíacos, con sus propiedades, usos y curiosidades, esta rápida lista puede ser muy útil cuando tengas que improvisar una velada romántica o afrodisíaca.

Flores

Prueba a poner ramilletes de alguna de estas flores para aromatizar y decorar. También puedes usar aceites esenciales con su fragancia para quemar en un incensario.

- jazmín
- clavel
- rosa
- azahar
- violeta
- narciso
- loto
- lila

Aromas

Estos aromas están disponibles en barritas de incienso para quemar o en aceites esenciales.

- ylang ylang
- patchuli
- sándalo
- almizcle
- ámbar
- mirra

Estimulantes naturales

Algunos productos naturales que pueden ayudarte a tonificar cuerpo y espíritu.

- miel
- jalea real

- aceite de onagra
- alga kelp
- ginseng
- eleuterococo
- polen
- guaraná
- ginkgo biloba

Carnes

Las carnes aportan proteínas al organismo y, guisadas, placer a los sentidos.

- carnes rojas
- caza
- codornices
- oca
- perdices

Pescados y mariscos

Llegados del mar, la simple evocación de estos manjares, trae ecos afrodisíacos y lujosos.

- almejas
- anguilas
- arenques
- atún
- berberechos
- bígaros
- buccinos
- caballa
- cigalas
- caviar
- gambas
- langosta
- langostinos
- mejillones
- mero
- ostras

- pescados azules
- pez espada
- rape
- salmón
- trucha
- vieiras

Frutas

Son refrescantes y aportan vitaminas, imprescindibles para la salud y vitalidad del organismo.

- arándanos
- coco
- frambuesas
- fresas
- lichis
- manzana
- melocotón
- moras
- piña
- plátano
- uvas

Verduras

Para dar un toque de color y salud a ensaladas, salsas, platos de carne...

- aguacate
- ajo
- alcachofa
- apio
- champiñones
- cebolla
- endibias
- espárragos
- hinojo
- perejil
- tomate
- trufas

Otros alimentos y bebidas

La mayoría son estimulantes naturales que conviene tomar con prudencia.

* café
* chocolate
* huevos
* bebidas alcohólicas
* vino

Frutos secos

Energía pura, fácilmente asimilable, y con sabores delicados.

* almendras
* avellanas
* dátiles
* nueces
* piñones
* pistachos
* semillas de calabaza

Hierbas y especias

Muchas de estas especias se pueden usar para condimentar la comida o, en forma de aceites esenciales, para quemar en un incensario o, mezclando unas gotas con aceite de almendras dulces, para hacer masajes.

* azafrán
* canela
* cardamomo
* chile
* cilantro
* clavo
* enebro
* eneldo
* estragón
* lavanda
* menta

- pimienta
- romero
- tomillo
- vainilla

Frutas y verduras

Las verduras pueden formar parte de exquisitos y sofisticados platos, combinarse para ser un nutritivo primer plato o, en preparaciones como las berenjenas rellenas, convertirse en el plato principal. Las frutas —solas o combinadas con dulces, cremas, postres, pasteles, pastelitos chocolate...— se prestan a un gran número de especialidades culinarias sugerentes y, también, a un sinfín de juegos.

Aguacate

El aguacate tenía mala fama en el pasado porque se consideraba que estaba cargado de grasas. Las nuevas investigaciones afirman que el consumo de aguacate previene la aparición de enfermedades del corazón y del sistema circulatorio.

Aunque a veces lo hallemos en la sección de verduras de los supermercados, el aguacate es una fruta, y es rico en ácidos grasos monoinsaturados que ayudan a reducir el nivel de colesterol en la sangre. Las grasas monoinsaturadas reducen, asimismo, el conocido popularmente como «mal colesterol», el LDL, al tiempo que incrementan los niveles de HDL, el «colesterol bueno», que se encarga de transportar por la sangre el colesterol desde las células al hígado, evitando que se acumule en las paredes de los vasos sanguíneos.

Su nombre viene de la palabra azteca *ahuacatl*, que significa testículo. Sin embargo, una vez abierto, se asocia más a una imagen femenina. Su carne, cremosa y de una textura muy suave, evoca la sensualidad femenina, y puede usarse para algunos juegos pícaros en alguna noche de verano.

Es un fruto energético —y, por tanto, aconsejable para los amantes libidinosos que quieren convertirse en incansables—. Es el único fruto que contiene todos los elementos nutritivos: proteínas, vitaminas —especialmente vitamina E, la vitamina antioxidante—, sales minerales, lípidos, hidratos de carbono y agua. ¡Un alimento muy completo!

No obstante, como es muy calórico, las personas con sobrepeso u obesidad tienen que limitar su consumo.

Otra de sus virtudes es que combina muy bien con todo tipo de alimentos, muchos de ellos considerados afrodisíacos: gambas, langostinos, tomates, naranjas, nueces, salmón, uvas...

Ajo

El ajo, básico en los sofritos y en los guisos, y uno de los puntales de la cocina mediterránea, tiene múltiples beneficios para la salud.

Antes de nada, hay que recalcar que no es necesario consumirlo aparte para disfrutar de sus beneficios, que basta con comerlo en los platos de nuestra cocina. No es preciso tomar suplementos o cápsulas de ajo ni mucho menos comer dientes de ajo crudos. Lo único que se consigue es que todo el cuerpo (y no sólo el aliento) exhale su característico (y nada sexy) olor.

Los romanos consideraron el ajo como un potente afrodisíaco, y lo consumían en generosas cantidades; y lo mismo ocurrió con la tradición hebrea. De hecho, los rabinos aconsejaban comer ajo los viernes para animar la vida matrimonial.

Se ha comprobado que, si se toma a diario, aumenta la energía vital. Además, facilita la circulación y reduce la tensión arterial y el nivel de grasa en la sangre. Hay muchos dichos populares que alaban las virtudes de los ajos: «Ajo, cebolla y limón, y déjate de inyección»; «Ajo, sal y pimiento, y lo demás es cuento»; y «Comer ajo y beber vino no es desatino».

No hay ningún antídoto contra su olor cuando se consume crudo —por ejemplo, en aliños para ensaladas o para pescados o en populares salsas como el alioli—, a pesar de que la sabiduría popular aconseje masticar perejil fresco o cardamomo... La única solución es que lo dos amantes disfruten de su sabor y se vuelvan inmunes al olor del aliento de su compañero.

Alcachofa

En el antiguo París, las vendedoras callejeras solían anunciar: «¡Alcachofas! ¡Alcachofas! ¡Calientan el cuerpo y el alma! ¡Calientan el genital!».

De las alcachofas, sólo se come la base carnosa de las hojas y el corazón. Son alimentos entretenidos de comer y sensuales porque las hojas se toman con los dedos y se mordisquea su base. Son deliciosas a la brasa o hervidas, acompañadas de alguna salsa, y también crudas y cortadas en láminas como componente de ensaladas multicolores y multisabores. Su cultivo se extendió por Europa en la Edad Media. Algunos conventos llegaron a prohibir su consumo porque se la consideraba muy afrodisíaca.

Son ricas en hidratos de carbono, sobre todo en fibras, proteínas, vitaminas (B1, E y B3) y minerales como el potasio y fósforo. Son beneficiosas para la salud porque favorecen el buen funcionamiento del hígado, mejoran la digestión y protegen el sistema digestivo, además de ayudar a normalizar los niveles de colesterol.

Apio

Ensalzador natural de las feromonas conocido ya por la famosa favorita real madame Pompadour (1721-1764) y por sus contemporáneas. Dos dichos antiguos se hacen eco de las supuestas propiedades afrodisíacas del apio: «Si las mujeres supieran lo que hace el apio en el hombre, lo buscarían de París a Roma»; y el otro, «Si el hombre supiera el efecto del apio, con él llenaría un establo».

La sabiduría popular recomienda mezclarlo con remolacha para potenciar su efecto, pero, en cambio, desaconseja mezclarlo con lechuga porque, de esta manera, se anulan sus buenos efectos. O sea, que si hacemos caso de este consejo, debemos decir adiós a las ensaladas que mezclan estos dos ingredientes.

Tomado con regularidad, el apio es un vegetal muy saludable que ya recomendaba Hipócrates, padre de la Medicina Occidental: «Para los nervios destrozados, que el apio sea vuestro remedio».

Para aprovechar mejor sus propiedades —es diurético, tonifica el organismo, mejora la digestión y alivia las molestias del reumatismo— se puede tomar, regularmente, en sopa o mezclando su jugo con zumo de tomate para conseguir un efecto fortificante de todo el cuerpo. ¡Es la hora de poner a trabajar la licuadora!

Arándanos

Deliciosos frutos rojos de los que se ha demostrado que ayudan a prevenir la cistitis y las infecciones de orina. Un vasito de zumo de arándanos al día, antes del desayuno, tiene un efecto diurético y antiséptico y previene trastornos relacionados con el sistema urinario.

Son antioxidantes naturales, ricos en vitamina C, en fibra —que mejora el tránsito intestinal— y en potasio, hierro y calcio.

Cebolla

La frase clave sobre la cebolla, la que nos viene a todos a la cabeza —aunque, desde luego no es cierta— es: «La cebolla hace crecer la...». Pero hay una frase más fina e igualmente contundente sobre las propiedades de la cebolla: «Si tu mujer es vieja y tu miembro está exhausto, come cebollas en abundancia». El consejo, un tanto machista, proviene del epigramista romano Marcial (siglo I d. C).

La cebolla, nutritiva, depuradora y estimulante del organismo, ha sido considerada un afrodisíaco por muchos pueblos antiguos, entre ellos caldeos, egipcios, romanos, griegos y árabes. Se creía que aumenta la libido y fortalece los órganos reproductores.

Una receta francesa de sopa de cebolla estaba especialmente pensada para vigorizar a los amantes. En algunas regiones de Francia, se les daba esta sopa a los recién casados en su noche de bodas.

Consiste en untar dos cebollas grandes con mantequilla, verter encima un litro de leche y ponerlas a hervir. Se remueve bien para que se deshagan. Se añade un huevo y se dejan hervir a fuego lento para que se deshagan aún más. Se sazonan con sal y pimienta y se sirven.

Aquellos que decidan creer con los ojos cerrados en la fuerza de la cebolla, pueden repetirse este fragmento de *El jardín perfumado*:

> El miembro de Abou el Heloukh ha permanecido treinta días en erección, sin desfallecer un instante, porque había comido cebollas.

Porque, si algo hay que tener claro con los afrodisíacos es que su gran poder no es físico sino psicológico: actúan directamente sobre la mente. A veces, hay que saber contar historias para que los afrodisíacos funcionen.

Madame Du Barry (1743-1793), por ejemplo, suministraba a su amante, Luis XV (1710-1774), bombones aderezados con ámbar para fortalecerlo. Su puesta en escena incluía mencionar que la receta de esas exquisitas golosinas le había sido confiada por un jeque

que satisfacía un harén de ciento cincuenta concubinas. También tienen gran tradición como afrodisíacos cebollas especiales como las escalonias y las chalotas. El epigramista romano Marcial se hizo eco de sus bondades: «Si el tiempo, envidioso, afloja los lazos nupciales, tu alimento serán las chalotas y tu banquete, la escalonia».

Endibias

Vegetales asociados con el yin, es decir el elemento femenino en las filosofías orientales, las endibias eran ingredientes frecuentes en los antiguos filtros amorosos.

Contienen mucha agua (un 94 %), son ligeras y poco calóricas, por lo que son ideales en dietas de adelgazamiento, y aportan una buena cantidad de fibras, folatos, provitamina A y vitaminas C y E. Los folatos son importantes en la producción de glóbulos blancos y rojos y en la formación de anticuerpos del sistema inmunológico.

Espárragos

Tienen forma fálica, pero también, se asemejan a ágiles y sensitivos dedos y hasta poseen yemas, la parte más delicada, suave y blanda. Además, se comen con las manos... Eran usados como afrodisíacos por egipcios, griegos, romanos y árabes. Durante mucho tiempo fueron considerados como un efectivo curalotodo.

El cultivo de los espárragos, que llegaron a España con el Imperio romano, se remonta a cinco mil o seis mil años atrás, como atestiguan jeroglíficos egipcios en los que aparecen dibujados. En el papiro Ebers, conocido así por el egiptólogo alemán que lo descubrió en 1873, se citan los espárragos como alimento y como medicina.

El famoso herbolario inglés John Gerard (1545-1612) aseguraba: «Los brotes tiernos mojados en vino despiertan la lujuria». ¡Pero cuidado! También afirmaba que si los brotes no eran tiernos el efecto sería el contrario.

Entre las creyentes devotas de las virtudes de los espárragos, se encuentran la marquesa de Pompadour, a quien se le atribuye una receta con estos vegetales que utilizaba como reconstituyente en las noches más movidas de su relación como favorita con el rey Luis XV: «Prepárense y hiérvanse los espárragos de la forma acostumbrada, sumergiéndolos en agua hirviendo. Córtense oblicuamente hacia la punta, en pedazos no mayores que el dedo meñique. Tómese únicamente los cortes más bellos y déjese que se escurran, manteniéndolos calientes, al tiempo que se prepara la salsa de la manera siguiente: amase diez gramos de harina y una cucharada de mantequilla, añada sal, una buena pizca de nuez moscada pulverizada y las yemas de 2 huevos diluidas en cuatro cucharadas de agua acidulada con jugo de limón. Después de cocer esta salsa, introduzca las puntas de los espárragos y sirva en una fuente tapada».

Madame de Cayla (1785-1852), protegida del vizconde Rochefoucauld, hacía comer espárragos al limón a su amante, el rey francés Luis XVIII (1755-1824), con objeto de darle agilidad física y, a la vez, hacerle dulce la voz con las propiedades suavizantes del limón en la garganta.

Además de por su forma, su fama de estimulador del deseo se debe a que son ricos en vitamina E, la vitamina de la juventud. Como con todos los alimentos considerados afrodisíacos, no sirve con pegarse un atracón un día, aunque su textura y la forma de comerlos pueden encender la imaginación y el ardor...

Son un entrante perfecto que se puede acompañar con mayonesa, con una salsa vinagreta sencilla o con una salsa vinagreta o mayonesa trufada con alcaparras y pepinillos cortados en trocitos pequeños.

Los espárragos son también diuréticos y tonificadores del aparato urinario. Sin embargo, su punto negro es que dan un fuerte olor característico a la orina. (No hay problema, siempre que no se quiera practicar la llamada «lluvia dorada».)

Frambuesa

Su delicioso y original sabor agridulce y su intenso y delicado aroma la convierten en una inspiradora nata. Además, se presta a juegos como dar de comer al amante, pintarse los labios con su jugo, morderla a dos y deslizarla por las zonas más sensitivas.

Se dice que contribuye a relajar los órganos sexuales de las mujeres y a que, por esta razón, éstas disfruten más. También hay quien recomienda comer frambuesas o beber té de frambuesa para dar un olor frutal y más apetecible al sexo de las mujeres y a la piel en general. Sin embargo, no sirve tomarlo momentos antes de un encuentro amoroso, sino que se recomienda regularidad y empezar tres días antes. Es rica en vitamina C.

Fresas

Olorosas, rojas como la pasión, fragantes y agridulces casan a la perfección con el chocolate y, también, como descubrimos gracias a la película *Pretty Woman* y al personaje un poco prepotente de Richard Gere, son deliciosas con champán (o cava), que potencia su sabor. Por la cara que ponía Julia Roberts en el film, pueden ser hasta orgásmicas... Y es que también hay orgasmos mentales cuyo epicentro no está en el cuerpo sino en la mente.

Otro de los grandes placeres de la vida, alegre y sensual, es combinarlas con chocolate, bien sea bañándolas en chocolate caliente y dejándolas enfriar para que éste forme una cobertura sólida, o comiéndolas en una sexy *fondue* de chocolate que, además, se presta a muchos juegos.

Las fresas son las frutas de Venus. Y, como tales, se le pueden ofrendar al amante con los dedos o con la boca. Refrescan el aliento e invitan a saborear otros placeres.

Como decía el gastrónomo, crítico gastronómico y escritor Curnonsky (1872-1956), asimismo un gran cocinero: «Dios nos ha dado la boca no sólo para comer, sino también para acariciar». Los placeres orales se suman y se potencian entre ellos...

Según algunos expertos se cuentan entre los alimentos que suben el estado de ánimo y estimulan el sistema nervioso. El nutricionista Joy Bauer, de Estados Unidos, asegura que las fresas poseen una fibra soluble que reduce la absorción de carbohidratos en el flujo sanguíneo y ayudan a mantener constante el nivel de azúcar en la sangre.

Si se come habitualmente, es una fruta particularmente beneficiosa para las mujeres porque alivia las molestias de la menstruación y de la menopausia. También es recomendable para los hombres porque es un buen vasodilatador.

Tienen poco azúcar y, en cambio, muchas vitaminas —especialmente vitamina C, de propiedades antioxidantes—, por lo que, además de tentadoras, son muy saludables y pueden ayudar a prevenir enfermedades como la gripe y algunos tipos de cánceres; asimismo, mejoran la salud del corazón y bajan la presión arterial. Según los expertos, basta con ocho fresas al día...

En la época victoriana, entre otros periodos, las fresas se recomendaban contra la anemia. Esto tiene sentido, porque son ricas en ácido fólico, cuya carencia está asociada a problemas de anemia y a problemas cardiovasculares.

Higos

Los griegos y los romanos creían que este fruto sugerente era afrodisíaco. En Grecia, era un alimento sagrado asociado con la fertilidad y el amor físico y en China se regalaba a los novios en su noche de bodas.

En Grecia, las higueras se consagraban a Dionisios, el dios del vino, la civilización, la agricultura y el teatro; mientras que, en Roma, los higos se asociaban con su homólogo, Baco, y se ofrecían como regalo el primer día del año. Los higos han tenido una gran aceptación en muchas culturas; los bereberes los consideran un símbolo de fecundidad y resurrección.

Abiertos, los higos recuerdan a los genitales femeninos, especialmente las variedades de interior rosado o rojo, mientras que enteros, sobre todo cuando han madurado, evocan un pecho femenino del que incluso, una vez arrancado, llega a brotar una gota de leche. En la antigüedad, se usaba este líquido, que se asociaba con el semen, para tratar la infertilidad.

Los higos son energéticos y muy recomendables para las personas que tienen que realizar ejercicios físicos prolongados... Que cada uno saque sus propias conclusiones.

Hinojo

Esta planta silvestre, que crece prácticamente en cualquier sitio, se usa como condimento de muchos platos y salsas y para preparar una sopa energética que, según se cree, estimula el deseo. Tiene muchísimas ventajas para la salud.

Es digestiva, diurética, ayuda a eliminar el colesterol y las flatulencias y es un buen tónico estomacal... Asimismo, tiene una gran fama como afrodisíaco y como tratamiento contra la impotencia.

A los gladiadores romanos, considerados como símbolo de la virilidad e idolatrados, a la vez que, paradójicamente, despreciados por sus orígenes, se les daba hinojo para aumentar su valor.

Dentro de la tradición mediterránea, hay numerosas preparaciones para usar esta planta como afrodisíaco. Entre ellas, la sopa de hinojo y el vino de hinojo, que se puede obtener macerando durante diez días en un litro de vino blanco, un par de cucharadas de canela en rama trituradas y un par de cucharadas de frutos de hinojo. Pasado el periodo de maceración, se filtra el líquido y se introduce en una botella de cristal, cuanto más bella mejor. Se tiene que beber una copita al día, después del desayuno, durante quince días.

Manzanas

Algunas tradiciones afirman que fue la fruta prohibida que provocó que Adán y Eva fueran expulsados del paraíso. Otros estudiosos se decantan por otros frutos, como un membrillo dorado.

No fue la única desgracia que esta sensual fruta causó; también se atribuye a una manzana de oro, con intenciones tan envenenadas como la de Blancanieves, el estallido de la guerra de Troya. Cuenta la leyenda que Eris, la diosa de la discordia, enojada porque no la habían invitado a la boda del héroe griego Peleo con la diosa del mar, Tetis —ambos futuros padres del héroe Aquiles—, ideó una retorcida venganza. En el lugar donde se celebró el banquete de bodas, Eris colocó una manzana de oro con la siguiente inscripción: «Para la más bella».

Inmediatamente, todas las diosas empezaron a competir. Quedaron tres finalistas: Hera, esposa de Zeus, reina de las diosas, protectora de los matrimonios y fémina celosa; Atenea, diosa de la sabiduría, poderosa, justa y valiente guerrera, hija de Zeus, que brotó de la frente de éste, y Afrodita, la diosa del amor y de la belleza, hija de Urano, que surgió de la espuma del mar después de que Crono arrojase al mar los genitales cortados del dios del Cielo.

Como no se ponían de acuerdo sobre quién debía ganar el certamen, Zeus nombró árbitro de la contienda al joven Paris, príncipe de Troya criado como pastor. Cada una de las diosas tentó a Paris con un regalo: Hera le ofreció el poder; Atenea, sabiduría, inteligencia y destreza en la batalla, y Afrodita, el amor de la mujer más bella del mundo. Paris concedió la manzana a la diosa Afrodita.

Cuando Paris se encontró con Helena —esposa de Menelao, rey de Esparta y de Micenas—, ambos se enamoraron. Paris la raptó y se la llevó a su reino. Todos los reyes y príncipes de Grecia fueron convocados para recuperarla. Fue el origen de la guerra de Troya.

La manzana de la discordia explica también el partido que tomaron las tres diosas: Afrodita favoreció a los troyanos, mientras que las despechadas Hera y Atenea se alinearon con los griegos. La manzana simboliza el placer y la fertilidad desde la Antigüedad, y, además, tonifica el cuerpo. Comida a bocados entre los dos amantes, cortada en trozos y compartida como piscolabis, como ingrediente de múltiples platos con carne, asada al horno con licor, cocinada en una tarta de manzana o formando parte de postres de lo más variado, su sabor dulce —especialmente cuando está cocinada— invita al «pecado».

Las manzanas, asadas o crudas o en tarta de manzana, son también alimentos reconfortantes, alimentos para el espíritu. Asimismo, existen licores y bebidas elaborados con manzana, como el Calvados o la sidra, que son muy estimulantes, y de los que se cree que tienen la virtud de rejuvenecer a quienes los toman.

Melocotón

El melocotón se asemeja a unas hermosas nalgas. Carnoso, jugoso y dulce —aunque no posee mucho azúcar— es una fruta muy sensual y muy saludable, ya que contiene abundancia de carótenos, que poseen propiedades rejuvenecedoras y anticancerosas. Es rico en potasio, mineral que ayuda a regular la presión arterial y el ritmo cardíaco, y mantiene el equilibrio de líquidos en el organismo.

Comer regularmente melocotones ayuda a mantener sanos los órganos internos: el corazón, los riñones, el hígado, el estómago... Además, es un buen sedante nervioso.

Frescos, en almíbar o desecados en los populares orejones, se prestan a deliciosos y suculentos juegos sexuales.

Piña

Es el frescor hecho fruta, con su sabor entre ácido y dulce. La piña se puede usar para alegrar y aligerar ensaladas, para darle un toque diferente al cóctel de gambas, para elaborar exóticas macedonias, para preparar cócteles afrodisíacos, con o sin alcohol. La piña combina con todo.

La piña es una de las frutas más saludables, ya que es digestiva y favorece la circulación sanguínea, y, con su aroma y sabor, estimula los sentidos. Se puede tomar después de una colación abundante para refrescarse y hacer «bajar» la comida; posee una enzima, la bromelina, que ayuda a digerir la carne.

Tomate

El tomate es un dechado de salud. Fue traído por los españoles a Europa desde América en el siglo XVI, y, como muchos nuevos alimentos «exóticos» (incluida la patata) obtuvo desde un primer momento fama de afrodisíaco. Su aceptación no fue inmediata ya que su color rojo lo relacionaba con el pecado, y también porque se asociaba con algunas especies venenosas. Poco a poco, su consumo se fue imponiendo, hasta que, en el siglo XVIII, se convirtió ya en un alimento muy popular. En esa época apareció la salsa de tomate.

El tomate es muy rico en hierro y vitaminas C, E, provitamina A y vitaminas del grupo B —en especial B1 y B3—, y apenas aporta calorías, ya que está compuesto mayoritariamente por agua. El tomate es una importante fuente de antioxidantes.

El tomate sigue teniendo fama de reactivar el cuerpo, especialmente en momentos de agotamiento, si se combina con ajo y comino.

Plátano

Es una gran fuente de energía que contiene minerales como potasio, que proporciona energía fácilmente asimilable, y vitaminas. El plátano es símbolo de fecundidad y prosperidad.

El plátano todavía sigue teniendo la inmerecida fama de que engorda, a pesar de que es un alimento poco calórico y muy rico en fibra, por lo que favorece el tránsito intestinal. Es una fruta muy sana y muy apropiada para personas con un gran desgaste físico y/o mental.

En la India era conocido como «la fruta de los sabios» porque, según una antigua leyenda, los mejores pensadores hindúes meditaban bajo la sombra de una higuera mientras comían su fruto.

Trufas

Las exquisitas y carísimas trufas tienen fama de afrodisíacas desde la antigüedad. Los antiguos egipcios ya las comían untadas en grasa y cocinadas en papillote. También las consideraban estimulantes los griegos y los romanos.

En el siglo IV a. C. se celebró en Atenas una especie de concurso gastronómico. El manjar ganador fue un timbal al horno relleno con picadillo de faisán y trufas en láminas aderezado con especias.

Entre los célebres consumidores de trufas se encontraron los emperadores Claudio (10 a. C.–54 d. C) —se supone que para satisfacer los apetitos de su insaciable esposa Mesalina— y Nerón (37-68). En la Edad Media, como todo lo que proporcionaba placer, fueron tachadas de alimento del diablo. Tras una breve reaparición en el Renacimiento, no volvieron a resurgir hasta el siglo XVIII, pero sólo en las mesas de los poderosos o en lujosos lupanares.

Las trufas también tienen fama de haberse cobrado alguna vida. Cuenta una colorista leyenda que Lionel de Antwerp, duque de Clarence y tercer hijo de Eduardo III de Inglaterra, se casó en 1368 con una señorita italiana que, como dote, había recibido vastos campos de trufas. Durante el banquete de bodas, el duque se hartó de comer trufas, con tan mala fortuna que se empachó y murió de indigestión ante de poder probar sus efectos.

El juez y gastrónomo francés Brillat-Savarin (1755-1826) desmintió las propiedades afrodisíacas de las trufas con una frase que desvela implícitamente la verdadera naturaleza y poder de los afrodisíacos, es decir, servirlos en un ambiente adecuado: «La trufa no es un afrodisíaco, pero en ciertas circunstancias puede hacer a la mujer más afectuosa y al hombre más amable». Existen unas 70 especies de trufas, aunque las más preciadas son dos: las blancas y las negras. Las blancas (*Tuber magnatum*), las célebres tartufi del Piamonte, con un levísimo sabor a ajo, se consumen preferentemente crudas, cortadas en láminas muy finas, y con ellas se aderezan diversos platos de la cocina piamontesa como el risotto tartufato. La reina de las trufas es la trufa negra, o trufa de Perigord, el *Tuber melanosporum*, de perfume intenso y delicado, llamada por Colette «gema de las tierras pobres», y por Brillat-Savarin, «diamante negro de la cocina». Complementa a la perfección todo tipo de especialidades culinarias como los timbales, los platos de caza, los tournedós y solomillos, el foie-gras, embutidos diversos, etc. Los apasionados de las trufas las prefieren enteras y en preparaciones sencillas: con ensaladas, solas asadas, estofadas o remojadas y cocinadas en vino blanco.

Si se usan para condimentar guisos o asados, deben incorporarse en los tres últimos minutos de cocción para que no pierdan su complejo aroma y su sabor.

Casanova (1725-1798) era partidario de comer las trufas maceradas en brandy o formando parte de una ensalada con apio, perejil, zanahoria, tomillo, nuez moscada y vino de Marsala. Otros fervientes partidarios de las trufas fueron Enrique IV de Francia (1553-1610) y Luis XIV (1638-1715).

Uvas

En una guía de afrodisíacos no pueden faltar las uvas. Frutas energéticas, por la cantidad de azúcar que contienen, son a la vez refrescantes. Un refrán popular dice: «Uvas con queso saben a beso».

Las uvas están asociadas con el placer, la juventud, la fertilidad y la embriaguez, especialmente de los dioses que les son propicios, los dioses del vino: el romano Baco y el griego Dioniso. Como tales, estaban presentes en las bacanales romanas y en los banquetes griegos.

Frutos secos

Almendra

La almendra es una reina mora de los frutos secos que se usa para preparar una gran variedad de dulces tradicionales (entre ellos, los turrones), para aderezar guisos, dar un toque diferente a las ensaladas, elaborar rebozados muy especiales y crujientes, servir como aperitivo (si son almendras saladas), etc. A los amantes árabes desfallecidos, la tradición les aconsejaba tomar una pasta de almendras mezclada con leche y miel.

Las almendras aportan mucha energía y son muy calóricas, aunque tienen poco azúcar. Ayudan a la regeneración del sistema nervioso y estimulan las secreciones lácteas, por lo que son ideales para madres lactantes.

Son una buena fuente de magnesio, hierro, potasio y vitaminas E, B1 y B2.

Además, el aceite de almendras es excelente para la piel y sirve para dar unos masajes espectaculares, ya que permite que las manos se deslicen con facilidad. Es un aceite rico en vitaminas A y E que suaviza e hidrata la piel, y también es un regenerador natural, ya que estimula la producción de colágeno y elastina. Puedes imprimir tu toque personal al masaje añadiéndole unas cuantas gotas de aceite esencial del olor que prefieras: rosa, violetas, azahar, limón... Como veremos más adelante, en el apartado dedicado a los «jue-

gos» («Con la comida sí se juega», en la pág. 143), según la aromaterapia, cada aceite tiene unas propiedades diferentes.

Para dar un toque diferente a un baño a dos, se pueden poner en
la bañera las bellas flores rosadas del almendro.

Sobre el origen del almendro existe una bella y trágica leyenda de
la Antigua Grecia. Filis —hija del rey de Tracia, Licurgo—, se casó
con Demofonte, rey de Atenas e hijo de Teseo y de Fedra, quien se
detuvo en Tracia en su camino de retorno a casa tras la guerra de
Troya. Demofonte siguió su camino y prometió a Filis volver antes
de un mes.

Al no cumplir su promesa, su joven y enamorada esposa murió
de desesperación y se transformó en un almendro. Cuando su marido volvió y descubrió que había muerto, abrazó el árbol sin hojas que floreció en aquel mismo instante como muestra del sincero
amor de Filis.

Avellanas

Energéticos y nutritivos frutos secos de sabor delicado. Los frutos secos forman parte de la dieta de la humanidad desde la prehistoria,
en la que ya se ingerían enteros o en papilla.

Las avellanas tienen gran fama de afrodisíacas. El poeta romano
Virgilio (70-19 a. C.) defendía que su poder era superior al de otros
muchos afrodisíacos, entre ellos el vino y el laurel.

El *Hortus sanitatis* (jardín de la salud), tratado alemán del siglo xv
sobre las virtudes de las hierbas, predicaba que las avellanas, mezcla-
das con el misterioso afrodisíaco «satirión», «permitirán al hombre
satisfacer todos los deseos de su esposa».

El satirión —famoso afrodisíaco entre griegos y romanos— es
identificado por algunos como el bulbo o el néctar de la orquídea silvestre (*Orchis mascula*). Fue tal la fama de las orquídeas como estimulantes de la libido que su desaforado consumo estuvo a punto de
provocar que se extinguieran.

Las avellanas tienen un elevado contenido calórico, pero aportan
al organismo muchos beneficios. Poseen una alta proporción de ácidos grasos monoinsaturados, que previenen enfermedades cardiovasculares y colaboran en la reducción de los niveles de colesterol.
También aportan vitaminas interesantes para la salud y la sexualidad,
como vitaminas E y A;, antioxidantes, vitamina B9 (imprescindible

en la formación celular) y minerales, como calcio y fósforo, muy recomendables para la salud del organismo y para personas con gran desgaste físico o intelectual.

Se usan como aperitivo, como ingrediente de salsas para carnes —combina muy bien con la caza—, en la elaboración de repostería y postres, y, mezclándolas con agua, para elaborar una nutritiva y deliciosa leche alternativa a la leche de vaca. En tiendas de dietética es posible encontrar leche de avellana en polvo.

La avellana es un tónico y reconstituyente natural.

Coco

En la India existe la creencia de que aumenta la cantidad y calidad del semen y, concretamente en el norte de este país, se considera una de las frutas más sagradas. Se la relaciona con Sri, la diosa de la prosperidad. El coco es un símbolo de fertilidad y maternidad y se usa en las ceremonias nupciales.

Se trata de un fruto de carne muy nutritiva cuya deliciosa agua, rica en vitaminas del complejo B, es sumamente refrescante y revitaliza el cuerpo y el espíritu, entre otras cosas... Tiene fama de afrodisíaca una bebida preparada con leche de coco, ron negro y bayas jamaicanas.

También puede prepararse otra bebida estimulante, tonificante, rica en vitaminas y dulce mezclando en una licuadora una papaya fresca cortada en trozos, una taza de leche de coco, una cucharadita de miel y el zumo de media lima. Un sueño exótico hecho realidad...

Conocí a un hombre que me contó una experiencia singular que vivió en un viaje a un país tropical. Conoció a una mujer de allí que le instruyó en las delicias del coco verde. Al parecer, la pulpa del coco verde es como una crema de masaje de una textura suavísima y lujuriosa. Ambos se enzarzaron en un voluptuoso cuerpo a cuerpo en el que ella, además, le proporcionó un masaje completo con su cuerpo como original y suculento preliminar.

Advertencia: aunque esta historia me la contaron así, nada impide que sea «él» quien obsequie a ella con un lujurioso masaje corporal. Si no se tiene a mano pulpa de coco verde, se puede usar un aceite o una crema de masaje.

Nueces

Son el ingrediente principal de los tradicionales, dulcísimos y concentrados dulces árabes, los *baklava*, de los que hay muchas variedades: con pistachos, con avellanas, con chocolate, con anacardos... (Los pistachos eran los grandes favoritos de la misteriosa y famosa reina de Saba, de la que se decía que tenía el monopolio de dicho fruto en Siria, para ella y sus favoritos.)

Las nueces son unos frutos secos muy útiles para personas con depresión, estrés y fatiga, previenen los coágulos, relajan los vasos sanguíneos y contribuyen a regular la tensión arterial. Son recomendables en el síndrome premenstrual por su riqueza en vitamina B6. Sus vitaminas y minerales las convierten en buenas aliadas de la piel.

Néctares de los dioses

Café

El café, elixir «despiertacerebros» muy popular en todo el mundo, llegó por primera vez a Europa en el siglo XVII, y, de inmediato, se ganó adeptos y enemigos. Algunos países, como Inglaterra, lo consideraban un veneno y, de hecho, en ese país jamás ha llegado a desbancar la popularidad del té.

En 1674, un grupo de mujeres de buena posición promovieron una campaña en contra del café destacando sus efectos nocivos sobre la salud que, según han demostrado las investigaciones más recientes, son más bien mínimos comparados con sus efectos beneficiosos.

Son de sobra conocidos los efectos estimulantes del café sobre el organismo. El café despierta el cerebro, ayuda a mantener la atención y la concentración, contribuye a mantener en forma la memoria, aumenta el rendimiento físico y mental... Siempre y cuando no se consuma de forma excesiva, digamos que un par de tazas (de las de café, no de desayuno) al día es suficiente.

Su principal principio activo es la cafeína, que tiene efecto excitante y puede crear insomnio, nerviosismo, ansiedad, irritabilidad y palpitaciones si se consume de forma exagerada. El café contiene una gran cantidad de antioxidantes.

Su consumo habitual y abusivo no es recomendable, pero su consumo moderado, según diferentes estudios, puede incluso ayudar a prevenir enfermedades neurodegenerativas, disminuye el riesgo de que se formen coágulos sanguíneos que pueden provocar ataques cardíacos y embolias, protege frente a la diabetes tipo 2, retrasa el desarrollo del mal de Parkinson y ayuda a reducir el riesgo de padecer Alzheimer.

Entre las nuevas bondades que se han descubierto a esta popular bebida se cuentan la de disminuir o eliminar el dolor del cabeza, ya que el café dilata la tensión de los vasos sanguíneos del cerebro, responsable de los dolores de cabeza. Si se toma con aspirina o paracetamol, potencia los efectos analgésicos de éstos.

Aunque el café es excitante y estimulante del sistema nervioso, no es considerado propiamente un afrodisíaco. No obstante, sus devotos, admiradores y amantes no imaginan terminar una buena cena o una buena comida sin una reconfortante y estimulante taza de café.

El filósofo Voltaire (1694-1778), acérrimo y longevo consumidor de café, ya sabía algo sobre los beneficios del café, sobre los que ironizó en esta frase: «Claro que el café es un veneno lento; hace cuarenta años que lo bebo».

El café tuvo y tiene sus detractores y sus apasionados. Entre ellos, el gran compositor, Johann Sebastian Bach, que escribió una cantata que es un himno al placer de beber café (Cantata también conocida como *Kaffeekantate*).

Miel

La miel, oro líquido, néctar de Afrodita, es un ambarino regalo de la naturaleza que depende del trabajo de las abejas obreras y del tipo de flores del que hayan libado.

La miel se absorbe de forma casi instantánea por lo que brinda energía en un tiempo mínimo y es una buena opción para los amantes entregados y exhaustos, sea calentándola un poco (sólo un poco) hasta entibiarla y degustarla en el cuerpo del compañero o formando parte de sabrosos dulces.

La fama afrodisíaca de la miel es muy antigua y se basa tanto en su aroma y sabor como en sus propiedades nutritivas: alto contenido en vitaminas A, B y C y en minerales como calcio, sodio, potasio, magnesio, hierro, cloro, fósforo, azufre y yodo. El secreto de las propiedades medicinales de la miel está en los procesos a los que someten el néctar floral las abejas obreras. Estos insectos lo almacenan en un segundo estómago, el «estómago de miel», donde lo digieren y lo transforman por procesos químicos y por la acción de bacterias.

La miel es sedante, antibiótica y cicatrizante. Sus propiedades medicinales eran conocidas por diversos pueblos de la Antigüedad, entre ellos, los mayas, egipcios, hindúes, chinos y árabes.

El médico árabe Avicena (980-1037) describió la miel en su libro *Cánones de la medicina* como una auténtica panacea para la salud: «Es útil en caso de exceso de mucus y fortifica el alma, eleva el ánimo, favorece la digestión y la eructación, abre el apetito, conserva eterna la juventud, refuerza las capacidades de memorización y reconstituye los recuerdos de las cosas pasadas, agudiza el juicio, destraba la lengua...».

La hidromiel, bebida fermentada a base de miel, tuvo una gran popularidad en la Antigüedad. Es anterior al vino y, probablemente, a la cerveza. En Europa fue consumida de forma habitual por griegos, celtas, sajones y los pueblos bárbaros del norte. Con la viticultura y la invención del vino, la elaboración y el consumo de hidromiel fue desapareciendo.

La miel ha formado parte, históricamente, de muchos hechizos, pócimas y recetas para atraer y conseguir el amor o para consolidar una relación.

Se dice que Cleopatra, una gran maestra de la escenografía, hacía lamer a sus amantes una fina pasta de miel y almendras que se untaba en el sexo. Lo cierto es que, bien pensado, no parece una mala idea... Aunque puede resultar un poco pringoso y sólo apto para amantes del dulce muy dulce.

Son muchas las historias y/o leyendas que se han extendido sobre Cleopatra y sus artes de seducción. Cleopatra conquistaba, más que por su belleza, por su inteligencia, sus dotes para la conversación y sus fastuosas puestas en escena. Para presentarse ante César, escogió que dos esclavos llevaran la alfombra enrollada en la que estaba oculta, y para conocer a Marco Antonio, decidió mostrarse vestida lujosamente y espolvoreada de oro en un barco de velas color púrpura y remos de plata.

Receta de hidromiel

He aquí una forma de preparar esta bebida, por si os apetece experimentar los placeres del pasado. No es fácil que la miel fermente, lo que resulta imprescindible para que la bebida quede bien.

Ingredientes:
- 2 claras de huevo
- 1 cucharada de levadura de cerveza
- 2,5 kg de miel
- 13,5 l de agua
- 1 cucharadita de canela
- 3 clavos
- 1 cucharadita de raíz de jengibre
- 1 cucharadita de anís estrellado

Receta:
Bate ligeramente las claras de huevo. Ponlas a hervir en una olla grande junto a la miel, el agua y las especias. Remueve frecuentemente hasta que empiece a hervir. Mantén la mezcla a fuego mínimo durante una hora. Deja que se enfríe a unos 37 °C, fíltrala y viértela en un recipiente de plástico. Añade la levadura. Tapa y deja fermentar. Cuando cese la fermentación, vierte el líquido en garrafas, tápalas y ponlas a reposar durante nueve meses. Cuando haya pasado este tiempo, traslada el líquido a botellas de cristal y ciérralas herméticamente. Esta bebida puede durar meses o incluso años en perfectas condiciones.

Cleopatra conquistaba a sus amantes con su encanto y con refinados agasajos, entre los que, por supuesto, se contaban cenas y banquetes lujosos. El historiador Plinio el Viejo, en su *Historia natural*, narró un cotilleo de la Antigüedad en el que se explica cómo nació la supuesta y exótica costumbre de Cleopatra de consumir perlas en sus banquetes. La reina apostó con Marco Antonio que podía tomar en una comida diez millones de sextercios. Al día siguiente, después de una cena extraordinaria, se dispuso a tomar el postre: ordenó a sus sirvientes que trajeran un vaso de vinagre y disolvió en el líquido una de las dos grandes perlas que poseía, las mayores de la Antigüedad. No hubo necesidad de que disolviera la segunda para que el árbitro de la apuesta, el cónsul romano Lucius Munatius Plancus, la declarara vencedora de la apuesta.

Té

El té es un tónico y estimulante de efectos más suaves que el café. Existen diversas variedades de esta bebida, que se consume desde hace miles de años. Dentro de cada variedad (té rojo, té negro, té verde, etc.) existen varios tipos, dependiendo de la zona en la que se cultivan.

Actualmente se han realizado muchos estudios sobre sus efectos beneficiosos para la salud. El té actúa como tonificante y desintoxicante sobre el organismo, y puede resultar muy sensual, sobre todo si se usa para representar en pareja la ceremonia del té japonesa o, incluso, la costumbre del té de las cinco de Inglaterra. Por ejemplo, vestidos de gala con aristocráticos trajes.

Las diversas variedades de té se presentan actualmente aromatizadas con diversas especies, frutos o flores: cardamomo, clavo, menta, vainilla, canela, naranja, frambuesa, cereza, grosella, frutos rojos, frutas tropicales, piña, rosas, jazmín hibisco, flores de girasol...

Té verde. Se bebe en China desde hace unos 3.000 años. Ayuda a prevenir y aliviar un gran número de dolencias y colabora en la eliminación de toxinas. La medicina tradicional china lo usa para aliviar los dolores de cabeza.

Se considera que prolonga la juventud porque contiene altos niveles de polifenoles, los cuales poseen potentes propiedades antioxidantes. Su consumo regular también ayuda a prevenir enfermedades cardíacas y del hígado y puede reducir la incidencia de diversos tipos de cánceres, entre ellos el de páncreas, colon y estómago.

El té verde está menos procesado que el té negro, ya que las hojas sólo se cuecen al vapor y luego se secan. Por esta razón, es más suave y contiene mayor cantidad de antioxidantes.

Té rojo. La medicina china considera que el té rojo es un excelente aliado para gozar de buena salud. Tiene propiedades adelgazantes y reduce el nivel de colesterol en la sangre. Desintoxica y depura el organismo, facilita la digestión y refuerza el sistema inmunitario. Sus propiedades provienen del proceso de doble fermentación al que se somete a las hojas del té.

Té negro. El té negro es considerado un excelente anticancerígeno, y resulta muy bueno para la salud de los dientes y los huesos.

Té rooibos. Aunque se le conoce como té rojo o té rooibos, no procede de la planta del té. Su sabor es muy agradable y algo dulzón. No posee teína, por lo que es adecuado para todo tipo de personas, e incluso niños. Es un antihistamínico suave que puede servir de ayuda contra las alergias.

Jalea Real

Es el alimento de las abeja reina de la colmena, un líquido color ámbar producido por las abejas obreras que también sirve para alimentar a las larvas en sus primeros tres días de vida.

Es un fluido energético y estimulante que proporciona mayor resistencia física y mental en épocas de estrés o de mucho trabajo o ajetreo. Contiene un gran número de vitaminas (especialmente, vitaminas E y del grupo B)—, minerales (como fósforo y azufre) y oligoelementos. Refuerza el sistema inmunológico. Es un alimento rejuvenecedor que estimula la circulación sanguínea y tonifica el cuerpo y el espíritu, gracias a su suavidad y dulzura.

Huevos

—¡Oh, mi amo! El negro no conoce más pasiones que la del coito y la del buen vino. Hace el amor día y noche..., y su miembro sólo descansa cuando duerme.

—¿Y de qué vive, pues?

—De yemas de huevo, fritas en grasa y bañadas en miel, y de pan blanco; no bebe más que viejo vino moscatel.

Resulta elocuente esta cita de *El jardín perfumado*, de Jeque Nefzawi, por su alusión al huevo.

Los huevos, provengan del animal del que provengan, se asocian con el renacimiento y con la fertilidad, ya que son vida en potencia. Tienen gran fama como vigorizantes, reconstituyentes y estimulantes sexuales. Los huevos son un alimento muy nutritivo y forman parte de un gran número de especialidades culinarias, sea como ingrediente complementario o principal.

Con el fin de seguir las enseñanzas de *El jardín perfumado*, propongo una receta de ponche de huevo que motivará a los amantes y les dará fuerzas a la vez que deleitará su paladar.

Bate dos cucharadas de azúcar con una yema de huevo. Agrega dos tazas de leche sin dejar de remover la mezcla. Añade un poco de vainilla. Cocina a fuego medio batiendo continuamente hasta que la mezcla se espese. Retira la vainilla y deja enfriar. Bate la clara del huevo a punto de nieve. Agrega la preparación anterior con cuidado y mezcla. Añade un chorrito de brandy. Deja enfriar durante tres o cuatro horas en la nevera. Coloca en una ponchera y salpica la bebida con una pizca de nuez moscada. ¡Listo para servir y disfrutar!

Este ponche es muy popular en Estados Unidos donde se sirve en las celebraciones de fin de año y Acción de Gracias.

Los huevos de gallina son una buena fuente de proteínas porque contienen todos los aminoácidos esenciales para el cuerpo humano y aportan vitaminas del complejo B, vitaminas A, D, E y K y una significativa cantidad de hierro.

Asimismo, aportan al organismo elementos como colina, necesaria para mantener en forma el sistema nervioso y la memoria; lecitina, que contribuye a limpiar las arterias de grasa, y luteína y zeaxantina, carotenoides que protegen los ojos y la visión.

Entre los adeptos a los huevos como forma de potenciar la capacidad sexual estuvo el famoso conquistador Giacomo Casanova (1725-1798) que comía una ensalada de huevos que, según sus creencias, le permitía salir victorioso y satisfecho de seis sesiones amorosas. La salsa de la ensalada debe prepararse dos semanas antes de ser empleada mezclando cebolla, salvia, pimienta negra, hierbabuena y vinagre. Pasado este tiempo, se le añaden las yemas de seis huevos recién cocidos, con lo cual esta peculiar ensalada energética queda lista para comer y disfrutar.

Afrodisíacos y remedios naturales

Alga kelp

Muy rica en vitaminas y minerales que el organismo humano asimila fácilmente. Protege de las afecciones cardíacas y de la contaminación, especialmente del estroncio radioactivo (metal pesado liberado en la atmósfera que se relaciona con varios tipos de cáncer). Regulan los ciclos menstruales y el aparato reproductor femenino.

Se puede usar, espolvoreada sobre las comidas, como sustituto de la sal, ya que su equilibrio entre sodio y potasio la hace más saludable que ésta.

Aceite de onagra

Regula los ciclos menstruales y suaviza el síndrome premenstrual.

Damiana

Planta considerada afrodisíaca, tonifica el organismo en general. También es diurética. La damiana debe su fama de excitante a que es un suave irritante del tracto genitourinario. Se toma en infusión, mezclada con otras plantas para atenuar su gusto amargo.

A veces se deja en maceración con algún aguardiente (por ejemplo, tequila) para unir sus propiedades a los efectos desinhibidores de las bebidas alcohólicas.

Ditá

Las semillas de ditá, procedentes de un árbol que crece en Australia y en la India, se han usado desde antiguo en la India como afrodisíaco.

Contienen un ácido que irrita el sistema urinario y, por tanto, causan sensación de calor y suave excitación en los genitales. Como todos los alcaloides, no es totalmente inocuo y hay que tener cuidado si se usa. El *Ananga Ranga* informa de que estas semillas son afrodisíacas si se mantienen en la boca durante el acto sexual, lo que quizá puede ser muy efectivo pero un tanto incómodo.

Dong quai

Se la conoce como el «ginseng femenino». Equilibra las hormonas femeninas, suaviza los síntomas del síndrome premenstrual y alivia las migrañas y las cefaleas. Puede aumentar la sensibilidad a la exposición solar.

Ginkgo biloba

Estimula la microcirculación sanguínea y el flujo sanguíneo en general. Por lo que puede ser útil en el tratamiento de la disfunción eréctil debida a una deficiencia de flujo sanguíneo.

Ginseng

Según la medicina tradicional china, potencia la longevidad y el vigor sexual. También se le atribuyen múltiples cualidades curativas. Activa la mente y el organismo, aunque, para tal fin, debe tomarse con regularidad al menos durante tres meses. No se recomienda usarlo de forma crónica y puede ser peligroso en grandes cantidades.

Guaraná

Tiene grandes propiedades antioxidantes, que unidas a su poder antimicrobiano lo convierten en un potente conservante, por lo que se está estudiando usarlo como conservante natural inocuo para la salud.

Agudiza la mente, estimula el apetito sexual. Este vegetal del Amazonas se usa en Brasil para preparar refrescos con o sin gas.

Afrodisíacos raros y peligrosos

Cuerno de rinoceronte

Su única virtud afrodisíaca es que tiene forma fálica, de enorme falo, de hecho. Los hindúes y los chinos creen que el cuerno de rinoceronte sirve para curar prácticamente todo y también se usan otras partes de estos animales para los más diversos fines. Por esta razón, los rinocerontes están en peligro de extinción.

Hipómanes

Una curiosa sustancia negra que llevan los potros en la frente cuando nacen. También es la mucosidad que segregan las yeguas en celo. Según el escritor, científico y militar Plinio el Viejo (23-79):

> Si una persona puede quitarlo antes
> que la yegua, tendrá un poderoso filtro
> para engendrar la pasión. El solo olor
> pondrá frenético a cualquier animal,
> y también a los humanos, especialmente
> a las mujeres.

Kava kava

Un narcótico que produce sentimientos de calor y camaradería, lo cual puede llegar a estimular la libido. Puede producir alucinaciones y, si la dosis es excesiva, parálisis. En las islas del Pacífico se toma la raíz masticada de kava kava mezclada con leche de coco.

Mandrágora

Raíz extremadamente tóxica que se usó como afrodisíaco durante siglos. Es alucinógena y muy peligrosa. Esta raíz con forma humana se usaba como talismán amoroso. También se decía que curaba la impotencia sólo por el hecho de llevarla encima.

Mosca española (o cantárida)

En realidad, se trata de un escarabajo (*Lytta vesicatoria*), que se usó para facilitar las erecciones o espolear el deseo de hombres y mujeres hasta el siglo XVIII, cuando cayó en desuso debido al elevado número de intoxicaciones que producía, muchos de ellos mortales.

La mosca española, o cantárida, es en realidad un irritante de las vías urinarias, de la vejiga y de los órganos sexuales que, por esta razón, produce sensaciones en dichas zonas. Tras el acto sexual, el efecto no desaparece. Además, es muy difícil calcular la dosis: todo lo que sea superior a una ínfima cantidad puede ser letal.

Polvo de momia

Las pobres momias que Europa saqueó impunemente en Egipto junto con las grandes riquezas arqueológicas tuvieron una gran fama de afrodisíacas durante la Edad Media y los siglos XVII y XVIII. Como no había tantas momias para cubrir la enorme demanda, los comerciantes fabricaban momias con cuerpos recientes. El polvo de momia se usaba también para «curar» todo tipo de dolencias.

Sopa de nido de golondrina

Un plato exquisito de la gastronomía china al que le atribuyen un poderoso efecto afrodisíaco. Se elabora con los nidos de las golondrinas de mar y tiene sabor a pescado ya que estos pájaros los construyen con algas comestibles pegadas con su saliva y con huevos de pez. Son muy caros y esta especie de golondrinas está en peligro de extinción.

Yohimbina

Otro alucinógeno con efecto relajante que se usa en los ritos matrimoniales de algunas tribus africanas. Además de alucinaciones, produce mareos y náuseas.

Mariscos, pescados y frutos de mar

El pescado es un alimento muy importante para el organismo, especialmente el pescado azul, y no debería faltar en nuestra dieta habitual. Diversos estudios científicos realizados en poblaciones con elevado consumo de pescado azul, como japoneses y esquimales, han revelado que existe una estrecha relación entre el consumo de éste y la buena salud cardiovascular. Los pescados azules son ricos en ácidos grasos omega-3, fósforo, yodo, magnesio, potasio y hierro y aportan cantidades importantes de vitaminas A, E y otras, como el ácido fólico, lo que les convierte en alimentos muy indicados para la pasión.

Son pescados azules: la trucha, la caballa, la sardina, los arenques, las anchoas (y boquerones), el atún y el jurel.

En cuanto al marisco, también es un alimento muy sano, ya que es rico en proteínas, vitaminas y minerales. Su aporte en minerales tales como hierro, fósforo, zinc, potasio y yodo es destacable, y, además, tiene importantes cantidades de vitaminas A y B. A sus ventajas se une que es muy poco calórico y tiene muy poca grasa.

Además de por su aporte fundamental de nutrientes, pescados y mariscos incitan a la pasión por sus sabores delicados y matizados y por el gran número de imaginativas preparaciones a las que se prestan. No obstante, en la preparación de algunos de estos productos del mar, como en las ostras o en pescados de sabor exquisito como el rape o el mero, debe primar la sencillez.

Almejas

Son uno de los alimentos más ricos en vitamina B12, indispensable para el buen funcionamiento del organismo en general. Están deliciosas cocidas brevemente con un poco de agua y en su propio jugo y aderezadas con limón y pimienta. También son muy buenas, como los mejillones, a la marinera o formando parte de ricas salsas que acompañan a pescados como el rape o la merluza.

Caviar

Hoy en día, el caviar, el auténtico y no los sucedáneos que pasan por él, está considerado como uno de los más preciados manjares. Sin embargo, su origen es modesto: durante mucho tiempo lo consumían casi exclusivamente los pescadores que vendían el esturión en las tierras cercanas al Mar Caspio que, para poder alimentarse y sobrevivir, se quedaban las huevas y las sazonaban.

Hay personas que no soportan su intenso sabor, pero, para aquellos que les gusta, el caviar puede formar parte de ensaladas y de otras especialidades culinarias. Sin embargo, su gloria está en su sencillez: resulta exquisito tomado a cucharadas o sobre una tostada untada con un poco de mantequilla y acompañado de cava o vodka helado (a una temperatura de 6°).

El caviar es delicado. Debe conservarse a una temperatura entre 2 °C y 4 °C. Una lata sin abrir aguanta perfectamente durante unos tres meses, pero una vez abierta se tiene que consumir de inmediato.

Debe servirse a una temperatura de entre 4 °C y 7 °C. Para que llegue en perfectas condiciones a la mesa, se puede presentar en tarrinas individuales de cristal sobre un bol con un lecho de hielo bien picado.

Para comerlo, no se deben usar cucharas metálicas, sino de marfil, nácar o hueso o, si no es posible, de plástico. De lo contrario, los metales lo oxidan y alteran su sabor. Si va a formar parte de ensaladas u otras preparaciones, se debe abrir la lata justo antes de servir el plato y añadirlo en último lugar.

El caviar es famoso porque da un toque de elegancia y distinción a las mesas. Sin embargo, no son muy conocidas sus fabulosas propiedades nutritivas; es un alimento lleno de energía que contiene 2.800 kcal por cada 100 grs y es rico en proteínas, grasas, azúcares, sales minerales y vitaminas, especialmente A, B2, B6, B12 y C.

Variedades de caviar

Existen cuatro variedades de caviar, diferentes porque se obtienen de distintas especies de esturión:
• *Beluga.* Es el más caro de todos. Las huevas son grandes, delicadas y de un color que va del gris claro al gris oscuro. Son producidas por la variedad mayor de esturión, que puede llegar a pesar casi 300 kilogramos.

- **Ossetra (o asetra).** Sus granos son más pequeños que los del beluga. Es más económico que éste. El color varía entre el marrón grisáceo y el verde.
- **Sevruga.** Los granos son más pequeños y su color es casi negro. Es más barato.
- **Caviar dorado o imperial.** Es muy difícil de encontrar y muy caro.

El caviar es excelente para la piel por lo que también puede usarse para jugar sobre la piel del amante y comerlo en ella como si se tratara de una lujosa fuente.

Ostras

Representan la voluptuosidad por derecho propio y se asocian al lujo y al placer. Tomar ostras con cava es una experiencia deliciosa, pero también lo es tomar ostras recién sacadas del mar en un país tropical, que el propio pescador abre con su navaja a medida que vas comiendo, disfrutando del paisaje y de la brisa y de la buena compañía —y no me refiero a la del pescador, aunque todo puede ser.

Las ostras son un manjar si se comen vivas rociadas con un poco de limón. Si no se remueven al echarles el limón, es que no están suficientemente frescas y, por tanto, no deben comerse.

La hermana de Napoleón, Paulina Bonaparte (1780-1825), mujer de poderosa sensualidad y sexualidad, las tomaba para desayunar acompañadas de champán mientras reposaba en la bañera. Los detalles son tan jugosos como las ostras: se las servía un escultural y fornido criado negro después de haberla introducido en la bañera. Mmmm... ¡Esto sí es saber vivir!

Vino

«Una mujer y un vaso de vino curan todo mal, y el que no bebe y no besa, está peor que muerto.» Elocuente cita de Goethe (1749-1832). El vino —y todas las bebidas alcohólicas en general— funcionan como desinhibidores y proporcionan sensación de alegría y de euforia. El vino, una copa o un cóctel pueden servir para romper el hielo, pero un exceso de alcohol impide que la pasión se materialice. Y la frontera entre un leve estímulo alcohólico y la embriaguez es muy tenue. Además, el vino llama al vino y calienta la boca y el espíritu de tal manera que nunca parece ser suficiente.

Para complicarlo más, su poder euforizante causa el «efecto superman» o el «efecto superwoman», por el cual los bebedores se sienten agudos, ágiles, ingeniosos y capaces de todo, aunque, en realidad, estén balbuceando, diciendo incoherencias o tonterías —o ambas cosas— y tambaleándose. Además, un exceso de alcohol, puede provocar problemas de desempeño sexual, que el amante se duerma en el momento más inoportuno o, incluso, que pierda la consciencia...

Un proverbio japonés ilustra de forma muy expresiva esta característica: «Con la primera copa el hombre bebe vino; con la segunda el vino bebe vino, y con la tercera, el vino bebe al hombre». Y, sin embargo, el vino enamora y se parece a la pasión como decía el escritor austríaco Stefan Zweig (1881-1942): «El amor es como el vino, y como el vino también, a unos reconforta y a otros destroza».

El Talmud relata una curiosa anécdota sobre el origen del vino. Cuando Noé se disponía a plantar la primera viña en las montañas de Cilicia, apareció Lucifer y se ofreció a ayudarle. Noé no vio ningún problema en colaborar con él.

El triunfo de Baco o los borrachos de Diego Velázquez (1628-1629), Museo del Prado, Madrid.

Cuando la viña estuvo plantada, el diabló buscó un cordero, un león, un mono y un cerdo y los degolló. Regó aquel paraje con la sangre de estos animales: «He aquí porqué; cuando el hombre come el fruto de la vid es dulce como un cordero; cuando bebe el vino, se cree un león; si, por alguna razón, bebe cuando habla, gesticula como un mono, y cuando se embriaga con frecuencia es sólo un vil cerdo».

Si el vino —o cualquier bebida alcohólica, pues sus efectos son exactamente los mismos— se toma en cantidades moderadas, la razón hay que concedérsela al autor de *La Divina Comedia* Dante Alighieri (1265-1321): «El vino siembra poesía en los corazones».

Sin embargo, siempre que no se abuse de él y que no se use para camuflar la timidez y la inseguridad —porque, en ese caso, seguramente la dosis será excesiva—, el vino, tomado con un aperitivo o acompañando una buena cena o una buena comida, es un excelente complemento de las relaciones, del juego amoroso y de la pasión.

Para hacer más intensos sus efectos, existen diversas recetas de vinos afrodisíacos. Una receta italiana aconseja mezclar el vino, para potenciar sus efectos amatorios, con canela, ruibarbo, vainilla y jengibre.

La clave de esta receta es dejar macerar el vino con las especias durante dos semanas. Otra posibilidad para una velada sorprendente es dejar macerar en un litro de vino, también durante dos semanas, 20 g de canela, 20 g de ginseng y 15 g de vainilla. Pasadas las dos semanas, se cuela la mezcla y ya está preparada para estimular los sentidos y la imaginación.

Hierbas, frutos aromáticos, especias y condimentos

Muchas cocinas exóticas, entre ellas las de los diferentes países árabes, la hindú y las de América Latina, usan una gran variedad de especias para aromatizar los platos y proporcionarles una compleja y sugerente gama de sabores mezclados.

En la cultura árabe, como podemos ver en diversos pasajes del *Kamasutra*, los olores y los aromas son usados habitualmente como afrodisíacos en el mundo árabe.

En *El jardín perfumado*, de Jeque Nefzawi, un falso profeta y hombre ambicioso, Mosailama, conquista a su magnífica oponente con el poder de los perfumes.

Sheja el Terminia, profetisa y mujer poderosa entre la numerosa tribu de los beni-tenim, escribió a Mosailama retándole a comparar y estudiar sus doctrinas para discernir cual de los dos era el verdadero profeta. El perdedor debía aceptar su derrota y convertirse en seguidor del otro.

Mosailama, consciente de su impostura, se sintió consternado. No obstante, un pragmático seguidor le dio un consejo que le salvó:

«Mañana por la mañana, planta una tienda de brocado de colores en las afueras de la ciudad y amuéblala ricamente. Luego arómala con perfumes deliciosos de diversas clases, ámbar, almizcle y flores fragantes como la rosa, el azahar, el junquillo, el jazmín, el jacinto, el clavel y otras semejantes. Una vez hecho esto, pon en la tienda pebeteros de oro con perfumes, tales como el áloe verde, el ámbar gris, nedde y otros olores placenteros. Luego cierra la tienda para que ninguno de los perfumes pueda escapar, y cuando los vapores sean suficientemente intensos como para impregnar el agua que haya en ella, sube a tu trono y envía a por la profetisa, quien permanecerá a solas contigo. Cuando inhale los perfumes, se sentirá deleitada, se aflojarán tus junturas y desfallecerá. Después de haberla poseído, ya no tendrás problemas con ella».

Así lo hizo y la profetisa se rindió a su encanto. La forma en que el texto describe la escena es chocante y divertida. Mosailama vio por su expresión que ella deseaba copular y le dijo: «Incorpórate para que pueda poseerte, ya que en este lugar todo ha sido dispuesto con tal propósito. Si lo deseas, puedes yacer sobre tu espalda, o como un cuadrúpedo, o adoptar la posición de la plegaria, con la cabeza en el suelo y las nalgas al aire, como un trípode. Cualquiera que sea la posición que prefieras, dilo, y yo te satisfaré».

«Quisiera hacerlo de todas las maneras —replicó ella—. ¡Haz que la revelación de Dios me penetre, oh profeta del Todopoderoso!»

De esta forma, Mosailama consiguió una esposa y una nueva seguidora. Cuando Sheja abandonó la tienda, sus discípulos le preguntaron sobre el resultado de sus conversaciones. Ella respondió: «Mosailama me mostró que todo le ha sido revelado, y sé que es la verdad. ¡Obedecedle!».

Quizá el relato y las consecuencias de los perfumes son un poco exagerados, pero, tal vez, lo que ocurrió fue que Mosailama, simplemente, embriagó, mareó y emborrachó con tanto perfume a Sheja. Aun así, vale la pena tener en cuenta el poder de los aromas y de la ambientación.

Albahaca

Cómplice indiscutible de las ensaladas con tomate, nos remite a la cocina italiana. Es el ingrediente vital de la salsa pesto.

En Italia, la albahaca, una planta consagrada a Venus, era usada como amuleto amoroso por las muchachas, y en el culto vudú haitiano se relaciona con la pasión y la fecundidad. Se le atribuyen fuertes poderes afrodisíacos. Su fresco e intenso sabor es muy estimulante, sobre todo si se consume fresca.

Muchas culturas de todos los tiempos creen que estimula la fertilidad y el deseo.

Alcaparras

Dan un toque muy especial a ensaladas con patatas y forman parte, junto a aceitunas negras y salsa de tomate, de un platillo suculento y estimulante: atún a la provenzal. Combinan perfectamente con todo tipo de pescados.

Consideradas un poderoso afrodisíaco, fueron uno de los condimentos que la Iglesia católica recomendaba no consumir.

Anís

Se usa profusamente en la elaboración de pasteles, dulces tradicionales españoles como rosquillas, confites, licores y jarabes. Su aroma tiene fama de despertar el deseo de las mujeres. Es símbolo de fertilidad.

El anís es la base del Pernod y también forma parte de los ingredientes de la absenta, ambas bebidas muy estimulantes.

En la Antigua Roma, era uno de los ingredientes principales de un pastel que se servía en las fiestas. En la India tiene gran tradición como incitador del amor de los recién casados. Existe una curiosa receta hindú para atar la voluntad de una mujer a su amante. A grosso modo, consiste en fabricar un ungüento con semillas de anís y miel y untarlo en el pene antes del coito. Cuentan que la satisfacción de la mujer será tan enorme que jamás podrá liberarse...

Azafrán

Su prestigio como afrodisíaco en Oriente es inconmensurable. El azafrán, una especie carísima ya que se extrae de los pistilos secos de la flor de su mismo nombre (*Crocus sativus Linnaeus*), se usa en pequeñas dosis, porque si se abusa puede amargar. Con dos o tres hebras es suficiente. Se considera que el azafrán, que además de dar sabor colorea los platos, atempera el espíritu, proporciona alegría y reconstituye y fortifica el cuerpo.

Para incitar al deseo, los árabes recomiendan una mezcla de azafrán, flores de naranjo, anís, dátiles secos, yema de huevo, zanahorias silvestres y miel hervida en agua clara. Hasta aquí la receta resulta atrayente y deliciosa, pero el último ingrediente es la sangre derramada de dos palomas sacrificadas recientemente. Recomiendo prescindir de la sangre y centrarse en la exquisita mezcla anterior.

Canela

Es un ingrediente imprescindible en natillas, crema pastelera y crema catalana y en muchos postres, pero también se usa para condimentar carnes y forma parte de las especias que componen el curry.

Se puede utilizar también el aceite esencial de canela para aromatizar el baño. Es excitante, sexy y sirve para prevenir gripes y resfriados.

Cardamomo

Potente tónico y suave afrodisíaco, el cardamomo se presenta en semillas. Se puede mezclar con el café o con el té para matizar su sabor y dotarlos de su delicado aroma. En los países árabes se considera que estimula el compañerismo entre amigos.

Se mastica para combatir el mal aliento. Hay quien dice que es eficaz incluso contra el olor que dejan en la boca el ajo y la cebolla. Del cardamomo se cuenta que si te pones una semilla debajo de la lengua y besas a tu amado quedará unido a ti por las cadenas del deseo.

Cilantro

Hierba y semillas muy aromáticas de delicado y evocador sabor que se usan en variadas cocinas de América Latina y en la cocina oriental.

Para elaborar un antiguo filtro amoroso, con doscientos años de antigüedad, se recomienda moler siete semillas de cilantro mientras se dice en voz alta el nombre de la persona amada y se recita: «semilla caliente, caliente corazón, ojalá nunca se separen». Se añade el polvo resultante a la más pura agua de manantial, se cuela y se le da a beber al destinatario del conjuro mezclado con la comida o con una bebida.

Clavo

Es el capullo seco de la flor del clavero. Especia de fuerte sabor que evoca suntuosas sensualidades se usa para dar notas picantes, ácidas y algo acres a especialidades culinarias tanto dulces como saladas; por ejemplo, guisos de conejo o de carne, lentejas, sopas, marinadas de pescado o carne, vinos calientes, salsas, plátanos asados y tartas de manzana.

Por su aroma embriagador, tiene fama de afrodisíaco. En la Edad Media también se usaba para alejar los malos olores y las fiebres incrustando varios clavos en una naranja.

En *Gabriela clavo y canela*, de Jorge Amado, una mulata pobre cuya piel canela huele a clavo intenta ascender en la escala social dedicándose a cocinera y casándose con su patrón. No lo consigue.

Curry

Es una mezcla de varias especias. En Occidente se consigue preparado, pero, en la India y en otros países orientales, cada familia puede tener su propia mezcla.

Se prepara con coriandro, cayena, cardamomo, pimienta, canela, cúrcuma y semillas de mostaza, entre otros. Un estudio de 2004 de la Universidad de Granada dio como resultado que la dieta rica en curry ayuda a prevenir el colesterol. Según este estudio, la principal responsable de estos beneficios es la cúrcuma, que tiene un alto contenido en antioxidantes.

Enebro

Los frutos del enebro se usan para condimentar platos de caza —con los que su fuerte sabor combina especialmente bien—, para preparar rellenos y salsas y para elaborar licores, entre ellos, filtros de amor. De hecho, las bayas de enebro son un componente fundamental de la ginebra. Sobre el enebro existe la creencia de que es saludable y de que devuelve el ardor juvenil. Es diurético y estimula la circulación sanguínea. Seguramente su fama de afrodisíaco proviene de estas dos cualidades, pues los productos que estimulan la micción causan, de rebote, un efecto estimulador en los genitales y si se mejora la circulación sanguínea todas las partes del cuerpo reciben un mayor aporte de sangre, incluidos los órganos sexuales.

Un baño templado con aceite esencial de enebro es desintoxicante y restaura el equilibrio psíquico. Añade a ello una puesta en escena con unas cuantas velas de colores y los dos amantes se relajarán..., para excitarse después.

Eneldo

Uno de los mejores aliados del pescado, especialmente del salmón. Realza el sabor de huevos, ensaladas, salsas y sopas. Es recomendable añadir las hojas al plato poco antes de servirlo para que no se pierda su sabor.

Puedes elaborar fácilmente una deliciosa salsa para acompañar pescados triturando eneldo y cebollino y añadiendo yogur. En Oriente se considera que el eneldo tiene efectos estimulantes.

Jengibre

Una raíz usada en la cocina china, japonesa e india desde tiempos inmemoriales. El jengibre, algo picante, cítrico y aromático, también se usa como medicina.

El médico y filósofo iraní Avicena lo recomendaba como afrodisíaco debido a que es altamente beneficioso en el tratamiento de la debilidad. Su fama de afrodisíaco llegó a madame Du Barry, quien siempre estaba ideando nuevas fórmulas para desatar la libido. Sus cocineros preparaban una poción de yemas de huevo y jengibre que tenía la fama de inducir a los amantes de la cortesana y a Luis XV a la lujuria desatada.

La raíz fresca, cortada o rallada en el momento, es más aromática y sabrosa, pero, para simplificar, también se puede adquirir en polvo. El jengibre aporta su sabor particular a postres y un gran número de guisos exóticos. Se usa para preparar platos de caza, frutas escarchadas, sopas, aves y caza. En China, elaboran una confitura con frutos de jengibre que tiene fama de convertir en más ardientes a los amantes. El jengibre estimula el apetito y activa los procesos digestivos. En Asia, la exótica flor roja del jengibre se usa para crear artísticos y provocativos arreglos florales.

Laurel

El laurel es una estrella de la cocina mediterránea ya que se utiliza para condimentar todo tipo de asados y guisos. Se añade sólo una hojita porque su sabor es fuerte y, si se usa en exceso, algo amargo.

Es digestivo, excitante, tonificante y diurético. También sirve para regular la menstruación. El laurel es el símbolo del triunfo y de la virilidad. En Grecia, coronaban con laureles a poetas, deportistas y guerreros y, en Roma, a los héroes y a los emperadores romanos.

Menta

Su refrescante y característico sabor aromático está presente en muchas preparaciones. El té a la menta, por ejemplo, resulta muy tonificante, pero también se usa en dulces y repostería, en sopas y en salsas y para condimentar platos con carne.

La menta atempera los nervios y resulta útil para aliviar vértigos, jaquecas e insomnio. Un baño con aceite esencial de menta despeja la mente, refresca y tonifica.

Nuez moscada

Nuez dura que se usa para aromatizar pasteles y postres y que da un toque muy especial a las carnes. Si se añade una pizca de nuez moscada a la carne con tomate de la lasaña, el resultado es muy diferente.

Ayuda a digerir los alimentos con mucha grasa. Es tonificante, estimulante y reduce el cansancio. Para aliviar los dolores musculares, se puede añadir unas gotas de esencia de nuez moscada y esencia de romero a aceite de almendras y masajear la zona.

La nuez moscada, considerada muy excitante, figura en un gran número de preparaciones y filtros amorosos y sexuales.

Se puede tomar, de vez en cuando, en infusión, que se prepara mezclando una pizca de nuez moscada (en ningún caso nunca más de un gramo) con agua hirviendo, dejando reposar y colando la mezcla.

Al vino perfumado con nuez moscada se le atribuyen propiedades estimulantes, excitantes y el poder de levantar los miembros masculinos. Para prepararlo, se calienta un vaso de vino aromático y se le añaden 3 pellizcos de nuez moscada rallada y un trozo de corteza de naranja.

Orégano

Un puntal de la cocina mediterránea. Su sabor es intenso y algo picante. Combina muy bien con el tomate, con platos de pasta, con carnes, etc. Un baño con orégano acerca a los amantes y resulta una experiencia muy estimulante.

Pimienta

Sin duda, es una de las especias más populares. Da un sabor único a la carne de ternera y sirve para condimentar todo tipo de especialidades culinarias.

La pimienta tiene una gran fama como afrodisíaca, debida a que, como todos los picantes, calienta el cuerpo y lo revoluciona. Además, es ligeramente irritante por lo que puede causar sensaciones en los genitales.

La pimienta era ya apreciadísima en el siglo IV, aunque su valor aumentó por la demanda de la Roma imperial. La pimienta, que llegó a costar su precio en oro, es una de las especias que movieron a los europeos a investigar nuevas rutas marítimas a Oriente para conseguir precios más ventajosos.

Hay diversos tipos de pimienta, algunos auténticos, otros «falsos», puesto que los europeos, en sus viajes, fueron encontrando plantas parecidas. Las pimientas más populares —la negra, la blanca y la verde— proceden de la misma planta, el *Piper nigrum*. Se usan siempre las bayas; la única diferencia es que se les da diversos tratamientos.

Variedades de pimienta

- *Pimienta negra.* Son los frutos recogidos a medio madurar y secados al sol. Su sabor es intenso y muy picante. Utilizada con moderación, la pimienta negra en polvo da un sabor interesante a guisos, asados, carnes a la parrilla, pescados, patatas asadas, etc. Los granos enteros darán el punto ideal a marinadas, calderetas de cordero y caldos.
- *Pimienta blanca.* Se obtiene poniendo los frutos maduros en agua. Cuando pierden la piel, quedan al descubierto los granos

blancos interiores que, seguidamente, se secan. Es más suave que la pimienta negra, y realza platos de pescado y todo tipo de preparaciones a las que se les quiera dar un sabor más aromático y menos picante.

- *Pimienta verde.* Son los frutos verdes que no se someten a ningún tipo de preparación. Son ideales para pescados, aves o carnes. La popular salsa de pimienta que acompaña al entrecot o al bistec está hecha con pimienta verde.

Pimienta de cayena o pimienta roja

Es el polvo molido de los frutos de varias especies de chiles picantes. También se pueden encontrar los pequeños chiles enteros. Es una especia que se debe usar con moderación porque es muy picante.

Su nombre se debe a un error de Cristóbal Colón, quien ansioso por descubrir la ansiada pimienta —que los árabes monopolizaban y hacían pagar a buen precio— en las tierras que exploraba, no se dio cuenta de que lo que los aztecas usaban era chile o pimiento picante y la bautizó como pimienta de Cayena (o cayena).

La pimienta tiene una gran fama como condimento afrodisíaco, calienta el cuerpo y lo revoluciona.

Pimienta de Jamaica

No pertenece a la familia de la pimienta a pesar de su nombre. La pimienta de Jamaica se obtiene de las bayas de un árbol tropical pariente del pistacho y del lentisco. Su sabor es una mezcla de clavo, canela y nuez moscada. Se usa especialmente en pasteles y pastas, y los aztecas la utilizaban para aromatizar el chocolate.

Pimienta rosa

Tampoco es una pimienta, aunque tiene un aroma y sabor similar a los de esta especia. Se obtiene de las bayas rosadas de un árbol que crece en Latinoamérica, el pimentero brasileño (*Schinus terebinthifolius*).

Su color hace a estas bayas ideales para aportar vistosidad a salsas y platos de carne y de pescado, a los que proporciona un sabor muy especial, picante y al mismo tiempo dulce. La pimienta rosa se tiene que usar con moderación porque en exceso es tóxica.

Vainilla

El origen de la vainilla es exótico y exquisito: se obtiene de las vainas curadas y fermentadas de una orquídea de los trópicos.

Delicada, seductora y perfumada, esta especia tiene una gran fama como afrodisíaco, y se usa habitualmente en repostería, helados y todo tipo de postres por su sabor único e insustituible. El helado con sabor a vainilla es uno de los más populares. La vainilla también

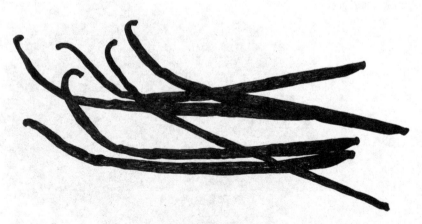

La vainilla, como su aspecto, es delicada, seductora y perfumada de sabor.

se usa para aromatizar, en ocasiones, el café y el chocolate. Asimismo, se utiliza para aromatizar las ropas e incluso hay gamas de cosméticos naturales con olor a vainilla.

La vainilla se encuentra en vainas y en esencia o extracto: el sabor de la primera es mucho más natural y lleno de matices.

Sobre el origen de la vainilla, cuenta una leyenda mexicana que es fruto del amor desgraciado de dos jóvenes que vivían un amor imposible, un príncipe llamado Zkatan-Oxga (el joven venado) y la hija del rey Tenitzli, Tzacopontziza (Lucero del Alba), consagrada al culto a la diosa Tonacayohua, protectora de la siembra, el pan y los alimentos.

Ambos se escaparon juntos, desafiando a su destino, pero fueron sorprendidos en la selva por un monstruo, que les obligó a retroceder. Los dos enamorados cayeron en manos de los sacerdotes, que los degollaron. De su sangre nació una planta, Xanat; es decir, la vainilla.

Recetas
para el amor
y el sexo

Chocolate, pasión humana y divina

«El chocolate es la pasión hecha alimento. Es versátil y cambiante, puedes dejarte arrebatar por el más amargo en una experiencia intensa; puedes saborear la dulzura y la textura esponjosa de una mouse de sabor delicado, que se funde con tu lengua voluptuosamente; puedes deleitarte con la experiencia compleja de una tarta de chocolate, una Sacher por ejemplo; puedes estremecerte con un helado de chocolate tradicional o experimentar con helados de chocolate belga con virutas de chocolate; puedes reconfortarte con una taza de chocolate caliente... Todos los tipos de chocolate tienen su encanto y su momento: con almendras, con crocanti, con leche, con avellanas, rellenos de crema de naranja o crema de fresa, bombones tradicionales, bombones con licor, bombones con especias o trozos de frutas confitadas. Nunca te defraudan: su sabor siempre provoca placer» —asegura Ana, una mujer de 30 años vital y apasionada por la vida y por los placeres.

El chocolate es una de las más dulces tentaciones. Tanto, que una avispada marca de chocolates los identifica, más o menos sutilmente, con la actividad sexual y con el gusto por lo prohibido.

Una pareja se abraza y se hace arrumacos en el sofá mientras comen chocolate sensualmente. De repente, ella se sobresalta:

—¿Has tomado precauciones? —le pregunta.

—Tranquila, es sin azúcar

Una voz en off anuncia: «Chocolates Valor. Placer adulto».

Otro anuncio televisivo de esta marca muestra como unas adolescentes compran en secreto chocolate en el supermercado, esperando no ser descubiertas, y un tercero está protagonizado por otro par de chicas que comen chocolate escondidas en la habitación de una de ellas y están a punto de ser sorprendidas in fraganti por la madre.

La cultura popular ha identificado tradicionalmente el chocolate como un sustituto del sexo o del amor, o de ambos. Sin embargo, aunque es cierto que el chocolate, por su composición, eleva el ánimo y mejora el humor, es, además, un poderoso estimulante sexual, sobre todo compartido con alguien juguetón, y un inductor de sensaciones amorosas. Todo depende del uso que quiera dársele y del ánimo y el objetivo con el que se coma.

El chocolate contiene feniletilamina (FEA), un compuesto orgánico de la familia de las anfetaminas que ejerce efectos estimulantes en el cerebro y crea sensación de placer. Esta sustancia es la responsable directa del enamoramiento, según las últimas investigaciones orientadas a explicar el enamoramiento y el amor según procesos bioquímicos.

Hace años, Donald F. Klein y Michael Lebowitz, del Instituto Psiquiátrico de Nueva York, investigaron a un grupo de mujeres adictas al amor y descubrieron que tenían elevados porcentajes de feniletilamina en sus cerebros. Los dos investigadores hicieron notar que la producción de FEA en el cerebro se puede desencadenar por algo tan simple como una mirada o un roce y que esta sustancia es la responsable de las sensaciones y modificaciones fisiológicas que experimentamos al estar enamorados, como excitación, nerviosismo, taquicardia, enrojecimiento de la cara e insomnio.

También se ha detectado que las personas que han sufrido un desengaño amoroso tienden a comer chocolate, rico en feniletilamina, para suplir el aporte de esta sustancia a la que estaban acostumbrados cuando su relación seguía viva y estaban en pleno torbellino de la ilusión.

Y es que el chocolate es una gran fuente de placer...

Una encuesta realizada en noviembre de 2007 por Datosclaros para una marca de desodorante, en la que se encuestó a mujeres de 13 países, refleja que las mujeres prefieren el sexo y el chocolate a otros placeres.

El estudio —realizado en Argentina, Brasil, Italia, Holanda, India, Estados Unidos, México, España, Australia, Filipinas, Inglaterra, Alemania y Francia— reveló que un 69 % del total de las mujeres entrevistadas prefieren el chocolate a otro tipo de goces y un 80 % lo encuentran una tentación difícil de resistir. Las mujeres que escogieron el chocolate en primer lugar señalaron que es un gusto que se pueden dar con facilidad y que las pone rápidamente de buen humor y las predispone a disfrutar más y a vivir buenos momentos.

Las mujeres españolas y las argentinas fueron las únicas que pusieron el sexo en primer lugar, mientras que las brasileñas, las francesas y las holandesas prefirieron el chocolate. El placer favorito de italianas, alemanas y mexicanas es ir de compras. Las mujeres de la India consideran irresistible, por encima de otros placeres, la bisutería.

A la pregunta de con qué compararían el sexo, las respuestas fueron tan variadas como imaginativas: un buen perfume, comer un buen plato de comida y, en el caso de las filipinas, dormir la siesta.

El chocolate es una tentación irresistible. Según otro estudio, llevado a cabo en 2007 por el doctor David Lewis, de Mind Lab, entre varias parejas de veinteañeros, se llegó a la conclusión de que el chocolate derretido en la lengua provoca más sensaciones y una mayor excitación que un beso apasionado, aunque sin abrazo. Para el estudio se usó un nuevo chocolate de la empresa Cadbury que posee un 60 % de cacao.

Un grupo de científicos observaron el cerebro y los latidos del corazón de las parejas participantes, conectadas a un sistema de electrodos en el cuero cabelludo y a un monitor cardíaco. Primero, los voluntarios derretían trozos de chocolate en sus bocas y, posteriormente, en una segunda prueba, se daban un beso.

El chocolate provocó una excitación mayor que el beso y duplicó los latidos cardíacos de los participantes. El estímulo corporal y cerebral registrado fue mayor. En muchos casos, hasta cuatro veces más prolongado que el producido por el beso más caliente. Asimismo, la investigación también reveló que a medida que el chocolate empezó a derretirse, todas las regiones del cerebro recibieron un estímulo mucho más intenso y duradero que la excitación registrada con el beso. Al parecer, la clave para esta explosión de sensaciones es dejar derretir el chocolate lentamente en la lengua y en la boca.

Un dato interesante: aunque se suele considerar que las mujeres tienen una mayor debilidad por el chocolate que los hombres, no se registraron diferencias entre ambos sexos. Y es que el chocolate seduce y hasta conquista... ¿por qué no aprovechar sus cualidades para motivar sensualmente a la pareja?

De hecho, en fechas señaladas, como día de los enamorados o fiestas de cumpleaños, el chocolate —preferiblemente en forma de bombones o trufas— es un regalo habitual. Por no hablar del helado de chocolate —sabor preferido por gran parte de los habitantes del mundo occidental—, que ofrece la posibilidad de refrescantes fantasías en la piel, ya sea en la versión tradicional o mezclado con cookies o virutas de chocolate.

El truco para potenciar el poder de seducción de los bombones está en ofrecerlos de forma tentadora y lujuriosa al amante en lugar de dejar la cajita sobre la mesa para que la degusten las visitas. «En una ocasión —narra Carmen—, le dije a mi pareja que había escondido un bombón en mi cuerpo [dejo a la imaginación de quien lea esta historia el sitio]; después de un momento de sorpresa por su parte, pasamos un rato muy divertido y sexy mientras él buscaba dónde... Cuando lo encontró, se lo comió poco a poco, saboreándolo lenta y detenidamente.» Un bombón compartido boca a boca también puede ser muy excitante y placentero...

Indudablemente, el chocolate es sinónimo de placer. Los países con mayor consumo de chocolate per cápita, según datos de 2006, son Bélgica (15 kg/año), Suiza (12 kg/año), Alemania (11 kg/año) y Gran Bretaña (10 kg/año). Los franceses comieron 7 kilos al año por persona, los estadounidenses consumieron 5 kg al año y los españoles, 3,9 kg.

¿Significan estos datos que los mayores comedores de chocolate, como belgas y suizos, son menos amorosos o, por el contrario, que se dedican en cuerpo y alma a todo tipo de pasiones? Dejémoslo también a la imaginación...

La historia ha conocido a grandes apasionados del chocolate. Entre sus devotos se encontraron el gran vividor y conquistador Giacomo Casanova, que usaba chocolate caliente como arma afrodisíaca.

Madame Pompadour, favorita de Luis XV, que buscó y rebuscó entre todos los alimentos para encontrar el afrodisíaco ideal, usaba chocolate aromatizado con vainilla y ámbar para intentar despertar su apetito sexual, más bien escaso. Madame Pompadour probó todo tipo de recetas, alimentos y sustancias para potenciar su libido. De ella se decía que lo que ganaba —con su encanto, inteligencia y conversación— durante el día, lo perdía por la noche. Finalmente, al cabo de cinco años de ser la amante del rey, la favorita conservó su puesto convirtiéndose en su amiga, confidente y proveedora de mujeres.

Madame Du Barry, sucesora de madame Pompadour y última favorita real, servía chocolate a sus amantes antes del acto sexual. De ella se cuenta que fue inmensamente infiel al rey.

Con fines afrodisíacos o simplemente como estimulante general o mental, muchos grandes personajes se dejaron seducir por el chocolate: el cardenal Richelieu (1585-1642) se convirtió en un verdadero adicto; Goethe (1749-1832) buscaba en el chocolate fuente de inspiración y de felicidad varias veces al día; el dramaturgo, filósofo y poeta Friedrich Schiller (1759-1805) se reconfortaba consumiendo cacao, y Federico el Grande de Prusia (1712-1786) bebía con fruición y deleite una taza de chocolate tras otra.

Una anécdota, historia o leyenda atribuye a esta costumbre que el rey prusiano salvara la vida. Cuando se encontraba en el palacio de Sans-Souci, el rey pidió a un sirviente que le trajera una taza de chocolate. El criado encargó el chocolate al cocinero y se lo llevó al rey. Federico se dio cuenta de que había dejado la llave puesta en un arcón que contenía papeles importantes y volvió a la otra habitación para poner remedio a su descuido.

Cuando volvió, advirtió que había un fino hilo que descendía del techo hasta su taza. Se trataba de una araña poco espabilada que había ido a parar a su chocolate. El rey llamó a su criado y le pidió que le cambiaran la taza. Al ver al criado regresar con la taza sin tocar, el cocinero se puso muy nervioso. Cuando escuchó al sirviente explicar que el rey le había pedido que le cambiaran la taza sin que hubiera ninguna razón para ello, el cocinero perdió los nervios y se suicidó en un rincón. Dio por supuesto que el rey había descubierto su plan regicida y, presa del pánico, decidió quitarse de en medio.

Esta historia o leyenda cuenta que, años después, Federico ordenó que se pintara en el techo de esa habitación la imagen de una araña en su tela en homenaje del animal que le había salvado la vida. El jurista, político y gastrónomo francés Brillat-Savarin, gran entusiasta del chocolate, escribió unas palabras poéticas sobre el chocolate que le otorgan gran número de beneficios y virtudes: «Si un hombre ha bebido con exceso de las fuentes del placer, si le ha robado horas al sueño trabajando demasiado, si su espíritu ya está cansado, si siente el aire húmedo, las horas lentas y la atmósfera demasiado pesada como para aguantarla; si está obsesionado con una idea fija que le quita la libertad de pensar; si es una de estas desgraciadas criaturas..., digámosle que se tome una buena taza de chocolate perfumado, y le ocurrirán maravillas».

Chocolate, historia y curiosidades del alimento de los dioses

El chocolate, traído de América por los españoles en el siglo XVI a Europa, se ganó de inmediato su fama de afrodisíaco. De hecho, mayas y aztecas —grandes consumidores de este producto, que tomaban en forma de bebida caliente y especiada—, consideraban que era un buen estimulante sexual. El emperador azteca Moctezuma II (1466-1520) se hacía servir chocolate en una copa de oro unas cincuenta veces al día. Se rumorea que era para mantenerse fuerte y en forma para satisfacer a sus 150 concubinas. Falta saber qué consideraba él satisfacerlas. Tampoco nos ha llegado la opinión de las mujeres.

El primer europeo que tuvo conocimiento del chocolate fue Cristóbal Colón, que, en su cuarto viaje (1502), recibió en su barco la visita de una embarcación de 24 remeros que le mostraron mercaderías desconocidas, entre ellas telas exóticas, objetos de cobre y una semilla con la que se preparaba una extraña bebida y que servía, asimismo, como moneda de pago: el cacao. Todo tenía un precio fijado en semillas de cacao. Por ejemplo, se podía comprar un conejo por ocho semillas. La picaresca también funcionaba en esta antigua civilización, hay pruebas de que existían las falsificaciones. Los pillos estafadores rellenaban las cáscaras vacías del cacao con barro, lo que era un delito severamente castigado.

Sin embargo, Colón no hizo mucho caso ni a la bebida ni a las semillas y el cacao tuvo que esperar a los hombres de Hernán Cortés para ser «descubierto».

La bebida de cacao se servía prolijamente en las fiestas que celebraba Moctezuma II, el último emperador azteca. El conquistador y cronista vallisoletano Bernal Díaz del Castillo relató lo que vio en estas celebraciones: «Traían una especie de copas de oro fino con cierta bebida hecha del mismo cacao; decían que era para tener acceso a las mujeres, y entonces nos mirábamos en ello; más lo que yo vi es que le traían [a Moctezuma] sobre cincuenta jarros grandes, hechos de buen cacao, con su espuma, y de aquello bebía, y las mujeres le servían al beber con gran acato».

Durante la comida, Moctezuma se divertía viendo actuar a súbditos enanos o contrahechos. Si alguno le complacía especialmente, le regalaba un jarro de cacao. El festín al que asistió Castillo estuvo compuesto por 300 platos. Esplendor y gloria gastronómica de un gran imperio que estaba en vías de desaparición.

Los banquetes servidos por Moctezuma eran extraordinarios, en ellos estaban presentes las riquezas naturales de un imperio que era una explosión de sabores, como frutas exóticas selectas, carnes de pavos, palomas, iguanas y perros aztecas y pescados frescos traídos de Veracruz a pie por un sistema de relevo de esclavos.

Tanto entre el pueblo maya como entre el azteca, el chocolate tenía un valor religioso y preparaban diversas mezclas de cacao para sus sacrificios y ritos iniciáticos. Solían tomar vino de cacao, una bebida fría, espumosa y embriagadora.

Hugues Brancfort, historiador del siglo XIX, relacionó la siembra del cacao con ciertos ritos sexuales. Según aseguraba este historiador, las mejores semillas de cacao eran expuestas a la luz de la luna durante cuatro noches. Durante este tiempo, los labradores debían dormir separados de sus mujeres y concubinas con el fin de reservar su ardor y potencia sexual para la víspera de la siembra. Asimismo, algunas personas eran expresamente designadas para realizar al acto sexual en el momento en el que las semillas eran plantadas.

Entre los mayas, el chocolate también se usaba con fines terapéuticos y medicinales. Los hechiceros mayas recomendaban el uso del cacao tanto como estimulante como calmante. La manteca de cacao era usada cono ungüento para curar heridas.

Entre los aztecas, el chocolate no era sólo un alimento para los ricos. La gente humilde también solía consumirlo, como parte de su alimentación habitual, mezclado con harina de maíz.

Los avispados españoles pronto notaron otros efectos del cacao. En una de sus cartas, Hernán Cortés aseguró al emperador Carlos V: «Una sola taza fortalece tanto al soldado que puede caminar todo el día sin necesidad de tomar ningún otro alimento». Fue el precursor de una ocurrencia que posteriormente llevaría a la práctica el Ejército estadounidense. Las Fuerzas Armadas de los Estados Unidos incluyen el chocolate, como veremos más adelante, como parte de las raciones de combate estándar de sus soldados. El objetivo del chocolate es doble: aumentar la moral de las tropas y proporcionar una buena dosis de energía con un alimento que ocupa muy poco espacio y pesa poco.

Hernán Cortés recibió de Moctezuma un huerto en el que había plantado maíz, frijoles y árboles del cacao, inspirado por su amante —que le fue regalada como esclava en 1519—, la indígena Malinche, quien también creía en las virtudes afrodisíacas del cacao. La historia de Malinche es triste y complicada. Era la hija repudiada en la infancia de un cacique mexicano.

Malinche —bautizada como Marina— traducía de la lengua de los aztecas a la lengua maya, la cual conocía uno de los sacerdotes que acompañaban a Cortés, al cual, a su vez, le traducía al español. Malinche favoreció en varios lances a Cortés e incluso evitó que cayera en una emboscada. Con su mediación, Malinche facilitó la conquista a los españoles, pero nunca logró que Cortés la tomara como esposa. En su lugar, la cedió a uno de sus capitanes, Juan Jaramillo.

El 30 de octubre de 1520, Cortés escribió una carta a Carlos V en la que le narraba que Moctezuma II había tomado medidas para que los españoles se sintieran cómodos: «Rogué a dicho Moctezuma que aquella provincia de Malinaltebeuqe hiciese hacer una estancia para vuestras majestades; y puso con ello tanta diligencia que dende en dos meses que yo se lo dije estaban sembrados setenta hanegas de maíz y diez de fríjoles, y dos mil pies de cacao». De hecho, Moctezuma regaló a los hombres de Cortés alimentos para su manutención y también un banco productor de «dinero», aunque, realmente, a los orgullosos «conquistadores» españoles no les hacía demasiada falta, pues estaban dispuestos a tomar lo que desearan.

Moctezuma y su corte tomaban chocolate regularmente. Su sabor era muy distinto al del actual, porque para endulzarlo se le añadía miel en lugar de azúcar, y, para suavizar un poco su sabor intensamente amargo (o para variarlo), se mezclaba con diversas especias, como vainilla o pimienta.

Los aztecas también fabricaban unas pastillas de chocolate arcaicas. Aprovechaban la parte grasa de las semillas —la manteca— como compactador, y así podían llevarse de viaje el popular alimento. Cuando lo necesitaban, disolvían esta rudimentaria pastilla de chocolate primitiva en agua y se lo bebían.

Según la mitología de los antiquísimos mayas, el dios Kukulkán, la serpiente emplumada, también conocido como Gucumatz, dios de las tormentas y de la agricultura, regaló a los hombres el chocolate después de la creación de la humanidad.

Los mayas tenían un dios para cada fenómeno natural o aspecto de la naturaleza y para las actividades humanas. Creían que su mundo se había extinguido y renacido repetidas veces por voluntad de los dioses, por lo que la labor fundamental de los poderosos sacerdotes era aplacarlos mediante sacrificios de animales y de humanos y variadas ofrendas. El gran miedo de los mayas, sobre todo si se producía algún desastre natural, era que el mundo volviera a desaparecer.

En abril, los mayas celebraban un ritual anual para honrar al dios de la guerra, del comercio y protector del cacao, Ek Chuah. Este acontecimiento incluía sacrificios de perros y otros animales con marcas pintadas con chocolate; ofrendas de cacao, plumas e incienso, e intercambio de regalos.

La civilización maya, una de las culturas más ricas y poderosas de Mesoamérica abarcó del año 2000 a. C. al 1500 d. C. Cuando llegaron los europeos, su imperio se había extinguido misteriosamente y sólo quedaban grupos de población dispersos que lucharon enconadamente contra los invasores. Quizá, al fin y al cabo, tenían razón en sus temores y habían fracasado en su intento por satisfacer a sus dioses.

Los aztecas, tras haber probado varios emplazamientos, se establecieron, a principios del siglo XIV d. C. en el Valle de México, donde fundaron su capital, Tenochtitlán. Su civilización floreció rápidamente y dominó el área central y sur del actual México. Tomaron muchos mitos y dioses de los mayas. Quezatcoatl, con sus propias particularidades, estaba inspirado en Kukulkán.

Como homenaje a Quezatcoalt, el naturalista sueco Carlos Linneo denominó al árbol del cacao, o cacaotero, *Theobroma cacao L.* El término *theobroma* significa «alimento de los dioses» en griego, y la *L.* se corresponde a la inicial de Linneo, que clasificó la planta.

Un alimento antiquísimo

Hasta hace poco, los indicios más antiguos del consumo de chocolate que se habían encontrado en el continente americano databan el inicio del consumo de este alimento en el año 500 a. C.

Según el análisis de restos de cerámicas de Puerto Escondido —un yacimiento arqueológico situado en el valle del río Ulúa, en el norte de Honduras que todavía está habitado—, un grupo de investigadores de EE.UU. han descubierto que el uso del cacao como bebida empezó hace 3.500 años, en el comienzo prehistórico de la formación de poblados estables en Centroamérica. Los investigadores descubrieron que se había tomado cacao porque, en las cerámicas, había restos de teobromina, la sustancia estimulante del chocolate.

Los antiguos habitantes de Puerto Escondido tomaban una bebida alcohólica fabricada a partir de la fermentación del fruto del cacao. Su volumen de alcohol eral del 5 % y poseía, además, efectos estimulantes por las propiedades del cacao.

Mil años después, tomaban, además, chocolate disuelto en agua a la que se añadía chile y, en algunos casos, miel de abeja.

El chocolate en Europa

Los primeros granos de cacao llegaron a España del Nuevo Mundo, por medio de fray Aguilar —integrante de la expedición de Cortés—, junto con la receta para hacer chocolate que cedió al abad Antonio de Álvaro, del Monasterio de Piedra de Zaragoza. Así se inició la tradición chocolatera de la orden cistersiense.

El chocolate —energético, estimulante, nutritivo y refrescante— fue muy apreciado por los monjes porque, como bebida, podía tomarse incluso en épocas de ayuno o de Cuaresma y permitía dejar de comer sin desfallecer y manteniendo la energía necesaria para trabajar.

En 1522, el franciscano Olmedo tuvo a su cargo el primer envío de chocolate al Viejo Mundo. España confió la elaboración del chocolate a los monasterios, que conservaron en secreto la receta durante casi cien años e intentaron que la fórmula no llegara al resto de Europa. España instituyó el monopolio del chocolate.

El chocolate se convirtió en un bien preciado, gravado por considerables impuestos, por lo que era un producto caro que sólo los ricos podían disfrutar.

Una de las ramificaciones de la orden del Císter, la orden de La Trapa —que se estableció en España en 1794, tras muchas penurias y padecimientos después de que los monjes tuvieran que huir de la Francia revolucionaria—, fabricó chocolates desde 1891 en el monasterio trapense de Dueñas (Palencia), y fundó la primera fábrica de chocolate de España.

En 1961, la comunidad cisterciense vendió la fábrica con todas sus antiguas formas de elaboración y en 1964 se constituyó la sociedad Chocolates Trapa. En 1982 Chocolates Trapa fue adquirida por el Grupo Rumasa en la que permaneció hasta la expropiación del grupo.

En contra del monopolio español

El primer país europeo que consiguió burlar el secretismo español en torno al chocolate fue Italia. El florentino Francesco Carletti, que había viajado por América, introdujo este producto en el año 1606. Las cafeterías de Venecia y Florencia se encargaron de popularizarlo.

Unos años después, en 1615, el chocolate llegó por primera vez a Francia gracias a la boda de la hija de Felipe III, Ana de Austria, con Luis XIII. En este país, la costumbre de tomar chocolate se estableció en el siglo XVII debido a otra boda, la de la infanta María Teresa, hija de Felipe IV de España, con Luis XIV de Francia (1638-1715), devota del chocolate. El rey Sol tomaba chocolate en trabajadas y preciosas piezas de oro y piedras preciosas que hacía fabricar para tal uso.

Según una teoría, a finales del siglo XVIII, las damas francesas pusieron de moda pequeños trocitos de chocolate que se podían degustar a cualquier hora y en cualquier momento. Según la leyenda, al saborearlos exclamaban: «bon bon» (bueno, bueno). Según esta historia, éste fue el origen de los populares, deseados y deliciosos bombones y de la palabra que los designa.

Según otra versión, el pastelero de Luis XIV elaboró como postre para disfrute del monarca unas frutas confitadas, bañadas en chocolate. Cuenta la leyenda que, al probar aquella nueva exquisitez, el Rey Sol expresó su satisfacción diciendo «bon, bon». La expresión bombón se adoptó para referirse a todo tipo de chocolate relleno.

En Europa, especialmente en España y en Francia, el chocolate adquirió fama de ser una bebida aristocrática y se extendió su uso como bebida de acompañamiento, que agudizaba el placer sensual y el espíritu, en las reuniones de las altas esferas sociales. A esta creencia contribuyó decisivamente el alto precio del cacao.

No fue hasta 1657 que el chocolate llegó a Inglaterra. Se impuso en las cafeterías y en algunos clubs que se volvieron muy selectos, como *The Cocoa Tree*, fundado en el año 1746 y situado en la calle St. James 6.

Poco a poco, Europa iba cayendo bajo el embrujo de este alimento de los dioses. En 1679, el chocolate llegó a Alemania y la producción de chocolate comenzó su etapa industrial, gracias al adelanto tecnológico de este país.

Los suizos, los belgas y los ingleses se encargaron de desarrollar la producción de chocolate y de revolucionar su producción industrial. El chocolate desembarcó en Suiza en 1697 por medio del burgomaestre de Zúrich, Heinrich Escher, que tuvo la oportunidad de conocerlo en Bruselas. En 1819, en Vevey (Suiza), el pionero François-Louis Callier montó la primera fábrica de chocolate del país. En 1831, Charles Kohler fundó su fábrica en Lausanne. Había nacido la deliciosa tradición chocolatera suiza.

En 1711, la energética poción arribó a Austria traída por Carlos VI cuando regresó de una visita a Madrid en su prolongado e infructuoso intento por conseguir el trono de España.

No fue hasta 1755 que los estadounidenses, aún bajo dominio inglés, descubrieron la bebida que había conquistado Europa. Poco después, se inauguró la primera fábrica de chocolate en Nueva Inglaterra.

En 1819, en París, Pelletier instaló la primera fábrica que utilizaba el motor de vapor para mecanizar la molienda de las semillas de cacao, tarea que hasta ese momento se había hecho a mano y era muy laboriosa y costosa. En el año 1828, C. J. Van Houten, un maestro chocolatero holandés, inventó la prensa de cacao, que utilizó para obtener la manteca de cacao con un sistema que reducía el amargor del chocolate.

En 1842, el inglés John Cadbury —propietario de una pequeña tienda en Birmingham que fundó una fábrica de chocolate que se convertiría en el germen de uno de los mayores imperios chocolateros— fabricó por primera vez chocolate que se podía comer. Como curiosidad, John Cadbury y su familia eran cuáqueros. Cuando se retiró en 1861, dejó el negocio a sus hijos, Richard y George, quienes en 1879 establecieron la empresa cerca de un pequeño pueblo llamado Bournbrook. Los hermanos Cadbury fundaron su propio pueblo al que hicieron crecer y llamaron Bournville.

Como herencia cuáquera, en el distrito alrededor de la fábrica no se vendía alcohol. Ni en pubs, ni en bares ni en tiendas. La prohibición se mantuvo durante 100 años. En marzo de 2007, los habitantes de Bournville ganaron una batalla contra la mayor cadena de supermercados británica, Tesco, y consiguieron que no vendiera alcohol en su tienda en Bournville.

En 1874, la fabricación del chocolate realizó un nuevo avance. El chocolatero inglés Joseph Frey combinó manteca de cacao con cacao molido y azúcar para crear un chocolate con una textura más suave y cremosa.

En 1875, el farmacéutico Henry Nestlé, un emprendedor alemán que había emigrado a Suiza y se había instalado en Vevey, inventó la leche condensada. Después de repetidos intentos infructuosos de mezclar leche y chocolate para crear chocolate con leche, en 1876, Daniel Peter aprovechó el invento de Nestlé, leche condensada azucarada, para fabricar chocolate con leche.

En 1929, los destinos chocolateros de Nestlé y Peter se unieron oficialmente al fusionarse la empresa de Nestlé con la Peter-Callier-Kohler, creada por los tres grandes pioneros suizos. Fue el germen de un gran imperio del chocolate que se diversificó y amplió con productos como el triunfador Nescafé (1938), sopas Maggi (1947) y congelados Findus (1962), entre otros. Desde su fundación, la empresa no ha dejado de crecer y de producir nuevos productos, como aguas minerales, alimentos para animales domésticos, helados, pasta italiana...

En 1879, Rodolphe Lindt tuvo la idea de agregar de nuevo la manteca de cacao —que Van Houten había conseguido separar— al cacao desgrasado molido, de forma que el chocolate obtenía una textura sólida y cremosa a la vez y se deshacía voluptuosamente en la boca. La mezcla resultante, a la que se añadía azúcar, era una pasta maleable y fina que podía verterse en un molde parra darle forma.

A principios del siglo XIX, se empezó a fabricar chocolate en forma de tabletas.

En 1893 nació la inquietud chocolatera de Milton Hershey, fabricante de caramelos, cuando compró maquinaria alemana para hacer chocolate en la Exposición Internacional de Chicago. Empezó a producir caramelos cubiertos de chocolate pero pronto apostó por este segundo producto y vendió el negocio de caramelos.

Las barritas de chocolate con leche de Milton Hershey aparecieron en el mercado en 1900, después de varias pruebas en las que la mezcla o bien se quemaba o bien no solidificaba. Hershey se convirtió en la mayor empresa chocolatera de Estados Unidos.

Forrest Mars y Bruce Murrie, de la Compañía Mars, inventaron la receta de los famosos «M&M's» (que son sus iniciales) durante la guerra civil española. La idea de estas golosinas surgió cuando observaron que los soldados comían piezas de chocolate cubiertas con azúcar endurecido para prevenir que se derritieran por el calor. M&M's, pequeñas chocolatinas cubiertas con dulce de colores, hicieron su aparición en 1941. Su famoso slogan, «El chocolate que se derrite en tu boca, no en tu mano» fue registrado en 1954.

Irónicamente, el chocolate, originario de México, no empezó a producirse de forma industrial en este país hasta 1853, cuando se introdujo la primera maquinaria para fabricarlo.

Mucho más que un dulce

A diferencia de la mayoría de los dulces y golosinas, el chocolate no aporta sólo calorías vacías, sino que proporciona nutrientes al organismo y es beneficioso para la salud. Además de subir el ánimo y recrear la excitante sensación de enamoramiento, aporta vitaminas (A, B1, ácido fólico), minerales (potasio, fósforo, magnesio), proteínas e hidratos de carbono, en cantidades variables según el tipo de chocolate. El chocolate con leche y el chocolate blanco proporcionan más proteínas y más minerales —especialmente calcio, por la leche que llevan— y más cantidad de vitamina A.

Las principales virtudes del chocolate, según las últimas investigaciones, son que puede contribuir a mantener o bajar el nivel de colesterol y que tiene un efecto rejuvenecedor.

El chocolate contiene polifenoles, compuestos antioxidantes que mantienen en forma el organismo y protegen contra algunos tipos de cáncer y contra la arteriosclerosis. El chocolate, tomado regularmente y con moderación, contribuye a mantener el corazón sano y favorece la circulación sanguínea.

En 1999, el departamento de Nutrición de la Universidad de California realizó un estudio en el que llegó a la conclusión de que el chocolate contiene más sustancias antioxidantes que el té verde.

Asimismo, el departamento de nutrición de la Universidad de Barcelona determinó que la presencia de fitoesteroles en este alimento de los dioses es también importante. Estos componente ayudan a disminuir el nivel de colesterol LDL (o sea, el colesterol dañino).

Haz la guerra y no el amor

En todas las guerras y misiones en las que ha participado EE. UU. desde 1937 —entre ellas la segunda guerra mundial—, el chocolate ha formado parte de las raciones de combate.

El chocolate para la guerra debía cumplir algunas condiciones especiales. Entre ellas, que no fuera especialmente apetecible, para que lo soldados lo reservaran para una emergencia o para conseguir energía cuando lo necesitaran, y que aguantara altas temperaturas sin fundirse, puesto que los soldados iban a operar en todo tipo de climas y debían llevar sus raciones pegadas al cuerpo. La encargada de conseguir el milagro fue la Hershey Company, que desde que recibió el visto bueno se encargó de la producción de chocolate para los militares.

La primera ración de chocolate de emergencia encargada por las Fuerzas Armadas de Estados Unidos fue la «Ration D Bar». Se elaboró para que cumpliera cuatro características básicas: pesar 4 onzas; tener un alto valor energético; ser capaz de soportar altas temperaturas; tener un sabor «un poco mejor que las patatas hervidas».

La elaboración era trabajosa y totalmente artesanal. El chocolate resistente al calor era poco fluido para trabajarlo precisamente por su cualidad de no fundirse fácilmente. Era necesario amasar y presionar a mano dentro de un molde cada porción. Además de un sabor poco atractivo y una consistencia dura, las barras de emergencia tenían otra característica disuasoria: se incluyó en su composición un supresor del apetito.

El resultado final fue un paquete de tres barras de chocolate, cada una de cuatro onzas de peso, que aportarían al soldado 1.800 calorías, la cantidad mínima recomendada al día. En 1943, la División de Suministros pidió a la Hershey que produjera una barra de chocolate con mejor sabor. Nació así la Hershey's Tropical Bar, más parecida al chocolate normal, aunque seguía sin ser una delicia. Entre 1940 y 1945, la Hershey produjo más de 3.000 millones de barras de chocolate «de combate».

Aunque la Ration D Bar terminó su vida cuando acabó la segunda guerra mundial, la Hershey's Tropical Bar siguió como ración estándar de chocolate y estuvo presente en la guerra de Corea y en la guerra de Vietnam.

Recetas con chocolate

🍴 Mar de chocolate

Estas eróticas gambas nadan en una sabrosa salsa de múltiples sabores.

Ingredientes:
- 6 gambas grandes
- 3 pastillas de chocolate negro
- 1 cucharada de almendras tostadas
- 3 avellanas
- 1 diente de ajo
- 1/4 de kg de tomates maduros
- 1 cebolla
- 1 copita de brandy
- 3 hojitas de perejil
- 1 hoja de laurel
- 1/2 l de caldo de pescado
- 4 cucharadas de aceite de oliva
- Sal gorda
- Pimienta

Receta:
Pela los tomates, trocéalos y resérvalos. Pela la cebolla, pícala finamente y sofríela 5 minutos con 2 cucharadas de aceite. Agrega los to-

mates y el laurel y deja que cueza a fuego mínimo con la cacerola tapada durante 10 minutos.

Lava las gambas y aderézalas con la pimienta y la sal gorda. En una cacerola aparte, calienta el caldo hasta que empiece a hervir. Agrégalo al sofrito y deja que cueza 20 minutos más. Cuando haya pasado este tiempo, pásalo por un colador chino o pasapurés presionando bien.

Calienta 2 cucharadas de aceite en una cazuela de barro y fríe las gambas 2 minutos por cada lado. Vierte por encima el brandy y prende fuego (no lo hagas debajo de la campana extractora).

Pon las gambas en otra cazuela y cúbrelas con el sofrito. Reserva el aceite en el que se han frito. Pica en el mortero los ajos, el perejil, el chocolate ya rallado y las almendras y las avellanas peladas. Añade el aceite de freír las gambas (si quieres conseguir un sabor más intenso) y vierte este preparado en la cazuela en la que están las gambas. Cuece durante 8 minutos más.

🍴 Fondue aromas de Oriente

El frescor de la fruta se opone y complementa con el calor del chocolate y las especias y con la oportunidad de divertiros y seduciros al prepararlo todo.

Ingredientes:
• 150 g de chocolate negro
• 1/2 vaso de leche
• 2 cucharadas de nata líquida
• 10 g de especias (prueba una mezcla, a tu gusto, de algunas de las siguientes especias: anís estrellado, pimienta negra, vainilla, canela, clavo o pimienta de Jamaica)
• Fruta fresca (mango, piña, plátano, naranja, fresas, pera, frambuesas, manzana, etc.)

Receta:
Cortad las frutas grandes en dados. Disponed todas las frutas artísticamente en una fuente de cristal. Poned en un cazo la leche con las especias y dejad que hiervan. Apagad el fuego y dejad reposar la leche durante cinco minutos. Trocead el chocolate.

Colad la infusión y vertedla en la *fondue*. Añadid la nata y poned la *fondue* al fuego. Antes de que hierva, añadid el chocolate. Retiradlo del fuego y removed hasta que quede una mezcla homogénea.

Servid. El quemador debe estar a fuego mínimo para mantener el chocolate caliente, pero sin que hierva. La gracia del asunto es ir bañando las frutas en el chocolate y experimentar con sus diversos sabores. Jugar con las frutas, daros de comer el uno al otro, lamer el chocolate que quede en los labios del otro, besar con diferentes sabores, relameos, chupaos los dedos, manchar al otro intencionadamente para limpiarlo luego a lengüetazos...

🍴 Afrodisia

¿Qué puede haber más afrodisíaco que el chocolate presentado en una delicada mousse cuya textura esponjosa y burbujeante se presta a todo tipo de picardías y juegos entre dos?

Ingredientes:
• 175 g de chocolate negro
• 4 huevos
• 2 cucharadas de mantequilla
• 5 cucharadas de azúcar
• 1 copita de licor de cerezas

Receta:
Separa las yemas de las claras de los huevos y pon las claras en un bol tapado con un papel. Déjalas aparte para usarlas más adelante. Bate las yemas junto con el azúcar.

Deshaz el chocolate y la mantequilla al baño María removiendo con cuidado. Añade las yemas batidas poco a poco removiendo continuamente. Agrega el licor.

Deja enfriar. Mientras tanto, monta las claras a punto de nieve (es más fácil si les agregas unas gotas de limón antes de batirlas) y añádelas al chocolate, poco a poco, mezclando todo bien con una cuchara de madera. Para que no se bajen las claras, haz movimientos envolventes de abajo a arriba. Reparte el mousse en copas individuales y mételas en la nevera durante 2 horas.

Platos y recetas afrodisíacos

En la cocina afrodisíaca, menos es más. Resulta altamente contraproducente hartarse a comer o preparar platos pesados que pueden derrotar a los amantes y rendirlos antes de que empiece el juego amoroso. En la cocina erótica, la mesura y la diversidad son las mejores tácticas. No hace falta agotarse en la cocina, basta con usar la imaginación, preparar algún ágape ligero y exótico o, quizá mejor aún, adentrarse los dos juntos en la cocina para preparar con complicidad la cena que se va a degustar después.

¡Si los hombres supieran lo sexys que nos parecen a las mujeres cuando entran en la cocina y cocinan para nosotras!

Algunas consideraciones previas

Las recetas están simplificadas al máximo, y en su descripción se intenta huir de términos demasiado específicos. Algunas de las recetas son para cuatro personas, pensando en que quizá se querrán recuperar fuerzas después de la acción, o bien porque es difícil no repetir. Asimismo, se trata de platos que se pueden congelar sin nin-

gún problema para degustarlos otro día. Algunas recetas especialmente cómplices son para dos personas. Si quieres preparar la cantidad justa para dos personas de alguna de las recetas y ésta es para
cuatro personas, basta con dividir todos los ingredientes por dos.
¡Buen apetito!

Las medidas

Cuando en las recetas se menciona una taza, se refiere a una taza de
desayuno, que tiene ? de litro de capacidad. En muchas recetas de
postres o de panes y galletas los ingredientes se calculan en tazas
para facilitar la medición de los ingredientes. No obstante, la repostería requiere bastante precisión en las medidas, por lo que en algunas recetas cito también el peso de los ingredientes.

Una cucharada se refiere a una cucharada sopera. Se entiende que
rasa, sin que sobresalga el ingrediente de su borde. Una cucharadita
es una cucharada de postre. Un vaso se refiere a un vaso de agua
(unos 25-30 cl).

Equivalencias de volumen

Estas equivalencias os ayudarán a calcular las medidas de los líquidos en todo tipo de recetas; las unidades son mililitros litros (l), de-
cilitros (dl), centilitros (l), mililitros (ml), centímetros cúbicos (cc):

• 1 tazón o taza de desayuno = 250 ml = 1/4 de l = 2,5 dl = 16 cucharadas soperas
• 1 taza de las de té = 150 ml = 1,5 dl
• 1 taza de las de café = 100 ml = 1 dl
• 1 vaso de agua = 200 ml = 2 dl = 200 cc
• 1 vaso de vino = 100 ml = 1 dl
• 1 vaso alto = 250 ml = 2,5 dl
• 1 copita o vaso de licor = 50 ml = 1/2 dl = 4 cucharadas soperas
• 1 cucharada de té o café = 5 ml
• 1 cucharada (de cuchara sopera) = 15 ml

Equivalencias de peso y volumen de algunos ingredientes habituales

• Manteca o mantequilla: 1/2 taza = 115 g; 1 cucharada = 15 g; 1 cucharadita = 5 g
• Queso blando o queso cremoso: 1 taza = 55 g

- Nueces picadas: 1 taza = 120 g; 1 cucharada = 20 g; 1 cucharadita = 6 g
- Arroz crudo: 1/2 taza = 120 g; 1 cucharada: 15 g; 1 cucharadita = 5 g
- Azúcar: 1/2 taza = 120 g; 1 cucharada = 15 g; 1 cucharadita = 5 g
- Cacao: una cucharada = 6 g; 1 cucharadita = 2.
- Harina o cacao en polvo: 1 taza = 80 g; 1 cucharada = 10 g; 1 cucharadita = 3 g
- Maicena: una taza = 120 g; 1 cucharada = 15 g; 1 cucharadita = 5 g
- Pan rallado: 1 taza = 90 g; 1 cucharada = 10 g; 1 cucharadita = 3 g
- Levadura Royal: 1 cucharadita = 3 g
- Mayonesa: 1 taza = 240g; 1 cucharada = 30 g; 1 cucharadita = 10 g
- Mermelada o jalea: 1 cucharada = 25 g
- Miel: 1 cucharada = 30g; 1 cucharadita = 10 g

Díselo con flores

Las flores sirven para ambientar, para agasajar, para demostrar interés, para enamorar, para mostrar sentimientos sin palabras, para decorar, para crear un ambiente especial, para expresar buenos deseos, para ornar un lecho en el que retozar, para dar color y romanticismo al baño y, también, para comer en vistosos e inusuales platos.

Existen muchas y variadas recetas que usan las flores como ingrediente principal. Hay un buen número de flores comestibles, pero ¡atención! no sirve cualquier flor. No uses jamás flores de floristería porque, a pesar de su hermoso aspecto, contienen productos nocivos para la salud.

Sí puedes usar flores de jardín, siempre que no hayan sido fumigadas ni tratadas con pesticidas. Otra opción es acudir a un establecimiento que abastece a restaurantes o a una frutería especializada en delicias varias, ya que las flores se están poniendo de moda en la cocina.

No es algo nuevo, hay muchas cocinas tradicionales de muchos países que usan habitualmente las flores. En China se han usado desde la Antigüedad flores de loto, magnolias y jazmines, y en Japón, crisantemos.

En la Antigua Roma los pétalos de rosas y otras flores se usaban habitualmente para aromatizar diversos platos y se elaboraba vino de violetas o vino de rosas y en el Mediterráneo se consumen habitualmente flores de calabacín o de calabaza fritas o con diversos rellenos ¿Por qué no probar otras flores y darle de forma sencilla un toque diferente a un plato?

Entre otras flores, son comestibles: las rosas, que tienen un sabor dulce. Procura escoger las rosas denominadas antiguas, porque son más fragantes, como *Rosa gallica, Rosa damascena* y *Rosa centifolia*. Se utilizan para hacer pasteles y dulces, helados, mermeladas, almíbares, macedonias de frutas, cremas y estofados de carne.

Decora tus postres con pétalos de rosa. Es tan fácil como humedecer los pétalos con clara de huevo, espolvorearlos con azúcar y dejarlos secar durante tres días. Asimismo, puedes escarchar pétalos de otras flores, como pensamientos (*Viola tricolor*) o violetas, para conseguir suculentos dulces.

- **Las caléndulas (Caléndula officinalis)**, que tienen un ligero sabor amargo y aportan vistosidad a las ensaladas con su color amarillo brillante.
- **Las begonias (Begonia semperflorens)** son excelentes para comer con macedonia de frutas, servir como guarnición de platos o confitarlas y comerlas como exquisitez.
- **La flor de azahar (Citrus aurantium),** de sabor dulce, como a melaza con notas cítricas, es ideal para elaborar postres y helados.
- **Los gladiolos (Gladiolus spp.)** tienen un sabor dulce y se sirven en ensaladas o como guarnición.
- **El jazmín (Jasminum officinale)** posee una fragancia única y envolvente que resulta embriagadora en salsas para platos con carne de ave, como el pollo.
- **De las violetas (Viola odorata)** se utilizan sólo las especies más fragantes. Tienen usos exquisitos en repostería, pastelería, sopas y ensaladas. Combinan muy bien con las endibias y pueden usarse como relleno para tortillas.
- **La flor de lavanda (Lavandula officinalis Chaix),** que tiene un sabor dulce con toques de limón, puede añadirse al conejo, al pollo y al arroz. Es muy decorativa y también sirve de adorno de helados, sorbetes, mousses o pasteles de chocolate. Es necesario consumirla muy fresca porque, de lo contrario, su sabor es demasiado intenso.

• **Los hibiscos (Hibiscus rosa-sinensis)** tienen un sabor como a frutos rojos y un toque de acidez. Sirven para componer ensaladas o para adornar.

Si te decides por elaborar una comida con flores, ten en cuenta los siguientes consejos:

• Usa sólo los pétalos y, si utilizas flores enteras, retira con cuidado hojas, tallos y pistilos.
• Lava las flores con abundante agua fría y sécalas con cuidado posteriormente. Otra posibilidad es comprar en la farmacia algún limpiador de verduras y tratar las flores con este producto antes de cocinarlas o mezclarlas en ensaladas. Después de desinfectarlas, lávalas con abundante agua fría y sécalas con cuidado con un paño de algodón o con papel de cocina.

🍴 Inspiración de lilas

Exquisita y sorprendente crema para untar que dejará al invitado/a con la boca abierta. Para dos personas.

Ingredientes:
• 5 g de flor de un lilo
• Unas cuantas flores para adornar
• 100 g de queso crema
• 1 clara de huevo
• Una pizca de sal

Receta:
Lava las flores y pica finamente los pétalos. Bate el queso crema con la batidora, añade las flores picadas y mezcla bien. Añade una pizca de sal a la clara de huevo y bate a punto de nieve fuerte. Mezcla las claras con el queso con cuidado y con movimientos envolventes.

Sirve en un bol decorativo y adorna con las flores que has reservado. Pon el bol en la nevera y deja enfriar durante una hora. Sirve pasado este tiempo.

🍴 Batido de rosas

Las rosas, atributo de Afrodita, son las flores más sensuales. Esta bebida proporciona alegría, complace al paladar y erotiza a los amantes. La receta es para dos personas.
Una sugerente forma para empezar una merienda...

Ingredientes:
- 1 y 1/2 vaso de crema de leche
- 3 cucharadas de agua de rosas
- 50 g de pétalos de rosas perfumados
- 2 cucharadas de azúcar negro
- 4 cucharadas de vino dulce
- El zumo de un limón
- Una tira de la piel del limón rallada (sin la parte blanca)

Receta:
Bate el zumo y la ralladura de limón, junto con los pétalos, el agua de rosas, el vino dulce y el azúcar negro. Deja reposar durante toda la noche. Al día siguiente, agrega la crema, removiendo con suavidad. Sirve muy frío. Adorna las copas con un pétalo de rosa.

🍴 Violetas heladas

Pura fragancia convertida en sabor para evocar sensaciones y convocar a la pasión. Receta para dos cucharas. Puedes usar otras flores para experimentar nuevos placeres.

Ingredientes:
- 1 puñado de violetas
- 1 taza de nata líquida
- 1/4 de taza de miel
- 2 huevos

Receta:
Mezcla las yemas de los huevos con la nata y la miel. Cuece esta crema al baño María hasta que se espese. Añade las violetas. Mezcla bien y vierte en un molde de pirex. Pon la crema en el congelador. Bate dos veces mientras se congela.

🍴 Macedonia lasciva

Cierra los ojos y déjate llevar... He aquí una mezcla compleja de sabores en una ensalada muy fácil de preparar. Para dos personas.

Ingredientes:
- 1/2 melocotón
- 2 albaricoques
- 1 plátano
- 1/2 naranja
- 1/2 pera
- 6 pétalos de rosa
- 8 pétalos de magnolia
- 1/2 vaso de zumo de naranja
- 1/2 cucharada de azúcar
- Un trocito de ramita de canela
- 1 vaso de vino moscatel
- 1/2 cucharada de miel

Receta:
En un cazo, pon a calentar el moscatel, el azúcar y la canela. Cuando esté caliente, añade la miel y deja hervir durante 2 minutos. Remueve de vez en cuando. Retira del fuego y deja enfriar.

Pela el plátano y la naranja. Corta todas las frutas en trocitos pequeños. Pica dos pétalos de rosa y tres pétalos de magnolia muy finos. Mezcla bien todo el conjunto y sírvelo en una ensaladera.

Cuando el vino esté frío, cuélalo. Mézclalo con el zumo de naranja y adereza con esta preparación la macedonia. Deja macerar en la nevera durante dos horas. A la hora de servir, adorna con los pétalos sobrantes de rosa y de magnolia.

Aperitivos

🍴 Guacamole a la pasión

Receta para dos a los que les gusten las emociones fuertes. No sirve para maniáticos adictos al aliento con frescor a la menta, pero es genial para los amantes apasionados y entregados.

Ingredientes:
- 2 aguacates
- 1/2 cucharadita de chile jalapeño sin semillas y finamente picado
- 1 cebolla pequeña
- El zumo de medio limón
- 1 tomate rojo de mata
- 1/2 cucharada de aceite
- 1 pizca de sal

Receta:
Corta los aguacates por la mitad, quítales el hueso y vacíalos con una cuchara. Pon la carne del aguacate en el vaso de la batidora.

Pela el tomate (es muy fácil si lo sumerges en agua hirviendo durante dos minutos). Pela la cebolla y córtala en trozos. Añade estos vegetales al vaso de la batidora.

Añade un poco de sal, el aceite, el zumo de limón y el chile. Bate hasta que se mezclen todos los ingredientes. Sirve el guacamole acompañado de nachos, tortitas de maíz o picos, según prefieras.

Ensaladas

🍴 Picardía de frutas y gambas

La pasión refrescante de las frutas más jugosas se une con el poder del tomate —una auténtica bomba de salud—, el sabor delicado y reconfortante del yogur y los efectos afrodisíacos de las gambas. Poco importa si la existencia de afrodisíacos no está probada científicamente: la mezcla de sabores resulta extremadamente sensual.

Ingredientes:
- 1 cogollo de Tudela
- 2 rajas de melón
- 2 rodajas de piña
- 1 kivi
- 1/2 mango
- 75 g de fresas
- 150 g de gambas

Para la salsa de las gambas:
• Aceite de oliva virgen extra
• 1 cucharadita de harina
• 1 tomate
• 1/2 yogur
• 1/4 de cebolla
• 1/2 limón

Receta:
Cuece las gambas. Quítales las cabezas y pela las colas. Sazónalas con unas gotas de limón. Pela el kivi y el mango y córtalos a trozos pequeños. Lava las fresas y córtalas en cuatro trozos —o en más, las más grandes—. Pela las rodajas de piña y de melón y córtalas también en trocitos. Corta en juliana el cogollo de Tudela. Ponlo en una fuente, añade los trozos de frutas y las gambas.

Para elaborar la salsa, pica la cebolla muy finamente. Trocea en dados los tomates. En una sartén con aceite caliente, agrega la cebolla y cuando esté transparente, añade la harina y los tomates troceados. Deja cocer durante 10 minutos.

Pon el yogur junto con esta salsa en un recipiente para la batidora y bátelo. Vierte la salsa por encima de la ensalada.

🍴 Ensalada fresca libido

Combinación de salmón, gambas y frutas estimulantes para una explosión de color y sabor.

Ingredientes:
• 2 aguacates
• 50 g de salmón ahumado
• 20 g de nueces picadas
• 4 gambas grandes cocidas y peladas
• 1/2 lechuga
• 50 g de uvas peladas y sin pepitas
• 4 tomatitos cherry
• 2 cucharadas de mayonesa
• 1/2 zumo de limón
• Sal al gusto

Receta:
Abre los aguacates por la mitad longitudinalmente y retira el hueso. Vacíalos. Deja un poco de pulpa en la piel. Corta en cuadraditos la pulpa del aguacate, rocía con un poco de zumo de limón y resérvalos en un plato aparte.

Corta el salmón en tiras y mézclalo con los dados de aguacate, la mitad de la lechuga cortada en juliana y las nueces picadas. Trocea la mitad de las uvas peladas y añádelas. Aliña esta mezcla con el resto del zumo de limón y la mayonesa.

Distribuye esta mezcla en las cáscaras de aguacate. Adorna con los tomates cherry partidos por la mitad, las gambas peladas y con el resto de las uvas escogidas.

Corta en juliana el resto de la lechuga y sírvela en platos. Pon sobre este lecho los medios aguacates.

Entrantes

🍴 Deseo de ceviche

El ceviche, especialidad estrella de la cocina peruana, es un plato proteínico y refrescante, con contrastes deliciosos, que tiene fama de que ayuda a combatir las resacas del día después si se toma por la mañana.

Ingredientes:
- 1/2 kg de pescado blanco muy fresco sin espinas y cortado a filetes; por ejemplo, mero, fletán, corvina, lenguado, etc.
- 1/2 pimiento rojo
- 1 ají molido (chile); si no os gusta mucho el picante, puedes poner menos cantidad
- 5 limas
- Una cucharadita de cilantro fresco picado muy fino
- Sal y pimienta al gusto

Receta:
Corta el pescado en cuadraditos de 1 x 1 cm. Ponlo en un bol. Pica finamente la cebolla y mézclala con el pescado. Exprime las limas y reserva su zumo. Pica bien el pimiento y el ají. Mezcla todos estos ingredientes con el pescado. Salpimenta.

Tapa y deja reposar en la nevera durante unos tres cuartos de hora. El pescado se cocina en frío gracias a la acidez del zumo de lima. Sirve cuando haya pasado el tiempo de reposo. De lo contrario, se pasa. Antes de llevarlo a la mesa, espolvoréalo con el cilantro picado.

Puedes acompañar con patatas hervidas con piel y cortadas en rodajas.

🍴 Baba ganuj

Deliciosa crema de berenjenas muy fácil de preparar y a la que la cultura popular le atribuye el poder de despertar la coquetería femenina.

Ingredientes:
- 1 berenjena
- 1 diente de ajo
- 1 ramita de perejil
- 1/2 limón
- Sal al gusto
- Un chorrito de aceite de oliva

Receta:
Asa la berenjena en el horno. Déjala enfriar y escúrrela. Quítale la piel. Tritúrala con la batidora. Pica en el mortero el ajo, la sal y el perejil.

Dispón la berenjena en un bol. Agrégale la picada, un chorrito de zumo de limón y el aceite de oliva. Mezcla bien.

Primeros platos

🍴 Crema caprichosa

Nutritivos aguacates para esta sopa energética y con un toque picante que levanta el ánimo e invita a la travesura. Receta para dos personas.

Ingredientes:
- 1 tortita de maíz
- 1/2 taza de aceite de maíz

- 1/2 diente de ajo
- 1 taza de crema agria
- 1 aguacate maduro
- 1 taza de caldo de pollo
- 1/4 de chile verde picado
- 1/2 cucharadita de cilantro picado

Receta:
Fríe ligeramente un diente de ajo (sin la parte verde del centro) en un chorro de aceite muy caliente. Corta la tortita en tiras delgadas y dóralas en el mismo aceite. Pasa por la batidora el aguacate, el chile, el caldo y la crema agria.

Distribuye las tiras de tortitas en dos platos hondos y reparte entre ambos platos la crema de aguacate. Espolvorea con el cilantro picado.

🍴 Sopa provocativa de rape

Una exquisita receta de la cocina catalana que combina salud y exquisitez.

Ingredientes:
Para el caldo corto
- La cabeza y las espinas del rape
- 1 tomate maduro
- 1 zanahoria
- 1 cebolla
- 2 hojas de apio
- 1 hoja de laurel
- 1 cucharada de orégano
- 1,5 l de agua
- 1/2 vaso de vino blanco
- Aceite de oliva

Para la sopa
- 1/2 kg de rape
- 3 dientes de ajo
- 2 tomates maduros

- 1 cebolla
- 150 g de pan tostado
- 10 almendras tostadas
- 1/2 cucharadita de azafrán
- 1/2 cucharadita de nuez moscada
- 1/4 cucharadita de canela

Receta:
Pon a hervir todos los ingredientes del caldo en el litro y medio de agua y deja hervir 30 minutos. Echa el rape y cuécelo durante 10 minutos. Retíralo, córtalo en trocitos y resérvalo.

Ralla los dos tomates. Ralla la cebolla y corta los ajos muy finos. Sofríe la cebolla y los ajos en un poco de aceite. Cuando empiecen a dorarse, añade el tomate. Cuando casi esté hecho, añade los trocitos de rape y el pan tostado.

Cuela el caldo. Traspasa el sofrito a una cazuela y añádele el caldo. Cocina a fuego mínimo. Mueve la cacerola de vez en cuando. Mientras tanto, haz una picada en el mortero con un diente de ajo, al que le habrás quitado la parte verde del centro, las almendras y las avellanas sin piel, el azafrán, la nuez moscada y la canela. Machaca hasta que quede una pasta fina. Añade 2 cucharadas del caldo y agrega esta mezcla a la cazuela.

Deja cocer durante 15 minutos más. Prueba el punto de sal y, si es necesario, rectifica.

🍴 Sopa incitante de grosellas
Una sopa con ingredientes sorprendentes y con un sabor delicado para ir preparando el ambiente... Puede servir como entrante o como postre. Receta para dos personas.

Ingredientes:
- 300 g de grosellas rojas
- 2 cucharadas de azúcar
- 1/2 cucharada de harina
- 1 huevo
- 1/2 l de agua
- 3 cucharadas de crema de leche agria

Receta:
Hierve las grosellas en medio vaso de agua durante 15 minutos. Pasa por el pasapurés (o tritura en la batidora) y añade el resto del agua. Vuelve a ponerlo al fuego con la mitad del azúcar y una pizca de sal.

Separa la yema de la clara del huevo. Reserva la clara en una taza y pon la yema en una sopera. Bate las claras a punto de nieve. Añade el resto de azúcar a las claras y mezcla bien.

Mezcla la harina y la crema de leche agria, añádelas a la sopa y cuece a fuego mínimo durante 5 minutos. No dejes que hierva.

Mientras la sopa está al fuego, pon cucharadas de la clara batida en ella, dales la vuelta una vez y retíralas a los cinco minutos. Deben quedar con una consistencia firme. Cuece cucharadas de la clara a punto de nieve hasta que la termines. Vierte la sopa caliente sobre la yema de huevo, mezcla bien y pon encima, con cuidado, las cucharadas de clara cocidas.

🍴 Arroz cielo imperial

Un arroz perfecto para una velada llena de imaginación y sugerencias.

Ingredientes:
- 1 taza de arroz de grano largo
- 100 g de jamón dulce
- 50 g de falsas setas de cardo (orellanas o setas de paja)
- 100 g de colas de gambas peladas y cocidas
- 50 g de brotes de bambú
- 50 g de brotes de soja
- 25 g de guisantes hervidos ,
- Una tortilla francesa (de 1 huevo)
- 1 cebolla picada
- 1 cucharada de salsa de soja
- 1/2 cucharada de Jerez seco
- Pimienta negra al gusto
- 2 cucharadas de aceite

Receta:
Pon a hervir el arroz en una olla con abundante agua con sal. Cuece unos 15 minutos. Escurre y reserva en una fuente. Pica la cebolla.

En una sartén pon el aceite a calentar y sofríe la cebolla. Corta el jamón, la tortilla y las setas en tiras finas. Corta el bambú en rodajas finas. Añade a la sartén el jamón, las setas, los brotes de soja y el bambú y rehoga unos 5 minutos.

Añade el arroz, sazona con sal y pimienta y saltea otros 5 minutos, sin dejar de remover.

Incorpora las gambas, los guisantes, el Jerez y la salsa de soja y mezcla todo bien. Pon todo en una ensaladera y decora con las tiritas de tortilla.

🔴 Espaguetis a la diablesa

Una receta un poco endemoniada para una velada un poco salvaje.

Ingredientes:
• 4 tomates maduros
• 2 dientes de ajo
• 1 guindilla roja
• 12 aceitunas sin hueso
• 8 anchoas troceadas
• 1 cucharadita de alcaparras troceadas
• 1 cucharadita de perejil picado
• 1 cucharadita de albahaca
• 350 g de espaguetis
• Aceite
• Queso parmesano al gusto

Receta:
Pela y trocea los tomates. Pela el ajo, quítale la parte central verde. Pica en el mortero el ajo y la guindilla. En una cazuela, sofríe un poco el ajo y la guindilla, y añade el tomate. Tapa la cazuela y deja a fuego lento hirviendo durante diez minutos. Corta en trocitos pequeños las aceitunas. Agrega el perejil, la albahaca, las anchoas, las aceitunas y las alcaparras. Deja cocer durante 3 minutos.

Cuece los espaguetis en abundante agua con sal hasta que estén al dente. Escúrrelos, ponlos en una bandeja y agrega la salsa. Remueve bien para que se mezcle. Espolvorea con un poco de queso parmesano.

Carnes

🍴 Cordero árabe

Suculento plato oriental que se puede recalentar sin ningún problema, ya que sigue estando delicioso.

Ingredientes:
- 700 g de paletilla de cordero cortada en dados
- 3/4 de vaso de agua
- 2 cucharadas de aceite de oliva
- 2 tallos de apio
- 75 g de lentejas
- 1 diente de ajo
- 1 vaso y medio de caldo
- 1/2 cucharadita de sal de hierbas
- 1/4 de cucharadita de tomillo
- 1/4 de cucharadita de romero

Receta:
En una sartén, fríe el cordero en el aceite hasta que se dore. Pica el ajo. Añádelo al cordero junto con el agua y la sal de hierbas (puedes encontrarla en un herbolario). Pon todo en una cazuela y cuece a fuego lento hasta que el cordero esté tierno. Si es necesario, añade un poco más de agua.

Pica los apios. Pon el caldo en otra cazuela y llévalo a ebullición. Hierve el apio, las lentejas, el ajo y las hierbas. Las lentejas tienen que quedar tiernas pero no deben deshacerse. Mezcla el cordero con las lentejas y cuece a fuego mínimo durante una media hora. Sirve en cuencos poco profundos.

🍴 Ternera fusión oriental

Crisol de sabores en una receta de origen chino para que os fusionéis y fisionéis a placer.

Ingredientes:
- 100 g de ternera
- 1 cucharada de vino de arroz

- Una clara de huevo
- 2 setas chinas (shiitake)
- 2 brotes de bambú
- 1 ajo
- 1 rodaja de puerro
- Un trocito de jengibre
- 2 cucharadas de aceite de soja
- 2 cucharadas de salsa de soja
- 4 cucharadas de agua
- 1 cucharadita de azúcar
- 1 cucharada de maicena
- Sal al gusto

Receta:
La noche anterior a la preparación del guiso, deja en remojo las setas chinas con agua. Para preparar el guiso, corta la ternera en tiras y macéralas durante una hora en una mezcla de vino de arroz, clara de huevo batida y sal. Corta los brotes de bambú en rodajas finas. Corta en trozos las setas chinas. Pica un ajo y la rodaja del puerro.

En una sartén, pon a calentar el aceite de soja (si no tienes a mano, puedes usar aceite de oliva). Sofríe la ternera hasta que cambie de color, pero sin que se dore. Sácala de la sartén y ponla aparte en un plato.

Sofríe el ajo, el puerro y el jengibre durante 2 minutos. Añade las setas y el bambú y fríe durante 2 minutos más. Agrega la ternera, el agua, la salsa de soja, sal, un poco de azúcar y la maicena, y deja cocer durante unos 2 minutos más. La salsa tiene que quedar espesa.

🍽 Pato sonrisa iluminada
En el apartado sobre alimentación saludable ha quedado claro que el pato es una carne grasa que debe comerse ocasionalmente. No obstante, una rica cena para dos es la ocasión adecuada para degustarlo. Esta receta es para cuatro personas, pero seguro que más tarde, o al día siguiente, queréis repetir.

Ingredientes:
- 1 pato
- 2 cebollas

- 2 zanahorias
- 1/2 botella de vino blanco seco
- 1 cucharada de aceite de oliva
- 4 cucharadas de aceite
- 4 cucharadas de vinagre de vino blanco
- 6 pastillas de chocolate negro
- 1/2 botella de vino blanco seco
- 1 ramito de hierbas provenzales
- El zumo de un limón
- Pimienta negra y sal al gusto

Receta:
Corta las cebollas en rodajas finas. Pela las zanahorias y córtalas en rodajas finas. Limpia el pato y pínchalo por todas partes. Pon aceite a calentar en una cazuela y dora las cebollas y las zanahorias. Sácalas del aceite y resérvalas en un plato. Dora el pato en el mismo aceite y, cuando esté doradito, ponlo en otro plato.

Pon el vinagre en la cazuela y caliéntalo durante unos minutos, hasta que casi se evapore. Añade la cebolla, las zanahorias, el vino, las hierbas provenzales y el pato, y salpimenta. Tapa y guisa a fuego mínimo durante aproximadamente una hora y media (o hasta que el pato esté hecho). Dale la vuelta de vez en cuando. Saca el pato y trínchalo. Ponlo en una fuente rodeado de la cebolla y las zanahorias. Tápalo y mantenlo caliente.

Quita la grasa de la cazuela y echa el chocolate y el limón. Cuece unos minutos sin dejar de remover hasta que quede una salsa homogénea. Pon la salsa en una salsera y sirve junto a la fuente de cordero.

🍴 Sueño de lujuria

Una especialidad tailandesa, económica y fácil de preparar... Para hacer soñar el paladar y despertar los sentidos. Para cuatro personas. (Más adelante, como necesitáis salsa de soja para prepararla, podéis intentar alguna especialidad china.)

Ingredientes:
- 4 pechugas de pollo sin hueso ni piel
- 2 diente de ajo

- 1 trozo de jengibre fresco de unos 2 cm
- 1 guindilla verde fresca (quítale las pepitas)
- 4 cucharadas de cilantro fresco picado
- 3 cucharadas de zumo de lima
- La ralladura de 1 lima, picada fina
- 2 cucharadas de salsa de soja
- 1 cucharada de azúcar glass (o lustre)
- 175 ml de leche de coco

Para el adorno:
- Cilantro picado
- Rodajas finas de pepino
- Rodajas finas de rábano
- Zanahoria rallada fina
- Una taza de arroz blanco hervido

Receta:
Haz tres incisiones profundas en la parte superior de las pechugas. Colócalas en una fuente. Pela los ajos y quítales la parte verde del centro. Pon los ajos, la guindilla, el jengibre, el cilantro, la ralladura y el zumo de lima, la salsa de soja, el azúcar y la leche de coco en el recipiente de la batidora. Tritúralo todo bien.

Unta las pechugas de pollo con esta pasta, tapa el recipiente con papel film y déjalas macerar en la nevera durante una hora y media o dos.

Calienta el grill a temperatura media. Saca el pollo del adobo, escurriendo el exceso de líquido y ponlo en una bandeja para el horno. Guarda el adobo aparte para usarlo después.

Asa el pollo bajo el grill durante unos 12 o 15 minutos hasta que esté hecho. Ten cuidado de no ponerlo demasiado cerca de la fuente de calor.

Mientras el pollo se hace, pon el adobo en un cazo y haz que hierva. Baja la temperatura y cuécelo a fuego bajo unos minutos.

Cuando las pechugas estén hechas, pon una pechuga en cada plato y vierte la salsa por encima. Adorna con las rodajas de pepino y de rábano y con la zanahoria rallada y sírvelo acompañado del arroz blanco.

Mariscos y pescados

🍴 Mejillones lascivos

Ligeramente picantes y muy apetitosos, estos mejillones son un entrante o un segundo plato estupendo, con la dosis justa de picardía y de glamour. Algo diferente para una cena diferente...

Ingredientes:
- 750 g de mejillones
- 1/2 cebolla
- 1/2 puerro
- 1/4 cucharada de granos de pimienta verde
- 1 pizca de pimienta verde molida
- 1/4 litro de nata
- 2 cucharadas de aceite de oliva
- 1/2 l de agua

Receta:
Pica la cebolla y el puerro y fríelos un poco en una sartén con el aceite. Limpia los mejillones y ábrelos al vapor. Separa los mejillones de sus conchas.

Incorpora a la cebolla y al puerro un chorro del agua de cocer los mejillones, la nata, la pimienta en polvo y los granos de pimienta verde. Deja reducir hasta que la salsa se espese y quede consistente.

Pon en una fuente los mejillones al vapor sin concha y cúbrelos con la salsa.

🍴 Ostras al minuto

Ya he comentado que la mejor forma de tomar ostras es al natural o en una preparación lo más sencilla posible. Esta receta añade una dosis de glamour a estos bivalvos.

Ingredientes:
- 1 cucharada de caldo
- 1 vaso de cava
- Un ramito de plantas aromáticas
- 12 ostras

Receta:
Pon a hervir el caldo, el cava y las plantas aromáticas en una cazuela. Mientras tanto, abre las ostras. Ponlas a escurrir en un colador con un recipiente debajo para recoger su jugo. Añade este jugo a la salsa. Déjala cocer durante unos minutos hasta que se reduzca. Echa las ostras, revuelve y deja cocer durante un minuto o dos para que tomen el sabor de la salsa. Sirve con pequeñas tostadas.

🍴 Langosta a la americana
Un toque de emocionante y exótico picante para uno de los manjares más preciados.

Ingredientes:
- 1/2 kg de langosta
- 50 g de escalonias
- 1 diente de ajo
- 1 copa de coñac
- 1/4 vaso de jerez seco
- 2 tomates maduros grandes
- 1/4 cucharadita de estragón
- Pimienta de cayena al gusto
- 2 cucharadas de mantequilla
- 1/2 vaso de aceite de oliva

Receta:
Cuece la langosta durante 2 minutos en un caldo corto. Córtala por la mitad longitudinalmente. Córtala en trozos, recogiendo todo el líquido que expela, y retira los corales internos. Resérvalo todo en un bol.

Salpimenta los trozos de langosta. Pon el aceite en una sartén grande. Cuando esté caliente, saltea la langosta, moviéndola bastante, durante 3 o 4 minutos. Retira los trozos de langosta y mantenlos calientes. Pica las escalonias muy finas y machaca en el mortero el diente de ajo.

En el aceite que queda en la sartén, saltea las escalonias y el ajo. Incorpora el coñac y prepárate para flamear (pero no lo hagas debajo de la campana extractora). Prende fuego al coñac y espera a que se extingan las llamas.

Pela los tomates, retira las pepitas y córtalos en trozos. Vuelve a poner la sartén al fuego y añade el vino, la pimienta de cayena y el tomate. Cuando empiece a hervir, tápalo y deja que hierva a fuego suave durante unos 10 minutos. Añade los trozos de langosta y cuece durante unos 6 u 8 minutos, hasta que estén hechos.

Mientras se cocina, machaca en un mortero los corales, el líquido que has reservado de la langosta, el estragón y la mantequilla.

Retira la langosta y ponla en una fuente. Deja cocer la salsa hasta que se espese. Añade la mezcla del mortero y calienta hasta que la salsa quede homogénea. Vierte la salsa por encima de la langosta.

🍴 Romance de pescado

El exotismo lo pone en esta receta llegada de la República Dominicana, la leche de coco, un ingrediente habitual en muchas cocinas del mundo. Se puede acompañar con un poco de arroz blanco cocido en su punto.

Ingredientes:
- 750 g de rape cortado en rodajas
- 1 lata de leche de coco
- 5 dientes de ajo
- 1/2 cucharadita de orégano
- 2 cucharadas de zumo de limón
- 1/4 de cucharadita de pimienta
- 1 taza de aceite de oliva
- Sal al gusto
- Un poco de harina para rebozar las rodajas de pescado

Receta:
Lava el pescado y sécalo con un paño limpio. Pela los dientes de ajo y pártelos por la mitad. Desecha la parte verde del centro. Mézclalos con la sal y machácalos en el mortero. Añade el zumo de limón, el orégano y la pimienta. Unta bien el pescado con esta preparación. Deja marinar durante una hora.

Escurre el pescado y guarda aparte la sazón. Pasa las dos caras de cada rodaja de pescado por harina. Fríe por los dos lados hasta que quede dorado. Escurre el pescado y ponlo en un plato.

En una cazuela, pon un poco de aceite y agrega la sazón que has guardado aparte. Deja que se cueza durante unos dos minutos a fuego mínimo y añade la leche de coco. Pon también en la cazuela el pescado y deja que se cueza a fuego mínimo durante unos diez minutos.

🍴 Seducción natural

Una preparación a la turca especial para todo tipo de pescados de tamaño medio. Un segundo plato ligero y con un punto exótico, ligero y sano, que puede ser el preludio de una magnífica velada. ¡Recordad que los excesos en la cocina están reñidos con los excesos amorosos! Una receta para dos personas a las que les guste disfrutar del pescado.

Ingredientes:
- 1 kg de pescado en dos piezas
- 2,5 dientes de ajo
- 1,5 cucharadas soperas de perejil picado muy fino
- 1/2 cucharada sopera de comino molido
- 1/2 grano de cayena
- 1 limón
- Aceite de oliva virgen extra
- Pimienta negra
- Sal al gusto

Receta:
Parte los dientes de ajo por la mitad y quita la parte verde. Macháca-los en un mortero, añade la cayena y machácala también. Agrega a continuación el zumo del limón, una pizca de pimienta, sal y un chorrito de aceite de oliva. Trabaja en el mortero hasta que obtengas una pasta suave y bien ligada.

Frota el exterior de los pescados con un poco de esta pasta y usa el resto para rellenarlos. Déjalos macerar unos treinta minutos.

Pon al fuego una sartén, en la que quepan los dos pescados, con un poco de aceite de oliva. Cuando el aceite esté calienta, fríe lentamente el pescado. Mueve la sartén para evitar que se pegue. Dependiendo del grosor de los pescados, necesitarás entre 5 y 8 minutos por lado para que se hagan. Pásalos a una fuente, condimenta con sal y pimienta. Sirve muy caliente.

Postres

🍴 Halava de zanahorias

Un original postre hindú, delicioso y resultón que puede prepararse con cualquier fruta rallada siempre y cuando respetes las proporciones indicadas.

Ingredientes:
- 1 kg de zanahorias
- 1/4 litro de leche
- 300 g de azúcar
- 200 g de *ghee* (o manteca clarificada; puedes encontrarlo en cualquier tienda hindú o paquistaní)
- 1 cucharadita de cardamomo en polvo
- 3 cucharadas de pistachos sin sal y sin piel
- 3 cucharadas de almendras peladas

Receta:
Machaca en el mortero los pistachos y las almendras. Lava, pela y ralla las zanahorias. Pon la mitad del *ghee* en una sartén y, cuando esté caliente, dóralas en la mitad del *ghee*. Remueve de vez en cuando y mantenlas cociendo durante unos 30 minutos.

Incorpora el resto de manteca, el azúcar, la leche, las almendras y los pistachos. Cuece a fuego mediano durante unos 15 minutos. El halava tiene que espesarse hasta tener el aspecto de una mermelada. Viértelo en una bandeja y deja que se enfríe.

Espolvorea con el cardamomo molido. Cuando esté frío, parte el dulce en cuadraditos.

🍴 Amor de frambuesa

Dulce, dulce y con el toque especial y agridulce de las frambuesas. Un postre para disfrutar de verdad y para entrenar el paladar para otros placeres aún más sensuales.

Ingredientes:
- 150 g de frambuesas
- 1/2 lata pequeña de leche condensada

- 1/4 de taza de zumo de limón
- 125 g de queso cremoso para untar

Receta:
Mezcla la leche condensada con el zumo de limón. Reserva algunas frambuesas para decorar y pica finamente las restantes.
Bate el queso crema y añade poco a poco la leche condensada y las frambuesas picadas. Vierte esta mezcla en dos copas y decora al gusto con las frambuesas enteras. Deja en la nevera hasta el momento de servir.

🍴 Pasión roja

Crema y frutos rojos para este pastel que puede servir como postre que acompañe a una comida o cena ligera o como elemento principal de una provocativa merienda que podéis organizar en casa — adornando la casa como una vivienda campestre o como un escenario para un picnic.

Ingredientes:
- 1 vaso y medio de leche
- 2 yemas de huevo
- 1 corteza de limón
- 1 cucharada de maicena
- 3 cucharadas de azúcar
- 1 lámina de hojaldre congelado
- 1 taza de frutos rojos (puedes usar una original combinación de fresitas, frambuesas, moras, arándanos y grosellas, escoger una de estas frutas o, bien, combinar dos de tus preferidas en mezcla de sabores)

Receta:
Calienta en un cazo un vaso de leche con el azúcar y la corteza de limón. Cuando empiece a hervir, baja el fuego y deja que hierva poco a poco durante unos 7 minutos. Remueve constantemente con una cuchara de madera.
Pon en otro cazo, el resto de la leche y mézclala con las 2 yemas de huevo y la cucharada de maicena. Remueve para que no queden

grumos. Añade esta mezcla al primer cazo y vuelve a ponerlo al fuego. Remueve continuamente. Cuando notes que espesa y obtengas una crema cuajada, retira del fuego y deja enfriar. Precalienta el horno a 200 °C. Engrasa un molde con un poco de mantequilla y coloca el hojaldre dentro. Cuece el hojaldre en el horno hasta que se dore. Sácalo del molde y deja enfriar.

Cuando la crema esté fría, colócala sobre el hojaldre. Distribúyela de forma uniforme, con una cuchara, de manera que llegue hasta los bordes. Pon los frutos rojos por encima de la crema de forma artística.

🍴 Macedonia del harén

Frutas frescas, más la energía del plátano, para un postre tan sano como provocativo y que aporta las cualidades reconstituyentes y tonificantes de los lichis.

Ingredientes:
• 1 mango
• 1 plátano
• 1 rodaja de sandía
• 1 rodaja de melón
• 6 lichis
• 1 naranja
• 1 cucharadita de miel

Receta:
Pela los lichis, pártelos por la mitad y retira el hueso. Retira las semillas del melón y de la sandía. Parte el mango, el plátano, la sandía y el melón en trozos pequeños. Exprime la naranja y mezcla el zumo con la miel.

Pon en una fuente todas las frutas y riega con el zumo de naranja mezclado con la miel. Pon en la nevera y sirve muy frío.

🍴 Sueños del Caribe

Un helado que combina la energía del plátano con la frescura de la piña en una mezcla de sabores exótica.

Ingredientes:
- 4 plátanos maduros
- 2 rodajas de piña fresca (también se puede usar piña en conserva con jugo natural)
- 2 cucharadas de ron blanco
- 1 vaso de leche evaporada bien fría (puedes conseguir fácilmente la leche evaporada en un supermercado)
- 1 cucharada sopera de zumo de limón
- 3 cucharadas soperas de gelatina
- 2 cucharadas soperas de almendras tostadas picadas finamente
- 8 fresas
- 1 cucharada sopera de azúcar

Receta:
Bate en la batidora eléctrica los plátanos y la piña hasta que quede una pasta homogénea. Incorpora el zumo de limón y el ron.
Disuelve la gelatina en cuatro cucharadas de agua caliente y bátela junto a la leche. Vierte sobre el puré de frutas. Añade las almendras y el azúcar. Coloca la mezcla en un molde para el congelador y ponlo dentro. No hay que remover la mezcla mientras se congela. Desmolda en el momento de servir y decora con las fresas cortadas por la mitad.

Bebidas, filtros y cócteles eróticos y amorosos

❶ Agua de amor
El nombre y el sabor lo dicen todo...

Ingredientes:
- 1 litro de agua de rosas
- 1 ramita de canela
- 1 cucharada de tomillo
- 1 cucharadita de vainilla
- 1/2 cucharadita de nuez moscada

Receta:
Deja macerar dos semanas en el agua de rosas la canela, el tomillo, la vainilla y la nuez moscada. Pasado este tiempo, añade el almíbar.

🍴 Sueños rosas

Un cóctel inusual que mezcla la picardía del ron con la frescura de las fresas. No os paséis si no queréis que, en lugar de incitar a la intimidad, este cóctel os acabe provocando un profundo sueño.

Ingredientes:
• 1 parte de ron blanco
• 1 y 1/2 partes de leche
• 1 y 1/2 partes de zumo de fresas (necesitarás unos 500 g de fresas)

Receta:
Reserva unas cuatro fresas para decorar. Para conseguir el zumo de fresas, pasa por la licuadora el resto de fresas. Pon todos los ingredientes en la coctelera, respetando las proporciones, y añade hielo picado. Agita bien y cuela sobre una copa de cóctel con hielo. Adorna con las fresas reservadas.

🍴 Atracción fatal

Un combinado suculento y energético para degustar a dos paladares, dos bocas y dos lenguas una excitante gama de sabores.

Ingredientes:
• 2 medidas de zumo de piña (a poder ser natural)
• 2 medidas de licor de almendras
• 2 medidas de pisco
• 2 medidas de nata líquida
• 4 trocitos de piña para decorar

Receta:
Coloca todos los ingredientes en la coctelera, excepto el hielo y la piña, que te servirá para decorar, y agita. Agrega el hielo. Sirve en dos copas de champán con dos trocitos de piña en cada copa como adorno.

Bueno en la mesa, bueno en la cama

Pon a tono tu cuerpo: comer para estar sexy

Tomar de tanto en tanto comidas compuestas íntegramente por elementos afrodisíacos nunca va mal, pero servirá de poco si nuestra salud y forma física no son las adecuadas. No se trata de ser un tigre insaciable ni una pantera incansable, ni de ser un figurín, sino de cuidar la alimentación y comer de todo. La obesidad no es recomendable, pero tampoco hay que obsesionarse con unos kilos de más si el precio a pagar es la insatisfacción, la depresión, la baja autoestima, la infelicidad y, quizá, algunos trastornos de salud debidos a dietas de adelgazamiento demasiado estrictas y que no incluyen todos los nutrientes necesarios.

En general, no deben seguirse nunca dietas basadas en uno, dos o tres alimentos o que recomienden no comer hidratos de carbono, ya sea la dieta de la alcachofa, la dieta de la berenjena, la dieta de las cerezas, la dieta de las uvas, la dieta de las cortezas, la dieta del yogur y los melocotones en almíbar o la que sea. También es falsa la creencia de que, de vez en cuando, hay que «depurar» el organismo comiendo sólo fruta durante un día. La mejor dieta es seguir una alimentación sana y equilibrada, lo que se consigue con variedad. Y, sí, se puede ser sexy con unos kilos de más... A los hombres les encantan las curvas.

La dieta mediterránea es excelente para la salud porque usa como ingredientes habituales de los guisos el ajo y la cebolla, porque usa normalmente el aceite de oliva, porque sus platos principales —muy variados— se componen generalmente de legumbres, pasta o arroz, porque se consumen habitualmente una gran variedad de verduras y frutas —algunas de ellas ricas en vitamina C, como las naranjas, las mandarinas y las fresas— y porque el pescado tiene un papel fundamental en su composición. La dieta mediterránea satisface todas las necesidades del organismo y, también, del paladar.

No obstante, en los últimos tiempos, los malos hábitos alimenticios se han instalado en España debido a la menor disposición de tiempo para la alimentación y la cocina, así como a la expansión de hábitos de comida rápida, quizá prácticos, pero no muy saludables. Las grasas y los dulces conquistan fácilmente el paladar y están fácilmente disponibles en múltiples especialidades de comida rápida, en bollería y en pastelería industrial. Además, como revelan los estudios sobre la alimentación infantil, que han puesto de manifiesto un alarmante aumento de la obesidad y unos hábitos alimenticios lamentables, estas pautas alimenticias se dan ya a edades tempranas. La cuestión es que se puede comer de todo y se pueden hacer excepciones y deleitar, de vez en cuando, el paladar con dulces y pasteles, pero siempre y cuando la alimentación diaria sea saludable.

Difícilmente puede ser un buen amante alguien con las venas y arterias repletas de colesterol, con dificultades para respirar o alguien que se fatiga enseguida porque no le llega suficiente oxígeno a las extremidades y a los órganos o alguien que no tiene energía porque su alimentación está tan desequilibrada que le faltan nutrientes básicos, vitaminas y minerales. Es antisexy que un compañero/a de juegos se rinda ante un ataque de tos por el sobresfuerzo, que boquee como un pez fuera del agua a los dos minutos de «gimnasia sexual» —pues el sexo, que, por otro lado, es algo muy natural requiere un cierto fondo y forma físicos—, que en un beso apasionado empiece a ponerse de color azul a los tres segundos, que cada vez que abrace a su partenaire o cambie de posición le dé una rampa...

No todos escogemos nuestros genes, y hay casos en los que la salud nos juega malas pasadas por mucho que nos cuidemos. Para esos casos en los que la vida sana no alivia ni disminuye el problema, es necesario ser comprensivo y buscar alternativas, que las hay... Sin embargo, muchos trastornos y dolencias pueden aliviarse o prevenirse con una alimentación sana y equilibrada y con algo de ejercicio.

Una dieta saludable debe combinar los nutrientes básicos en unas proporciones determinadas:

- *57 % de carbohidratos.* Los carbohidratos aportan energía al organismo. Las dietas adelgazantes basadas en eliminarlos o restringir su consumo provocan cansancio y falta de energía. Los carbohidratos pueden ser simples o de absorción rápida o complejos o de absorción lenta. Los primeros, de los que no se debe abusar, se encuentran en caramelos, dulces, repostería, bollería, galletas, mermeladas, bebidas refrescantes azucaradas, frutas secas... Los carbohidratos complejos se obtienen de legumbres, cereales, pasta, pan y otros productos elaborados con harina.
- *25 % de grasas.* Se obtienen al consumir lácteos, huevos y aceites. Entre otras funciones, permiten la producción de hormonas, regula la temperatura y envuelven y protegen a los órganos internos como los riñones. El cuerpo almacena las grasas que no necesita, de forma que una excesiva ingestión de grasas puede aumentar el peso y subir el colesterol y los triglicéridos.
- *15 % de proteínas.* Están disponibles en pescados, mariscos, carnes, aves y, en general en todos los productos de origen animal. También se encuentran en cereales y en legumbres. Las proteínas forman los tejidos (músculos, tendones, piel, uñas...) y desempeñan funciones metabólicas y reguladoras fundamentales (asimilación de nutrientes, transporte de oxígeno y de grasas en la sangre...). Las proteínas animales son de mejor calidad porque se componen de todos los aminoácidos esenciales que precisa el cuerpo humano. Existen 22 aminoácidos distintos que pueden combinarse en cualquier orden y repetirse de cualquier manera. El organismo no puede sintetizar proteínas si falta uno de ellos. Cada especie animal o vegetal está formada por su propio tipo de proteínas. Para poder asimilar las proteínas que se ingieren y usarlas en la cons-

trucción y el mantenimiento del organismo, el cuerpo humano las fracciona, en el estómago y el intestino, en sus diferentes aminoácidos. Estos pasan a la sangre y se distribuyen por los tejidos para combinarse de nuevo en las proteínas específicas de nuestra especie. Aunque las proteínas presentes en los vegetales no tienen todos los aminoácidos que necesita el organismo humano, existen diversas combinaciones de vegetales que se complementan entre ellos para aportar los aminoácidos esenciales, por ejemplo, leche con arroz, trigo, sésamo, patata, maíz o soja; legumbres con arroz; alubias con maíz o trigo; soja con trigo y sésamo o arroz.

- *3 % de fibra.* Contribuye a movilizar los alimentos por el estómago y los intestinos. Está presente en casi todas las frutas y verduras.

Explicado así, puede parecer difícil combinar los diferentes alimentos para llegar al equilibrio, pero para este fin se ha creado la pirámide alimentaria. La base de la pirámide está formada por varios niveles en los que figuran grupos de alimentos que pueden y deben consumirse cada día:

Primer nivel
Son los alimentos ricos en carbohidratos complejos: cereales y sus derivados, pan, arroz y patatas. Aportan la mayor parte de calorías que una persona consume al día. La cantidad recomendada es de 4 a 6 raciones al día (tienen que estar presentes en todas las comidas que se realicen).

La cantidad de carbohidratos que se ingiere debe ser proporcional al gasto energético de cada persona, que depende de su edad, su sexo y actividad física. Por ejemplo, las personas sedentarias necesitan un menor aporte de calorías que las personas más activas.

En qué consisten las raciones:
- 1 plato normal de pasta o arroz = 60-80 g en crudo
- 3 o 4 rebanadas de pan o un panecillo = 40-60 g
- 1 patata grande o dos pequeñas = 150-200 g

Segundo nivel
En él se sitúan alimentos que deben consumirse diariamente como verduras, hortalizas y frutas, encargados de aportar vitaminas y an-

tioxidantes al organismo y, también, fibra. En este nivel también figura el aceite de oliva, que puede tomarse como aderezo de ensaladas, verduras o platos de pasta.

Se recomiendan cinco raciones al día de estos alimentos, dos de verdura y tres de frutas.

En qué consisten las raciones:
• 1 plato de ensalada variada
• 1 plato de verdura cocida
• 1 tomate grande
• 2 zanahorias
• 1 pieza mediana de fruta
• 1 taza de cerezas, fresas, frambuesas, etc.
• 2 rodajas de melón
• 2 rodajas de sandía

Tercer nivel

En él se encuentran la leche, los yogures y los quesos (preferiblemente no grasos), importantes por su aporte de calcio y de proteínas. Es necesario consumir estos productos diariamente. Se recomiendan entre 2 y 4 raciones al día.

En qué consisten las raciones:
• 1 taza de leche
• 2 unidades de yogur
• 2-3 lonchas de queso curado
• 1 porción individual de queso fresco

Cuarto nivel

Son alimentos que deben tomarse, alternándolos, varias veces a la semana: legumbres, frutos secos, pescados, huevos y carnes magras (conejo, pollo sin piel, pavo, ternera y, también, las partes magras del cerdo, a las que se les debe quitar la grasa visible).

La recomendación es tomar tres o cuatro raciones de pescado a la semana y 3 o 4 raciones semanales, alternando su consumo, de carnes magras o huevos.

También es necesario tomar 3 o 4 raciones de legumbres semanalmente y de 3 a 6 raciones de frutos secos a la semana.

En qué consisten las raciones:
- 1 filete individual de pescado (el peso en crudo y en neto debe ser de 125-150 g)
- 1 filete pequeño de carne magra de ternera o de cerdo magro (el peso en crudo y en neto debe ser de 125-150 g)
- 1 cuarto de pollo o conejo
- 1 o 2 huevos
- 1 plato normal de legumbres (60-80 g en crudo)
- 1 puñado de frutos secos (20 o 30 g)

En la cúspide de la pirámide, se encuentran los alimentos que sólo tomarse ocasionalmente:

Quinto nivel
Embutidos, carnes grasas (cordero, pato, cerdo).

Sexto nivel
Pastelería, bollería, azúcares y bebidas refrescantes.
Según un estudio realizado en 2004 por la Sociedad Española de Nutrición Comunitaria (SENC), responsable de la nueva pirámide alimentaria —que incluye innovaciones como la de reconocer el valor del consumo moderado de vino o cerveza en la dieta, aunque lo considera opcional—, sólo la mitad de la población española sigue razonablemente las recomendaciones de la pirámide alimentaria. Del resto, un 40 % sigue algunos aspectos básicos de las recomendaciones y un 10 % no las sigue en absoluto.

Un buen vaso de leche a diario
potencia la salud vital y sexual.

Las vitaminas y minerales del amor

Una alimentación poco equilibrada y deficitaria en vitaminas y minerales esenciales puede acarrear que nuestra vida sexual fracase o, incluso, que tengamos problemas de salud. Por el contrario, comer de todo y en cantidades razonables potencia la salud vital y sexual.

Vitamina A. Alimenta las mucosas que lubrican los órganos sexuales. Además, se combina con la vitamina B para mantener una actividad glandular normal.

Vitamina E. Como antioxidante, contribuye a reducir el riesgo de enfermedades, entre ellas, las cardiovasculares, las degenerativas e incluso el cáncer. La vitamina E, llamada, popularmente la vitamina de la juventud, mantiene la integridad de las membranas celulares, y es esencial para el funcionamiento del corazón y de los órganos sexuales. Se encuentra en el aguacate, la yema de huevo, los vegetales de hoja verde, los aceites vegetales, los frutos secos, la margarina y los granos enteros de los cereales.

Vitamina C. Protege al organismo en general, fortalece el sistema inmunitario y actúa sobre las glándulas endocrinas en general. Es otra de las vitaminas fundamentales para una buena actividad sexual. Es un poderoso antioxidante que ayuda a mantener el cuerpo en forma y que es esencial para tendones, huesos, dientes, vasos sanguíneos y músculos. Está presente en frutas como kivis, fresas, naranjas, mandarinas y limones, y en verduras como coles de Bruselas y pimientos.

Vitamina B1 o Tiamina. Es esencial para la liberación de energía, el metabolismo de carbohidratos y para el sistema nervioso, el corazón y el cerebro. La tiamina es una inyección de moral que regula el estado de ánimo. Se encuentra

......▶

en el arroz integral sin refinar, cereales, legumbres como las judías y las lentejas, harina, frutos secos, patatas y cerdo.

Vitamina B2 o riboflavina. Es necesaria para tener tejidos saludables y para aprovechar la energía de la comida. La riboflavina juega un papel fundamental en la salud de la membrana mucosa, de los ojos, de la piel y del sistema nervioso. También es importante para la fertilidad. Se ingiere tomando arroz, pasta, ternera, hígado de cordero, leche de soja, productos lácteos, cereales de grano, levaduras y semillas.

Vitamina B5 o ácido pantoténico. Protege del estrés y de la depresión. Tiene un papel fundamental en el crecimiento, el desarrollo, el mantenimiento del cuerpo y la actividad mental. Esta disponible en plátanos, aguacates, setas, cacahuetes, hígado y riñones, semillas y frutos secos, calabazas, yema de huevo, brócoli, productos lácteos, pescado, pollo y cereales.

Vitamina D. La vitamina D se forma cuando la piel se expone a los rayos del sol. Es una vitamina imprescindible para el buen estado de los huesos y para el funcionamiento del sistema nervioso y del corazón.
Aunque se obtiene de la luz solar, hay alimentos que la contienen, como productos lácteos, aceite de pescado, hígado y yema de huevo.

Zinc. Es imprescindible para el funcionamiento de los órganos sexuales y de la glándula prostática. Una deficiencia de zinc puede causar trastornos en la próstata y problemas de erección. En las mujeres, la carencia de zinc puede provocar irregularidades menstruales. Son buenas fuentes de zinc los mariscos, los pescados, el hígado y las carnes, las semillas de calabaza, las semillas de girasol, las legumbres y los frutos secos, los cereales integrales, los huevos, la cebolla, las judías verdes y el trigo germinado.

Fósforo. Es el mineral compañero del calcio. Una deficiencia de fósforo reduce el vigor sexual y ocasiona problemas en las funciones cerebrales y en el sistema nervioso. El fósforo acompaña siempre a lo alimentos ricos en proteínas: especialmente el pescado —que por esa razón es considerado afrodisíaco—, la leche (y los derivados lácteos), los huevos, las nueces y las almendras.

Calcio. Es el mineral más abundante en el cuerpo humano, que necesita un buen aporte de él, sobre todo a edades tempranas. Junto con el fósforo y el magnesio mantiene los huesos fuertes y los hace crecer en épocas de crecimiento. Mantiene los dientes y la piel en buen estado y ayuda a regular la tensión arterial y a disminuir el colesterol. El calcio se encuentra en los productos lácteos, frutos secos (almendras, nueces, sésamo, semillas de girasol, pistachos, etc.), verduras (perejil, espinacas, acelgas, col rizada, puerro, etc.), legumbres (garbanzos, lentejas, soja, etc.) y frutos secos (higos secos, pasas y dátiles).

Potasio. Sin potasio —o con una cantidad insuficiente de él— es imposible una vida sexual sana. Mejora el tono muscular, incluido el del corazón, e interviene en el buen rendimiento de las glándulas del organismo. Interviene decisivamente en la regulación de líquidos de nuestro cuerpo. En general, todo alimento pobre en sodio es rico en potasio. Son ricos en potasio los vegetales, las frutas —especialmente el plátano—, las patatas, las legumbres (lentejas, garbanzos y judías), la carne, el pan, la leche y los frutos secos.

Selenio. El selenio también es un elemento importante para la sexualidad. Es un antioxidante asociado a la actividad de la vitamina E que protege las células, las membranas celulares y los ácidos grasos contra los radicales libres. Son ricos en selenio los alimentos de origen animal. También lo contienen los cereales integrales.

Cómo reconocer a un buen amante por sus modales en la mesa

Hay una relación directa entre los amantes de la comida y los buenos amantes. Si a alguien no le gusta comer y lo hace casi por obligación, es señal de que es una persona de poca vida y poco predispuesta al placer.

Aun así, hay matizaciones: los grandes comedores que están muy por encima de su peso pueden no ser buenos amantes precisamente por los problemas que puede provocar en su salud su sobrepeso, o por el sobrepeso mismo..., en el caso de los hombres, problemas de erección. Un estudio epidemiológico realizado en Massachussets (EE. UU.), en 1993, entre unos 1.300 varones de entre 40 y 70 años de edad, demostró que el sobrepeso duplica la incidencia de disfunción eréctil.

Además, muchos hombres con sobrepeso sufren problemas como colesterol elevado, hipertensión arterial, diabetes y enfermedades coronarias que, además de ser bombas de relojería para la salud y la calidad de vida, influyen negativamente en la sexualidad. La hipertensión y la diabetes duplican y triplican, respectivamente, el riesgo de padecer algún grado de disfunción eréctil.

No obstante, éste es un libro que trata sobre el arte de comer, el arte del sexo y la ciencia placentera de compaginar ambas cosas. Y eso es posible, siempre que se actúe con mesura (en la comida, alguien dijo que la medida justa en la pasión es el exceso).

Así comes, así amas

Los modales en la mesa dicen mucho de la personalidad de un hombre o de una mujer y de su desempeño en el sexo, pero, sobre todo, lo que es relevante es la forma de comer y lo que come o lo que no come...

Las primeras pistas las puede dar la prueba de la macedonia. Prepara una macedonia con fresas y naranjas cortadas en trozos pequeños aderezados con zumo de naranja y observa a tu proyecto de amante.

Pueden darse varias situaciones:

• *No le gusta la macedonia, no come fruta.* Bueno, probablemente no lleve una vida totalmente sana, pero no es un caso insalvable. Si además de la fruta, no le gustan las verduras, ni el pescado ni otros varios alimentos..., ¡mal asunto! Quien no disfruta comiendo, difícilmente disfrutará del sexo; al menos de un sexo creativo y variado. Por otro lado, si tú tampoco comes muchos alimentos, no debes preocuparte porque tendréis mucho en común. Si, además, no coincidís en vuestras manías alimentarias vuestra relación puede ser muy entretenida y divertida, y encontrar un restaurante que os guste a los dos se puede convertir en una aventura.

- *Come primero ávidamente las fresas y luego se encuentra con que sólo queda naranja y está lleno y no le apetece demasiado.* Te encuentras ante un amante que necesita gratificación inmediata y que, posiblemente, irá al grano y sin demasiadas contemplaciones.
- *Come primero la naranja y luego disfruta de las fresas dando muestras de placer.* Es un amante que sabe esperar, aunque quizá un poco cuadriculado. Es capaz de esforzarse y entregarse hasta que consigue lo que le gusta. Será un amante eficaz y apasionado, pero no muy variado.
- *Come primero la naranja y luego se da cuenta de que se ha equivocado y que ahora las fresas ya no están tan buenas porque ha comido demasiado.* En fin, se trata de alguien que no sabe exactamente qué quiere y que no es capaz de disfrutar el momento.
- *Come un trozo de naranja, luego un trozo de fresa, después quizá saborea el zumo, come otro pedazo de naranja o de fresa, decide comer un trozo de fresa y naranja a la vez para mezclar los sabores.* Mmmmmm, estás ante un/a sibarita, alguien que disfruta intensamente de la comida y del placer y que está dispuesto a experimentar e improvisar. ¡Excelente si tú también eres así! Seguramente, consumiréis vuestra próxima macedonia a dos cucharas o comiéndola directamente del cuerpo del otro.
- *Engulle todo en desorden en breves minutos.* Le gusta comer, eso es buena señal. Sin embargo, puede ser un amante un poco ansioso e impaciente. Si, además, mientras come no deja de parlotear es un desorganizado de tomo y lomo al que le puede costar centrarse en algo, incluso en el sexo.

Según los estudios del psicólogo londinense del Guy's Hospital Maurice Yaffe, hay cuatro grandes grupos de comedores. Yaffe, que en realidad quería realizar un estudio sobre la relación entre la forma de comer y la obesidad, descubrió, accidentalmente, que existe una correlación directa entre la manera de comer y la forma de actuar en el sexo:

- A) *Comedores lentos que disfrutan de la comida.* Son los sensuales y los sensualistas. Gozan con lo que están comiendo y sus matices: diferentes sabores, diversas texturas... Además, les suele gustar enterarse de cómo está preparado el plato que comen. Como amantes son igualmente sensuales, dedicados y delicados.
- B) *Comedores lentos que no disfrutan de la comida.* No les importa demasiado qué comen, ni cómo está combinado, ni cómo está preparado. Comer es para ellos un trámite. Yaffe informó de que a menudo tienen problemas en la cama.
- C) *Comedores rápidos que disfrutan comiendo.* Son sensuales pero algo ansiosos e impacientes en la cama. Tienen dificultades para relajarse y dejarse llevar y a veces les preocupa más qué pensarán los demás de ellos que el propio goce. Algunos pueden ser buenos amantes, aunque dominantes: les gusta tener controlada la situación. Si eres una persona tranquila y a la que le gusta que la conduzcan, son una buena opción.
- D) *Comedores rápidos a los que no les importa qué comen.* Se dividen a su vez en varias categorías, dos de ellas nada recomendables a efectos de escoger amante:

1) Al primer subgrupo lo llamó «presexual» porque tenían dificultades para mantener cualquier tipo de relación sexual, a pesar de que, en general, lo deseaban. Muchos eran vírgenes. No es un punto de partida ideal, pero en algunos casos estas personas pueden revelarse, con un poco de paciencia, como estupendos amantes. Otros, pueden acabar desesperando a cualquiera. No son aptos para personas que no tengan tiempo y dedicación para ejercer de cicerones y pigmaliones.

2) El segundo subgrupo no tenía ningún interés por el sexo. Una causa totalmente perdida...

3) El tercer subgrupo, el más numeroso, usaba la comida como un sustituto del sexo. Tenían tendencia a la obesidad o eran obesos. Si resolvían sus dificultades para relacionarse y para practicar el sexo, perdían peso con facilidad y vencían su ansiedad. Una buena apuesta de futuro... inmediato.

4) El cuarto grupo, especialmente problemático para sus conquistas y amantes, concebía y vivía el sexo como algo mecánico. A estas personas, no les gusta la intimidad ni involucrarse emocionalmente. Tienen tendencia a usar a los demás, sin dar casi nada a cambio, y marcharse después corriendo. Mastican y devoran a sus compañeros de cama como lo hacen con la comida: para satisfacer una necesidad básica, sin florituras.

Pon a tono tu cuerpo: adelgazar follando

No se trata de ser un figurín y de tener un cuerpo diez, pero sí de cuidarse para sentirse bien y en forma. Como no se cansan de repetir diversos programas de televisión sobre cocina o libros sobre cocina sana, somos lo que comemos y, por tanto, una alimentación saludable y equilibrada nos proporcionará más energía, más vitalidad y, por supuesto, más ganas de sexo...

Esto no quiere decir que debamos obsesionarnos ni renunciar a la buena mesa. Hay muchas recetas muy sanas que son deliciosas y, además, si estamos de celebración o de conquista, siempre podemos permitirnos uno (o dos o tres) extras.

No hay nada más triste que una posible conquista que mira con cara de agobio el plato que ha pedido y lo acomete como si se tratara de una penosa obligación.

Puestos a imaginar y a dejar correr la fantasía, hasta las dietas para adelgazar son compatibles con el buen sexo y se pueden prestar a diversos momentos de juego y «desenfreno»... ¡La clave está siempre en la imaginación!

Elena, de Las Palmas de Gran Canaria, consiguió empezar su dieta de una forma diferente y muy sensual/sexual:

Yo soy gordita, tirando a gorda, y he tenido que ponerme muchas veces a dieta estricta. Los comienzos son muy duros. Como entrante, siempre tengo que comerme una pequeña ensalada a base de espárragos, y a mí no me gustan nada. En casa, es mi marido es el que hace la comida. Para que fueran más apetecibles, se le ocurrió envolver dos espárragos en una loncha de pavo y presentarlos en el plato como un pene. Añadió un huevo duro cortado en dos y puso las mitades como si fueran los testículos. En la punta del «pene», puso un poco de Ligeresa como si fuera semen.

Cuando vi el plato me partí de risa. Lo que hice fue empezar a chupar como si estuviera haciendo una felación, mientras él miraba cómo lo hacía. Seguí comiendo y mordiendo de vez en cuando los huevos. Lo que ocurrió fue que nos saltamos el segundo plato y fuimos a la cama a comernos el postre directamente...

Ahora, cada vez que vemos espárragos, nos acordamos de la anécdota y terminamos en la cama. Lo gracioso es que cuando comemos fuera de casa y nos invitan a espárragos no podemos evitar mirarnos y reírnos. ¡Nunca una dieta tuvo un comienzo tan excitante!

La alimentación es indispensable para estar en forma, pero no es el único requisito. Para mantener un buen tono vital es imprescindible hacer ejercicio.

No es necesario machacarse cinco veces por semana en el gimnasio, pero sí moverse aunque sólo sea andando treinta minutos tres o cuatro veces por semana o, aún mejor, una vez al día.

Actualmente, hay muchas posibilidades atractivas para hacer ejercicio, lo que facilita verlo no como una obligación sino como una divertida afición: spinning, aerobic, bailes de salón, artes marciales de todo tipo, danza del vientre, funky, hi hop, yoga, senderismo, excursiones por hermosos paisajes, Pilates, piragüismo, bicicleta de montaña, tai chi, squash, natación, esquí, tenis, hípica, barranquismo, rafting, break dance...

Seguro que entre las decenas de posibilidades encuentras una de tu gusto o incluso descubres alguna nueva inquietud que no conocías. Prueba, experimenta... Por el camino de descubrimiento hacia tu actividad favorita irás haciendo deporte y moviéndote, que de eso se trata.

Si ves que es imposible que te muevas de la silla para hacer deporte, para bailar o para andar o para cualquier otra actividad que requiera mover los músculos y el corazón más de la cuenta, consuélate pensando que el mismo sexo es ya un deporte en sí. Practícalo todo lo que puedas para tonificar todos tus músculos.

En cuanto a adelgazar, lamento decir que el gasto de kilocalorías (popularmente conocidas como calorías) por una media hora de hacer el amor no es demasiado significativo, comparado con otros deportes. No obstante, el sexo es una buena forma de pasar un rato de felicidad y, también, de distraerse de la comida, sobre todo en aquellas personas que tienden a sustituir un placer por otro o a comer para enmascarar sus problemas o sus frustraciones.

Una actividad como el aeróbic quema 178 calorías en una hora, mientras que hacer jogging quema entre 300 y 450 calorías en el mismo lapso de tiempo, dependiendo de la velocidad. Andar es un buen ejercicio que si se realiza tranquilamente consume unas 150 calorías y, si se hace a una buena velocidad, gasta entre 200 y 240 calorías.

En cuanto al sexo, hay diversas teorías respecto al gasto energético que supone. Una de ellas apunta que una actividad sexual que dure unos 20 minutos gasta 150 calorías. Otras teorías defienden que depende de la intensidad de la actividad. Otra opinión considera que en media hora se suelen gastar 250 calorías, aunque si se emplea gran energía y pasión en ello se pueden llegar a las 500 calorías.

Éste es el gasto por media hora de otras actividades lúdicas:

• Baloncesto: 258 calorías.
• Bicicleta: 150 calorías.
• Bailar: 130 calorías.
• Patinar sobre ruedas: 315 calorías.
• Hacer judo: 363 calorías.
• Esquiar: 252 calorías.
• Tenis: 261 calorías.

De hecho, como señalan algunos textos muy divertidos, cada acto del sexo, desde besar hasta acariciar, tiene su propio gasto energético. Unos besos suaves queman 10 calorías y hacer algunas caricias, 15 calorías. Un apasionado beso con lengua nos hace gastar 18 calorías, pero, como señala el divertido libro de Richard Smith, *Cómo adelgazar follando*, si es con la boca cerrada se puede llegar a 239 calorías.

Acariciar con las puntas de los dedos quema 7 calorías. Si las puntas son las de los dedos de los pies el gasto aumenta hasta 68 calorías. Desvestir a la pareja con su consentimiento: 12 calorías. Sin su aprobación: 187 calorías. Irse a la cama llevando a la pareja en brazos gasta 15 calorías, pero si no se puede con ella el gasto de arrastrarla por el suelo será de 16 calorías. Un cunnilingus quema 15 calorías y una felación, 30. Los mimos de cintura para arriba supo-

En un striptease se consumen 60 calorías, aunque en el caso de *Gilda* su gasto energético fue mucho menor.

nen 20 calorías quemadas y los mimos de cintura para abajo, 45. En un striptease se consumen 60 calorías.

Todos los actos relacionados con el sexo o con su preparación están recogidos en este libro. Por ejemplo, confesar sinceramente a tu pareja lo que de verdad la excita gasta 5 calorías; retirar vegetación extraña de la cortina del baño, 12; esconder los otros cepillos de dientes, 1, y esconder el manual sexual, 3; abrir el sujetador usando manos firmes, 7 calorías. Usando una mano temblorosa: 96. Quitarse los calcetines sacudiendo violentamente los pies quema 418 calorías. El autor señala que es muy poco práctico y casi nunca funciona, pero que para las personas interesadas en perder mucho peso es esencial. También se queman calorías con las posturas sexuales. Si el hombre está encima y la mujer debajo, cara a cara, el consumo es de 20, pero si el hombre está encima y la mujer debajo, dándose la espalda, el consumo asciende a 749 calorías.

Si te sorprenden en medio del acto sexual ¡Enhorabuena! El gasto energético es mucho mayor. Si te descubren los padres de tu novio o novia: 510 calorías; si te sorprende tu pareja o el marido o mujer de tu pareja sexual: 700 calorías y si te pilla un familiar cercano: 260 calorías.

Como ves, el gasto no es demasiado importante. Sin embargo, hay muchas otras razones para tener sexo: pone de buen humor; aleja la depresión; es bueno para la piel y el cabello; alivia el estrés y la ansiedad; reduce la presión sanguínea; tonifica los músculos en general; es divertido y da placer; no cuesta dinero; alivia el dolor de cabeza y las tensiones musculares; favorece la comunicación con la pareja; rejuvenece y da brillo a los ojos; estimula la oxigenación; proporciona más energía; reduce el riesgo de enfermedades coronarias y cáncer; mejora los hábitos posturales porque se mueven muchos músculos que normalmente no se usan; refuerza las defensas... y, además, el sexo llama al sexo puesto que se segregan más feromonas y se resulta más atractivo.

Éstas son algunas razones para practicar sexo, aunque hay muchas más, según se deduce de un estudio realizado por dos investigadores del departamento de psicología de la Universidad de Texas. Sus encuestados les proporcionaron 237 respuestas para practicar sexo, algunas de ellas obvias, como «para tener hijos», «para aliviar la tensión sexual», «por placer», y otras bastante sorprendentes, como «para acercarme a Dios», «para mantenerme caliente», «para cambiar el tema de conversación», «para pagar un favor», «alguien me desafió a ver si me animaba», «para quemar calorías».

El estudio desveló respuestas egoístas (como «para vengarme de mi pareja porque me engañó» o «pensé que elevaría mi estatus social»); respuestas/disculpa clásicas («estaba borracho», «mis hormonas estaban fuera de control»); motivaciones investigadoras («quería intentar nuevas técnicas y posiciones sexuales» o «quería saber cuál es la queja»); razones prácticas («era la única forma de que mi pareja pasara tiempo conmigo» o «quería aminorar el dolor testicular»); razones altruistas (como «quería que se sintiera bien consigo misma», «mi pareja insistió»); motivos originales y sorprendentes («era buena bailarina», «quería que mi pareja me notara»), o razones posesivas («la persona estaba generalmente fuera de mi alcance», «quería "poseer" a esa persona»).

Cómo guisar el sexo

Ya he apuntado que el sexo es como cocinar una receta exquisita y suculenta, y que requiere la misma preparación y mimo. Ya en el siglo XVI, en *El jardín perfumado*, Nefzawi recomendaba a los hombres agasajar a las mujeres y acariciarlas. El fin —siempre discutible— era llegar al coito, pero en el camino aconsejaba satisfacer a las mujeres y defendía el placer de ambos hasta el último momento.

Afirmo que es discutible considerar el coito como el objetivo primordial y principal porque hay muchas formas de amar y de disfrutar del sexo y porque se tiende a considerar —de forma implícita o explícita— que lo realmente importante es la penetración, aunque muchas mujeres no estén de acuerdo con ello y encuentren más placenteras otras prácticas, como el sexo oral.

Además, se suele llamar preliminares a todos los juegos que no son penetración, reafirmando la idea de que el «sexo verdadero» es la unión entre los genitales femeninos y masculinos y no se suele tener en cuenta que puede haber encuentros sexuales gozosos y plenos sin que haya penetración. El sexo es juego y cada situación, cada mujer, cada pareja, cada encuentro, cada hombre... son diferentes.

Aun así, esta antigua receta de pasión todavía puede aplicarse hoy en día, aunque, por supuesto, el papel pasivo que se atribuye implícitamente a la mujer ya no nos sirve. Quizá, hombres y mujeres deberían leerlo desde un punto de vista activo para recordar y tener presente cómo se cocina el deseo y no escatimar besos, lamidas, chupadas, mordiscos suaves, caricias, atenciones y tentaciones. En el apartado «Sobre el acto de la generación», *El jardín perfumado* recomienda a los hombres no cometer excesos con la comida y con la bebida y da consejos concretos para excitar a las mujeres:

No te unas a una mujer sin antes haberla excitado con caricias juguetonas y, entonces, el placer será recíproco.

Es aconsejable, por tanto, entretenerse mutuamente antes de que introduzcas tu miembro para realizar el acto. Excítala besando sus mejillas, chupando sus labios y mordisqueando sus senos. Besa su ombligo y sus muslos y apoya una mano provocativa sobre su pubis. Muerde sus brazos, y no olvides ninguna parte de su cuerpo. Cógela estrechamente hasta que ella sienta tu amor y, luego, suspira y entrelaza tus brazos y piernas con los suyos.

Cuando estés con una mujer y veas que sus ojos languidecen y ella suspira profundamente, en una palabra, cuando ella desee copular, dejad que vuestras dos pasiones se mezclen y vuestra lujuria alcance su punto más alto, puesto que, en lo que respecta al goce, el momento favorable ya ha llegado. La mujer experimentará entonces el mayor placer, también su amor será mayor y se aferrará a ti.

[...]

Un estudioso del arte del amor impartió los siguientes preceptos:

La mujer es como un fruto que sólo rinde su fragancia cuando se lo frota con las manos. Por ejemplo, toma la albahaca, que no emite su perfume a menos que la calientes con los dedos. ¿Y desconoces que el ámbar, a menos que se lo caliente y manipule, retiene su aroma oculto en su interior? Lo mismo ocurre con la mujer. Si no la animas con travesuras y besos, con mordiscos en los muslos y fuertes abrazos, no obtendrás lo que deseas. No experimentarás placer cuando ella comparta tu lecho, y tampoco ella sentirá afecto hacia ti.

Y sigue, dando vueltas al mismo tema y añadiendo nuevos detalles:

Uno de los hombres más inteligentes que haya realizado un estudio sobre las mujeres relata la siguiente confidencia femenina: ¡Oh, vosotros, los hombres que buscáis el amor y el afecto de las mujeres, retozad antes de la cópula. Preparadla para el goce y no olvidéis nada para alcanzar este fin. Exploradla mediante todas las actividades posibles y, mientras lo hacéis, borrad de vuestra mente cualquier otro pensamiento. No permitáis que el momento propicio al placer pase inadvertido. Esto será cuando veáis sus ojos ligeramente húmedos y su boca entreabierta. Uníos entonces, pero nunca antes.

Por tanto, hombres, cuando hayáis conducido a la mujer a la condición favorable, introducid vuestro miembro, y si entonces os preocupáis por moveros de la manera adecuada, ella experimentará un placer que colmará todos sus deseos. No abandonéis todavía su pecho. Dejad que vuestros labios vaguen por sus mejillas y vuestra espada repose en su vaina. Tratad ardientemente de excitar el poder chupador de la vagina, y así vuestro trabajo será dignamente coronado. Si gracias al favor del Todopoderoso, lográis el éxito, tened cuidado de no retirar vuestro miembro. Permitidle que permanezca y apure la copa del placer. Prestad atención y escuchad los suspiros y quejas y murmullos de la mujer, puesto que ellos atestiguarán la violencia del placer que le habéis procurado.

Y cuando el cese del goce ponga fin a vuestros devaneos amorosos, no os levantéis bruscamente. Retirad vuestro miembro con circunspección, y permaneced con ella yaciendo sobre vuestro costado derecho en este lecho de placer. De este modo, todo saldrá bien, y no seréis como aquellos que montan a una mujer como lo haría un mulo, sin conceder atención a los principios del arte, retirándose y alejándose tan pronto como han eyaculado. Evitad un método tan burdo, que priva a la mujer de todo placer.

Para resumir, incumbe al conocedor de la cópula no omitir ninguna de mis recomendaciones, puesto que de su observancia depende la felicidad de la mujer.

El jardín perfumado aconseja descansar después del coito y no practicar ejercicios violentos. Para repetir el acto, «perfúmate con dulces aromas y luego acércate a la mujer y alcanzarás un resultado feliz». Cuidar los detalles, los aromas y el entorno, como vemos ya en este antiguo tratado de la pasión, es primordial

Con la comida sí se juega

Cualquier alimento o elemento sirve para disfrutar de un encuentro pasional inolvidable, siempre que se use la imaginación y haya complicidad entre los participantes. Las fresas con nata son ya un tópico erótico que se presta a múltiples juegos gracias a que junta el sabor dulce y ácido de las fresas —que se pueden dar de comer a la pareja de varias formas sensuales— con la cremosidad y untuosidad de la nata, que combina a la perfección con el sabor del cuerpo del otro y con la voluptuosidad.

Cualquier cosa sirve para jugar y comerse a la pareja —explica Eva—, desde las tradicionales fresas con nata a todo tipo de siropes de diferentes gustos, chocolate o caramelo líquido... Se trata de poner un punto diferente a las relaciones sexuales y sorprender al otro, convertir el sexo en un banquete y en una celebración. Mi marido y yo empezamos jugando un día, a la hora del desayuno, con chocolate deshecho: que si te mancho la nariz, que si te mancho la boca y luego te lamo, que si ahora yo te pringo el cuello y lo chupo y acabamos quitándonos la ropa y untándonos casi enteros en chocolate y lamiéndonos por todas partes.

Desde ese día, de cuando en cuando nos damos un intenso festín de comida y sexo.

Comer y amar son dos placeres básicos y complementarios que invitan a las fantasías, más o menos elaboradas, y al juego, fundamental para el buen sexo. «Algo que me gusta especialmente —explica Tere— es pasar traguitos de vino [por ejemplo, aunque puede ser un cóctel, cava o un licor] de mi boca a la boca de mi amante y viceversa... Se trata de beber un sorbo, dejarlo en la boca sin que se note, acercarse a darle un beso y sin que se lo espere pasar lentamente, mientras se besa, lo que se ha bebido...»

La cena provocativa

Prepara una cena que incluya un aperitivo con gambas, espárragos y diversas cremas de queso para untar y patés, cremas untables de diversos sabores —que puedes preparar fácilmente— acompañados de picos, palitos y tostadas mini; un primer plato de algo delicioso con salsa y un postre con diversas texturas, como varias frutas pequeñas adornadas con helado y con nata.

Come de la forma más provocadora posible, tomando los alimentos que puedas con los dedos. Si tus dedos se pringan: chúpalos. Si queda una gota de salsa en los labios de tu amante: lámela. Disfruta de la comida y olvida todos los modales en la mesa. Para cuando llegue el postre, la temperatura entre los dos habrá crecido tanto que seguro que se convierte en un festín sexual.

Un ejemplo de crema muy original y sabrosa: pasa por la batidora queso para untar y tres o cuatro mejillones de lata.

¿Qué estoy comiendo?

Si tienes confianza con tu amante, desnúdalo lentamente de forma provocativa a la vez que le/la acaricias. Átalo o átala de pie —tras subir la calefacción si es invierno— en algún lugar apropiado de tu casa.

Previamente, habrás preparado una bandeja con postres exquisitos: crema, helado de diferentes sabores, nata, mousse de chocolate, mousses de diferentes sabores como fresa o limón, caramelo líquido y todo lo que se te ocurra y te guste. Unta una parte del cuerpo de tu «víctima» con alguno de estos productos y lame. Toma un pequeño bocado en tu boca y besa a tu pareja para que sepa que estás comiendo en su cuerpo y para hacerle partícipe de tu festín privado.

Sigue el camino

Dibuja sobre su cuerpo un camino de mermelada, miel u otro dulce viscoso y semilíquido de tu gusto. Pasa tu lengua sobre esta senda hasta que no quede rastro. Lame con fruición, pasa la punta de la lengua, insiste en algunos puntos, toma otro poco de otro punto.

¡Cuidado! Procura que haya una buena temperatura, si usas miel puede solidificarse con el frío y hacer más difícil la operación (y hasta convertirse en una especie de cera para la depilación...).

La fuente

Vierte lentamente sobre tu amado/a un chorrito de cava, mermelada de tu sabor preferido, dulce de leche, chocolate líquido, caramelo líquido; helado un poco deshecho o lo que se te ocurra y ve lamiendo a medida que vaya cayendo. Usa una cuchara para encontrar la medida y que no se te vaya la mano.

Otra posibilidad, muy excitante, es comer a pequeños bocaditos en puntos concretos. Embadurna con intención una zona sensible de tu pareja y sorbe y lame y lame... Es un juego para dos, y altamente participativo, o sea, que ambos tenéis que comer del cuerpo del otro...

Frío, caliente, frío, caliente, caliente, caliente ¡Caliente!...

Ten preparados, sin que tu pareja se dé cuenta, un vaso con té caliente —que no queme— y un vaso con té helado. Toma un sorbo de té helado, aguántalo en la boca unos segundos y recorre el cuerpo de tu partenaire con tus labios y lengua. Acto seguido, repite la operación con el té caliente. El contraste frío/calor proporciona múltiples sensaciones. Puedes usar este truco para hacerle sexo oral, después de haberle excitado antes con tus caricias.

En verano, serán bienvenidas las caricias con unos cubitos de hielo, que puedes poner en tu boca unos segundos para enfriarla y refrescarle y hacerle estremecer con ella recorriendo su piel.

Una de mis experiencias más sensuales —recuerda Patricia— fue en la República Dominicana. Estábamos en una discoteca, casi a oscuras, hacía mucho calor, habíamos bailado mucho. Él pidió un servicio de ron y trajeron un bol con trozos de hielo. Mi amante cogió uno y empezó a pasarlo por mi nuca, por el cuello, por la cara, por el escote, por mis brazos, mientras yo bebía el ron helado mezclado con un poco de Cocacola, fuerte y dulce a la vez. Me estremecía de placer ¡Fue una noche inolvidable!

La pastelería

Extiende sobre el suelo un plástico gigante o cubre la cama con unas sábanas impermeables –las venden en muchas tiendas eróticas o en sex shops-. Prepara una mesa bufete con un espray de nata, fresas y kiwis cortados en trocitos, pastelitos de diversas texturas y sabores, crema pastelera en un plato o dentro de una manga pastelera, una jarra con chocolate deshecho, frutas confitadas, mousse de yogur... y dejad de lado todos los prejuicios y miramientos para embadurnaros y jugar como niños. Sed insaciables e implacables y disfrutad del festín. Vale, es pringoso, pero muy sensual y sexual. No es un juego apto para maniáticos de la limpieza y el orden.

El banquete sensual

Preparad entre los dos un festín de alimentos que se puedan comer con los dedos y resulten moderadamente pringosos. Podéis incluir, según vuestros gustos: trozos de frutas, tomates cherry, plátanos mini, uvas, bocaditos, canapés, patatas fritas de formas caprichosas, costillitas de cabrito rebozadas, mariscos, muslitos y alas de aves o, en general, cualquier alimento que esté trinchado y cortado en pequeños trozos. ¡Usa la imaginación!

La sensualidad la ponen las reglas de protocolo de esta cena: No hay cubiertos en la mesa.

Puedes —y debes— dar de comer a tu pareja usando los dedos o la boca.

Debes excitarle para que ambos os convirtáis en el postre del otro; es preciso acariciar al otro, pero no se pueden usar las manos ni los dedos.

Para mayor comodidad, puedes convencerle de que se quite, a media cena, gran parte de la ropa y se quede —como mínimo— en ropa interior para que puedas llegar a más zonas de su cuerpo.

Está más que permitido —o incluso recomendado— chuparse los dedos. De todas formas, se pueden poner dos bols individuales con agua y limón para facilitar la tarea de limpiarse.

Otra opción es que os apuntéis en privado a una de las últimas tendencias en restauración: las cenas a oscuras, donde el objetivo es potenciar los otros sentidos a la hora de saborear las especialidades culinarias.

Podéis dejar la habitación a oscuras —apagad móviles, despertadores o cualquier otro punto de luz— o vendaros los ojos el uno al otro. Al eliminar el sentido de la vista, seréis más conscientes del tacto y del oído. Jugad con el otro, coquetead, intentad daros de comer mutuamente, acariciad al otro y retiraos sigilosamente, dale en la boca un suave mordisco o un bocado exquisito, hablad normalmente como si fuera una cena menos alternativa, comunicaos vuestras sensaciones, busca a tu amante por los alrededores de la mesa o del sofá donde hayáis dispuesto vuestro festín, guíale con tu voz, aparece junto a él o ella por sorpresa y susúrrale algo caliente al oído...

Es importante no alejarse demasiado del compañero porque puede ser desesperante. Tampoco vale salir sigilosamente de la casa y abandonarlo para ir a hacer algo más interesante. No es educado.

Regresión sensorial

Compra un bote de Nocilla o Nutella. Y nada más. Olvida las calorías, olvida la sensatez, olvida los prejuicios, olvida que se puede ensuciar todo y regresad juntos a la despreocupada infancia, en la que no importaba mancharse para jugar, pero con la picardía y el saber hacer de vuestros años adultos. En este juego con crema de chocolate —también podéis usar chocolate deshecho— todo está permitido: se puede embadurnar cualquier parte del cuerpo del compañero siempre que se limpie con la boca totalmente.

La tabla de sushi

En algunos restaurantes de Japón todavía se puede comer sushi y sashimi sobre una mujer desnuda. Esta práctica se conoce como nyotaimori. Si se come sobre un hombre desnudo, se llama nantaimori, aunque no es algo usual.

Podéis pasarlo muy bien si preparáis juntos la experiencia para que uno de los dos sirva de mesa viviente al otro.

Es todo un ritual que podéis empezar con un baño con un jabón de olor neutro (él que va a disfrutar del banquete tiene que servir de asistente al otro).

Las mujeres que sirven de modelos de mesa tienen que saber estar quietas durante horas, pero a vosotros no os hace falta: es sólo una fantasía más, un divertimento al que podéis poner fin para pasar a otra cosa cuando lo deseéis. Las zonas más íntimas de las modelos, como el sexo o los pechos se cubren con flores, algas o conchas.

En diversas partes del mundo donde se ha popularizado esta práctica, es obligatorio poner un plástico transparente o algún otro material entre la piel de la mujer y la comida. Tampoco os hace falta.

El festín está servido... A disfrutar con toda la imaginación de la que seáis capaces.

Mi fantasía —desvela Mara— es servir de modelo en una de estas cenas. Es sólo una fantasía, pero alguna vez la hemos recreado en casa, entre los dos. Empieza comiendo con unos palillos sobre mi cuerpo —con sumo cuidado—, y luego me empieza a tocar y a pasar el sushi por varias zonas de mi piel antes de comérselo. Leí en algún lugar que algunas cenas acaban así. Yo estoy con los ojos vendados y mi marido actúa de forma que parece que hay varios hombres comiendo el sushi de mi cuerpo y tocándome. Me encanta y me excita muchísimo sentirme expuesta así ante unos comensales desconocidos. La escena termina a veces con mi marido bebiendo vino de mi sexo, lo que me hace morir de placer. También leí que otra costumbre es beber sake del sexo de las modelos, pero a mí no me atrae mucho la idea porque se tiene que beber bastante caliente. El sexo después de esta escena fue explosivo.

El cocinero

Si eres uno de esos hombres que no cocina o cocina poco —o incluso aunque cocines habitualmente—, sorpréndela cocinando para ella. Es importante que ella vea cómo lo haces o, al menos, parte del proceso. Si quieres sorprenderla totalmente, ponte algo atrevido para cocinar. Quizá algo así como un delantal... y nada más. Complementa el atuendo con un slip si no eres muy habilidoso y temes cocinar algo que debería permanecer crudo.

Soy una gran amante de la gastronomía —explica Michelle—, considero que la propia experiencia de cocinar y elaborar recetas ya es de por sí muy sensual. Este verano mi chico y yo tuvimos la suerte de poder realizar un curso de cocina thailandesa (que al combinar elementos dulces y picantes y al introducir multitud de frutos secos en sus platos posee innumerables propiedades afrodisíacas). Pues bien, la verdad es que vestidos con un divertido delantal y cocinando en fogones individuales la sensualidad se disparó. Nunca había visto a mi chico cocinar —que no pasa de una tortilla o una hamburguesa—, y eso fue muy sexy.

La sensualidad estalló. Fue un curso de cuatro horas en el que primero nos explicaban los ingredientes, después la receta y después... a cocinar cada uno en un fogón individual y en una sala exterior repleta de flores de colores. Al terminar de cocinar los cuatro platos (incluyendo el postre) degustamos nuestras obras maestras.

Imagino que entre los aromas que desprendían los woks, el calor pegajoso de Bangkok, los sabores de la comida y ver a mi chico cocinando se revolucionaron mis sentidos.

Creo que hay muchos platos internacionales —cocina hindú, laosiana, china (parte sur), japonesa, camboyana— y nacionales que pueden preparar un escenario romántico y sexual. La repostería (el chocolate negro, la nata artesanal, etc.) las fresas, el champán, el cava, el sushi, las angulas, el ajo, un plato de percebes, los frutos secos, ciertas especias (la vainilla, la canela, el ginseng), etc. Estoy convencida que la gastronomía afrodisíaca existe, y da forma a nuestra apetencia en determinados momentos.

El imperio de los sentidos

Toca, roza, acaricia, cosquillea con todo tipo de materiales o alimentos de diversas texturas. Seda, satén, unas medias, tul, algodón, una pluma, un plumero, aguacate, melón...

Hazlo siguiendo un orden lógico (primero las telas, luego los alimentos) si no quieres convertir a tu amante en un pastiche o en una momia alicatada enrollada en pañuelos y sustancias viscosas, aunque, cuando llegues a su sexo —sólo en el caso de los hombres— puedes combinar la lubricación de una fruta con la estimulación con una tela.

Antes de llegar a la masturbación, es importante erotizar todo su cuerpo con los diferentes elementos y acariciarle con las diversas texturas para proporcionarle un universo de nuevas sensaciones.

Una escena de la película *El imperio de los sentidos*, donde la combinación de comida y sexo llega hasta límites imprevisibles.

Quizá podéis jugar a dos e ir probando diversos estímulos con el otro para descubrir vuestros gustos y potenciales.

La bandeja de frutas

Prepara una suculenta y variada fuente con trocitos de frutas variadas —como melón, sandía, melocotón, mango, albaricoque— y con frutas del bosque. Acariciad al otro con frutas de diferentes texturas, dadle de comer con los dedos, poned trocitos de fruta en su vientre, cerca de los genitales, en el pecho... e intentad atraparlas con la lengua (no con los labios...), mordisquea ligeramente —y con cuidado— los trocitos de fruta que hay en su piel, de forma que le roces con la lengua y los labios al comerlos.

«Una de mis fantasías —comenta Maite— es que él me vende los ojos y me vaya pasando trozos de comida diferentes con la boca, sin que estén mordisqueados, claro... Y entonces yo tengo que intentar averiguar de qué se trata...» Incluso se puede establecer un morboso y juguetón sistema de premios y castigos sensuales para los fallos y los aciertos.

Pon la guinda

Compra un frasco de cerezas confitadas e imagina que tu pareja es una suculenta tarta. Pon una cereza en algún lugar estratégico, como la punta de tu lengua —para dársela—, un pezón, en medio de sus pechos, en su vientre, cerca de su sexo... o adórnate y/o adórnalo con varias y cómelas parsimoniosamente y con mucho cariño y dedicación.

Si eres mañosa/o puedes intentar sorprenderle/a haciendo un nudo a un rabito de la cereza con la boca, tal como hacía la decidida adolescente Audrey Horne en *Twin Peaks*. ¡Impactante y sensacional! Con este truco consiguió hacerse pasar por una experimentada prostituta, engañar a madame Blackie e infiltrarse en el burdel Jack el Tuerto para intentar averiguar algo sobre el asesinato de Laura Palmer. No es difícil, sólo se necesita voluntad, fe y unas cuantas horas de práctica.

Una cortesana del siglo XIX, Cora Pearl (1835–1886), se tumbó desnuda sobre una bandeja y pidió a un cocinero que adornase su cuerpo con dulces y rosetones de nata. La sirvieron «como postre» varios sirvientes, ante el asombro y deleite de los asistentes a la cena que, una vez repuestos de la impresión inicial, se apresuraron a comerse las dulzuras del cuerpo de la bella.

¡Menudo golpe de efecto! Aunque, sinceramente, no puedo imaginar hacerlo como sorpresa al menos que alguien te ayude ¿Y a quién le pides que te decore como si fueras un delicioso pastel? Por otro lado, contar con la colaboración de tu cómplice para vestirte de dulce también puede ser muy excitante.

La nata y las frutas, como elemento erótico, dan mucho de sí, como cuenta Lucía en esta divertida historia:

Te voy a contar una historia de una amiga mía de hace muchos años (sé que ella estaría encantada de contártelo), Allison. Fue en Londres... Ella era una inglesita muy pequeñita y muy divertida. Vivía en la habitación de al lado a la mía y, un día, la encontré especialmente contenta... Empezamos a hablar y me contó los detalles de la noche que había tenido

Si eres mañosa/o puedes intentar sorprenderlo/a haciendo un nudo a un rabito de la cereza con la boca.

con su «novio» (un portugués guapísimo que tenía una en cada barrio, por cierto). El caso es que hicieron la cena, y cuando llegaron a los postres (había piña en almíbar y nata), se pusieron a jugar... Bueno, aquí eres tú la que escribe, así que échale imaginación: yo sólo te digo «polla», «piña en rodajas» y «encajar». ¡Ah!, sin olvidar el toque dulce de la nata... ¿recuerdas esos juegos de bolos y aros que nos compraban de peques? ¡¡¡Jajajaja!!!

Siempre recuerdo esta historia, porque muy poco después, otra de las novias del portugués, parece ser que la oficial, le vino a aporrear la puerta a Allison mientras le gritaba que la iba a matar. El tío le contó a su novia la experiencia que había tenido con la otra. No sé por qué lo haría, ganas de bronca, estupidez... o que igual le gustó tanto que quería repetir, pero con otra amante. El caso es que estuvo como un hora dando golpes en la puerta y gritando en un ingles macarrónico (era italiana) «come out, you bitch», «I'm gonna give you pineapple and cream!!!».

Las frutas y las hortalizas se han usado como juguetes sexuales desde la Antigüedad. Plátanos, pepinos y otras hortalizas de forma fálica han sido usados, curiosamente, tanto por ellas como por ellos. El beso amarillo consiste en practicar una incisión en el extremo de un plátano bien maduro, vaciar casi toda su carne —procurando que no se rompa ni raje la piel— e introducir el miembro en medio de la piel de plátano para masturbarse con él. La carne de plátano maduro que queda dentro de la cáscara actúa como gustoso lubricante.

Para las masturbaciones masculinas también se han usado melones, a los que se les practica un orificio del tamaño adecuado.

Devórame... ¡Ya!

Introducid el elemento sorpresa en vuestra relación. De vez en cuando, un polvo exprés —improvisado, rápido, caliente, pasional— es muy excitante y gratificante. Se trata de comeros y devoraros mutuamente con urgencia. Es más excitante si hay algún elemento de riesgo, como hacerlo en un lugar público en el que podéis ser descubiertos o hacerlo minutos antes de que lleguen los invitados a vuestra casa. Y la cocina es una buena opción...

En contra de la opinión generalizada, a las mujeres también les gustan los polvos rápidos, siempre y cuando no sean la única opción, ya que a ellas les encanta la variedad. Sorprendentemente, un estudio realizado en Estados Unidos por la Bowling Green State University reveló que la mayoría de mujeres a las que entrevistaron —comprendidas entre los 25 y los 43 años— preferían el sexo rápido y duro al sexo lento y amoroso.

El atento camarero

Es una cena de gala. La mesa está preparada con elegancia, pero él no va a cenar contigo. Al menos no sentado en la mesa. Su labor es servirte con el atuendo —o no atuendo— que acordéis. Debe estar atento a todas tus necesidades y caprichos: rellenar tu copa de vino o de agua si se vacía, servirte los platos, darte de comer en la boca con una cuchara o con un tenedor, acariciarte cuando se lo pidas, besarte desafiando las reglas de protocolo, intentar comer cuando no estás atenta, comer de los manjares que le des, rozarte —haciendo ver que es sin querer— al servirte los platos y darte de comer para excitarte y todas las ideas atrevidas que se le ocurran —como ponerse debajo de la mesa de improviso y tomar su postre directamente de tu sexo.

Es un juego de dominación/sumisión *light* que puede haceros disfrutar mucho. Por supuesto, estos roles son intercambiables, incluso en la misma sesión...

Desayuno, merienda, postre y cena...

Comprad, juntos, los dulces, pasteles y chocolates que os gusten y fantasead con el momento de llegar a casa y comerlos. O, quizá, como la protagonista de esta experiencia, no digáis nada, no penséis nada, no hagáis planes y actuad:

«Esto que te cuento —revela Ana— me ocurrió con un chico que me encantaba y con el que he cortado hace una semana, porque es un niñato, pero que me sigue gustando a rabiar...

A mí me encanta el chocolate y a él también, así que un día, con la coña, nos fuimos a un hipermercado y nos compramos la tarta que más nos gustaba, bombones, nata montada... Y nos fuimos a su casa. Los dos sabíamos que lo que queríamos era jugar, pero no aclaramos ninguno qué teníamos en mente exactamente...

Primero empezamos en plan modosito y nos tomamos un trozo de tarta cada uno (sólo para probarla, supuestamente), pero a base de tontear mucho, de darnos cucharadas el uno al otro y de hacer todas esas tonterías que hacen las parejas, la temperatura subió que no veas y él acabó restregándome nata montada y tarta por todo el cuerpo. Además de ser algo muy erótico, me resultó de lo más divertido, y creo que este recuerdo es una de las cosas que aún me impiden olvidarme de que él existe... TENGO QUE ENCONTRAR OTRO AMOOOOOOOOOR.»

Y es que el sexo con las dosis exactas de imaginación, diversión y atrevimiento engancha.

Nuevos mundos sugerentes: los cosméticos eróticos

A veces un detalle marca la diferencia. Si quieres sorprender a tu pareja con algo diferente y pensado especialmente para la sensualidad —o no estás dispuesto a correr el «riesgo» de manchar tus preciosas sábanas con comida o dulces—, el mercado erótico actual pone a disposición de los exploradores de sensaciones y nuevos caminos un gran número de cosméticos eróticos pensados para propiciar los juegos en pareja, la sensualidad, el morbo, las caricias... Son productos que tienen mucho éxito entre las mujeres, quienes suelen introducir en este mundo sugerente a sus parejas.

Los cosméticos eróticos pueden ser aceites o cremas para masaje —en muchos casos comestibles—, pinturas corporales de diferentes colores y sabores, polvos de miel —también comestibles— con sugestivos aromas, cremas potenciadoras de las sensaciones también «devorables» al 100 %...

Aunque, como hemos visto, cualquier alimento puede servir para jugar, los cosméticos eróticos permiten, además, hacer regalos sorpresa con intención —haciendo saber al otro que se ha pensado en

él—. Suplen la improvisación y el factor sorpresa con unas propuestas de juegos más ordenados y civilizados, y también pueden ser el
primer paso para iniciarse en la comunión de los juegos de sábana y
mantel.

Hay productos para todos los gustos:

- *Aceite afrodisíaco Shunga.* Crea una agradable sensación de calor
  en la piel —que se puede intensificar soplando o exhalando el
  aliento sobre la zona en la que se ha extendido— y es perfectamente comestible, devorable y besable: en lugar de dejar un regusto oleoso y sintético en la boca, tiene un sabroso bouquet a elegir entre varios sabores: chocolate, naranja, cereza, frambuesa,
  exótico, menta, uvas, vainilla y fresa-champán. Para celebrar algo
  especial con champán y fresa o convertir al amante en el postre
  preferido con sabor a chocolate, vainilla o frambuesa o viajar con
  la imaginación a playas tropicales con el sabor exótico. Las cualidades deslizantes de este excelente aceite para hacer masajes se
  combinan con la fantasía de poder lamer y besar al cómplice sin
  restricciones.
- *Chocolate con pincel.* Un delicioso chocolate líquido, intenso y
  con un punto entre amargo y dulce, que encantará a los amantes
  del buen chocolate. Va acompañado de un pincel con el que se
  pueden escribir fantasías o picardías en cualquier parte del cuerpo
  de la otra persona. Pinta dibujos divertidos, imágenes picantes, escribe comunicados de amor o instrucciones y cómete después —literalmente— tus palabras.
- *Kamasutra Trío Chocolate.* Una lujosa y seductora caja contiene
  tres pinturas comestibles, chocolate negro, chocolate con leche y
  chocolate blanco, y una brocha para extenderlas sobre el amante.
- *Bling Bling, de Bijoux Indiscrets.* Si sois de aquellas parejas que
  celebra el día de los enamorados o el día de Sant Jordi o queréis
  sorprender al otro en su cumpleaños o porque sí, Bijoux Indiscrets
  tiene muchos pequeños detalles, con clase y sofisticación, y cofres
  como éste que son, en sí mismos, una fantasía completa e incorpo-
  ran y combinan algunas de las pequeñas travesuras de Bijoux.

Para comer, tenemos, como plato principal, la piel del amante, que
se puede cubrir con polvos corporales brillantes y de sabor dulce

gracias a un plumero de marabú. El postre perverso de este *kit* para parejas lo proporcionan unas esposas con plumas para inmovilizar al otro, de forma pícara y seductora, y tentarle y llevarle a tu antojo por los caminos del placer, o bien para que sea tu partenaire quien te someta dulcemente. Tanto las esposas (Za Za Zu) o el plumero de marabú (Pom Pom) como otros sugestivos regalitos, por ejemplo, el antifaz negro reversible con doble mensaje Shhh, el gel de masaje con efecto seda Bliss Bliss o los cubrepezones de brillantitos Mimi, se pueden adquirir por separado.

- *Vela de masaje Shunga.* Al quemarse, esparce un agradable e inspirador aroma en el ambiente mientras fluye la conversación, los besos, el jugueteo, el coqueteo o la preparación de la cena. Cuando la vela se consume —veinte minutos después de encenderla—, deja un cálido aceite de masaje que invita a mimar, acariciar y relajar o excitar los puntos clave de vuestros cuerpos. Se puede elegir entre cuatro aromas diferentes: el sugestivo y excitante «Deseo», de vainilla; el relajante «Sensación», de lavanda; el estimulante y envolvente «Aphrodisia», de rosas, y el refrescante, evocador y tropical «Libido», de frutas exóticas. Deja caer un chorro de aceite con una cuchara por su espalda; toca sin restricciones, desliza las puntas de tus dedos por su espina dorsal, calienta los músculos pasando las manos con suavidad pero con firmeza, presiona con cuidado sus puntos dolorosos, masajea los músculos apretándolos un poco entre el pulgar y el resto de dedos, pasa las palmas de tus manos por su espalda presionando ligeramente, roza, fricciona, llega a otros puntos sensibles de su anatomía y cosquillea, amasa, pellizca sutilmente...
- *Cremas soufflé de Kamasutra.* Cremas de textura sugerente y envolvente con sabor a *brulée* de chocolate, vainilla o fresa. Pueden usarse como crema hidratante para después de la ducha, de forma que su persistente aroma te acompañe y llegue hasta tu pareja, o para hacer masajes sensuales. El sabor que dejan en el cuerpo es delicioso.
- *Crema de masaje Shunga.* Se trata de una crema de textura sedosa, rica, voluptuosa y untuosa —aunque no pegajosa— que deja la piel suave y con un sabor exquisito. Especial para saborearla en todos los rincones y poros del compañero de juegos.

- **Sugar Mama.** Spray brillante comestible para aplicar en la piel o en el cabello. Proporciona a la piel un brillo de fantasía, una atrayente fragancia que llama al festín y unos sabores muy apetecibles para dejarse llevar por la gula: Cherry Bomb (bomba de cereza), Tangerine Dream (cítricos para soñar) y Cotton Candy (algodón de azúcar). No contienen azúcar.

- **Polvos de miel.** Eróticos, sugerentes y sedosos polvos que se aplican con un plumero, lo que permite infligir al amante la dulce tortura del cosquilleo y excitarle sutil o decididamente. Shunga los ofrece en cuatro sabores: miel de ninfas, frambuesa, frutas exóticas y cereza. La firma Kamasutra los tiene con gusto a mandarina, fresa, vainilla o frambuesa.

- **Lluvia de amor de Shunga.** Se trata de la primera crema estimulante del punto G. Sensibiliza esta zona y la hace más prominente de forma que es más fácil encontrar este punto de placer y disfrutarlo.

- **Crema orgásmica Jardín secreto.** Crema estimulante del placer femenino. Al principio, proporciona un agradable efecto de frío y calor y, luego, aumenta las sensaciones. Shunga también comercializa el Balsamo Sensaciones, una crema «desensibilizante» con sabroso sabor a cereza, menta o vainilla, que permite jugar con el nivel de sensación de las zonas erógenas o actúa como crema retardante para el hombre.

- **Estimulante Pleasure.** Bálsamo que aumenta los estímulos y las sensaciones y proporciona placeres hormigueantes. Se presenta en una coqueta cajita metálica y está disponible en dos versiones: Rocket Balm (Bálsamo del cohete) para él, con olor a menta, y Flower Balm (Balsamo de la flor) para ella, con olor a mandarina.

- **Flower Power.** Línea de aceites afrodisíacos naturales aromatizados con diferentes aceites esenciales para crear diferentes efectos: calmar la mente, proporcionar energía, aliviar tensiones, refrescar o revitalizar.

Sexo oral

Hablar de sexo y comunicarse con la pareja es importante, pero, además, el sexo oral no consiste sólo en hablar sino que es un plato del buen sexo que apasiona a muchos y a muchas. Hacer y dejarse hacer o compartir en un tórrido y súper sexy 69 son de las mejores opciones para hacer subir el deseo y el placer una vez se entra en materia.

Una felación o un cunnilingus requieren mucha dedicación y pasión y mucha entrega. Es necesario tanto saber abandonarse y dejarse llevar por el placer como gozar para dar placer.

La clave está en ser conscientes de que el sexo del compañero es uno de los manjares más deliciosos —si no el que más—, en aprender a jugar y a estimularlo y disfrutar realmente con ello. El sexo de nuestra pareja de juegos puede ser —y debe tratarse— como un delicioso helado que habría que lamer continuamente para que no se deshiciera, un dulce del que se extraen deliciosos sabores, un pastel que se puede saborear lentamente pasando la punta de la lengua por su superficie, un chupachup al que se puede sorber con insistencia —tanto en el caso del clítoris, si la mujer está suficientemente excitada, como en el caso del glande—, una deliciosa crema o nata servida en un plato que sólo se puede comer dando lengüetazos...

Las técnicas en sí no son lo más importante, aunque se puede llevar al otro al séptimo cielo con algunos pequeños trucos y sorpresas y, sobre todo, haciéndole esperar un poco en dulce tortura; que no pueda saber cuál es la próxima caricia o movimiento y que anhele más, hasta que decidas lanzarte a fondo: tampoco conviene cansar o enervar al otro. Observa la expresión de su cara y sus gemidos para saber cómo se siente y reacciona en consecuencia.

Para los devoradores de mujeres

El sexo femenino ofrece una superficie considerable para probar y degustar. Aunque su punto más sensible es, evidentemente, el clítoris —la llave del placer femenino—, hay muchas otras zonas que proporcionan intensas sensaciones a sus propietarias.

Mima, acaricia, besa... sin tacañería. Al contrario, con prodigalidad y generosidad. Cada caricia la excita más y más, sensibiliza sus zonas erógenas y la hace disfrutar más. Sé atento con ella y admira su cuerpo: con palabras o sin palabras, simplemente acariciándolo al detalle.

Mima, acaricia y besa el cuerpo de tu amada…sin tacañería.

Lame todo su sexo, pasando la lengua como si comieras un suculento plato de nata, crema o mousse de chocolate. De vez en cuando, dale un pequeño toque juguetón al clítoris con la lengua. No olvides que el clítoris, órgano diseñado única y exclusivamente para el placer, tiene ocho mil terminaciones nerviosas. El doble que el pene...

El clítoris no es sólo el glande, abarca mucha más extensión: pasa por debajo de la vulva a lo largo de la abertura vaginal. Cualquier punto que lamas o beses proporcionará un gran placer. Ponte cómodo y acerca tu cara y labios a su sexo. Si alargas demasiado la lengua, te agotarás. Ten en cuenta que algunas mujeres no soportan las caricias directamente en el glande del clítoris, al menos al principio —porque es demasiado sensible y el placer se confunde con el dolor—. Observa sus reacciones. Juega y lame toda la extensión del clítoris y de la vulva. Acércate progresiva y decididamente al clítoris para, al final, dedicarte a él.

Endurece la lengua y deslízala repetidamente en su vagina mientras con los dedos acaricias su clítoris suavemente.

Para la mayoría de las mujeres, llega un momento que están tan excitadas que las caricias directas con la lengua en el clítoris son extremadamente placenteras. Empieza con lengüetazos rítmicos y circulares de ritmo constante. Insiste en este punto, succionando suavemente y escucha sus gemidos y sus palabras para saber si puedes acariciar más fuerte con la lengua o succionar con más fuerza.

Practica la multiestimulación: a muchas mujeres les encanta que pellizques o amases entre los dedos índice y pulgar (suavemente o a veces con algo más de fuerza) uno de sus pezones o, si puedes, los dos mientras te dedicas a fondo a comer su sexo.

A otras mujeres les gusta la sensación combinada de la lengua en el clítoris y uno, dos o tres dedos penetrando su vagina. A otras les gusta la triple sensación: clítoris, vagina y un dedo juguetón en el ano.

Si ella está próxima al orgasmo: no varíes el tipo de estimulación ni la presión; sigue con lo que estés haciendo a no ser que quieras jugar un poco con ella. Cuando se inicie el orgasmo no pares bajo ningún concepto. De lo contrario, podrías interrumpirlo o hacer que fuera menos intenso. Para los hombres, una vez se inicia el orgasmo no hay vuelta atrás. En el caso de las mujeres, puede haberla.

Para las devoradoras de hombres

Un pene es suave, agradecido, vibrante, fácil de tocar y lamer, gustoso, sensible... Éstas son sólo algunas ideas para jugar:

• El pene suele responder simplemente con que se le toque o lama. Sin embargo, para hacer más profundo e intenso el placer, erotiza todo el cuerpo del hombre. Acaricia toda su piel, especialmente sus zonas erógenas.
• Prueba diversos tipos de caricias: más firmes o más suaves, más intensas o más ligeras, con cosquillas en diversas zonas.
• Acércate poco a poco a su sexo. Lame su pubis, cosquillea y lame sus muslos. Acarícialo sin restricciones.
• Juega con él y con su sensibilidad. De vez en cuando, mientras lo estás excitando, toca su sexo o pásale la lengua en un rápido lengüetazo.
• Bésale.
• Mírale a los ojos y haz descender una de tus manos para tocar suavemente la línea donde nace el vello del pubis.
• Empieza a lamer el pene por los laterales. Uno y otro, de abajo a arriba, con parsimonia.
• Toma su glande entre los labios y presiona ligeramente.
• Haz que el glande entre en tu boca con una caricia muy húmeda. Chúpalo con cariño y dedicación mientras mueves la lengua a su alrededor.
• Explora con tu lengua todos los rincones y rebordes del pene.
• Introdúcelo en tu boca chupando y moviendo la lengua.
• Sé un poco traviesa: para un poco y bésale en la boca apasionadamente. Luego sigue...
• Alterna penetraciones más profundas en tu boca con otras más superficiales. De vez en cuando, mírale a los ojos: recuerda que los hombres son muy visuales (o escópicos).
• Para sorprenderle, introdúcelo en tu boca todo lo que puedas y sácalo luego lentamente acariciándolo con ella. Sigue chupando como antes.
• Empléate a fondo, aumentando el ritmo a medida que se vaya excitando.
• Acaricia sus testículos y el perineo con suavidad. Acaricia el pubis o pasa una mano por su cuerpo mientras sigues chupando. ¡Diviértete!

• Combina la estimulación manual con la acción de chupar e incrementa el ritmo hasta que veas que se está deshaciendo. El orgasmo está próximo, sigue...

Los sabores del sexo

El sexo del hombre y el de la mujer poseen olores propios que están formulados por la naturaleza para atraer y cautivar al sexo contrario, pero el festín —por puro juego— se puede amenizar con lubricantes de sabores que aportan un toque diferente y propician muchos juegos. En el mercado hay sabores para todos los gustos.

Lubricantes de sabores

Aunque el mejor afrodisíaco es el olor natural (sí, también del sexo femenino y masculino), a veces puede ser divertido, por juego, probar diferentes sabores. La ventaja de los lubricantes es que permiten acariciar con mayor firmeza e insistencia el pene, el glande y el clítoris, de forma que resbalan entre los dedos y las manos traviesamente y crean nuevas sensaciones.

Hay lubricantes con sabores para todos los gustos: desde los más clásicos a los más sorprendentes; para amantes de las frutas frescas, para golosos, para exóticos, para sibaritas... He aquí algunos:

Aquaglide. Con sabor a plátano, fresa o cereza.
Lubricante Toko Aroma. Cereza, frutas exóticas fresa/champagne, naranja, uvas, melón/mango. Con sabores muy naturales.
Jo. Frambuesa, Sandía, Cereza, Naranja, Limón y Pasión Tropical.

Wet sabores. Kiwi/fresa, arándanos, vainilla, cereza, manzana roja, fresa, melocotón, plátano, fruta de la pasión, mango, granada, piña, naranja, vino/uva, coco/piña, sandía, canela, guayaba.

O'My. Cappuccino, pastel de queso con arándanos, cereza, fresa/kiwi, pastel de queso con fresa.

Tropical fruits. Fresa/banana, kiwi/manzana, coco/piña, vainilla/chocolate.

Caffé latte. Sabor a café con leche.

El kiwi, la fruta sensual por excelencia.

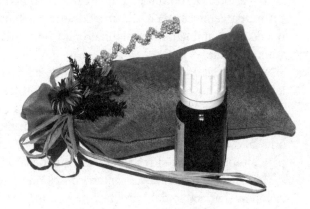

Aromaterapia para la pasión y el amor

Los olores son fundamentales para crear ambiente, para ensalzar el espíritu y para fomentar la intimidad. Fragancias, esencias, inciensos y perfumes pueden usarse para adornar el cuerpo; para crear una atmósfera determinada en una comida, cena o celebración; como complementos energizantes, relajantes o excitantes en el baño; para producir efectos en el ánimo; para perfumar la casa y aprovechar las propiedades de algunos olores; para sugerir; para relajar cuerpo y mente aplicando masajes con unas gotas de aceites esenciales diluidas en un suave y nutritivo aceite vehicular como aceite de almendras dulces o aceite de avellanas; para jugar con la pareja aprovechando las múltiples posibilidades eróticas que brindan cosméticos eróticos con olores o sabores subyugantes...

En el sexo, el sentido del olfato funciona más activamente de lo que imaginamos. Especialmente en el caso de las mujeres, que tienen este sentido más desarrollado que los hombres. El olor de los cuerpos limpios y sanos y el olor de los genitales de las personas de uno u otro sexo resultan atractivos y excitantes para hombres o mujeres, según sus tendencias sexuales. Uno de los factores decisivos para que una mujer elija a una persona como pareja es su olor.

No es preciso, por tanto, enmascarar el olor corporal o luchar encarnizadamente contra él. Es un poderoso excitante y seductor. Sí se puede crear ambiente con alguna de las posibilidades mencionadas anteriormente.

Algunos estudios han descubierto que los olores preferidos por las personas antes de llegar a la pubertad son los dulces y frutales. Tras la pubertad, cuando llega la madurez sexual, las preferencias se inclinan por las fragancias a flores, aceite y almizcle. Este último, por otro lado, lo producen las glándulas de algunos animales y tiene un papel importante en el rastro oloroso que dejan.

El delicioso *Cantar de los cantares* posee numerosos versos que relacionan el atractivo del hombre y de la mujer protagonistas con los olores o con los sabores:

> Más que todos los aromas me deleita tu olor.
> Húmedos están siempre tus labios,
> miel y leche tienes bajo tu lengua,
> el olor de tus vestidos es el del Líbano.
> Eres un jardín secreto, hermana mía,
> cerrado manantial, fuente sellada.

El primer paso para introducirse en el mundo de los olores puede ser encender una barrita de incienso. Hay inciensos con todo tipo de fragancias: algunas evocadoras, otras estimulantes, excitantes, afrodisíacas, relajantes, tonificadoras del sistema nervioso, desinhibidores...

En todo caso, unas velas y una barrita o cono de incienso quemándose son una forma sencilla de crear una ambientación totalmente nueva.

Propiedades de algunos inciensos

- **Albahaca.** Ayuda a disminuir la tensión nerviosa y contribuye a aliviar la fatiga mental, la depresión y los dolores de cabeza.
- **Ámbar.** Es un afrodisíaco para ambos sexos que, además, proporciona energía.

- **Bergamota.** Calmante y refrescante. Alivia el sufrimiento psíquico.
- **Canela.** Purifica el ambiente y aclara las ideas y la mente.
- **Coco.** Estimula el placer sensual y sexual.
- **Geranio.** Calma y equilibra el sistema nervioso. Muy adecuado para las personas que sufren cambios súbitos de humor.
- **Jazmín.** Afrodisíaco para los dos sexos, especialmente para la mujer. Oler jazmín produce bienestar y optimismo.
- **Lavanda.** Descarga tensiones físicas y mentales y limpia el ambiente. Es relajante.
- **Lotus.** Sensual aroma que tiene fama de atraer la prosperidad y la abundancia. Es uno de los olores más afrodisíacos.
- **Limón.** Purificador, revitalizante y refrescante.
- **Menta.** Reduce el cansancio y depura ambientes cargados.
- **Musk (almizcle).** Afrodisíaco. Su fragancia es cálida, dulce y sensual. Según el *Kamasutra*, este aroma se asocia con la mujer ideal, la más erótica y sugestiva. Atenúa la tendencia al dramatismo y a las emociones desmesuradas tanto en hombres como en mujeres.
- **Patchuli.** Equilibra el ánimo y estimula la libido.
- **Rosa.** Una buena aliada para el amor, que produce, además, sensación de paz. Ayuda a aliviar el síndrome premenstrual.
- **Sándalo.** Relaja cuerpo y mente.
- **Vainilla.** Un aroma muy indicado para la seducción.
- **Violeta.** Sutil y sugestivo aroma que estabiliza el ánimo.
- **Ylang Ylang.** Muy indicado contra los nervios y la tensión. Su aroma envolvente estimula la libido.

Aceites esenciales

Los aceites esenciales tienen efectos sobre el cuerpo y la mente. También se les atribuyen algunos efectos relacionados con la suerte y el buen desempeño en diversos campos de la vida.

A diferencia de los inciensos, que sólo se pueden quemar, los aceites esenciales pueden usarse para masajes —basta con poner unas gotas en un aceite vehicular, como aceite de almendras dulces, porque son muy concentrados y pueden irritar la piel— o utilizar en un baño templado unas cuantas gotas de un aceite o una mezcla especial de aceites esenciales que combine las propiedades benéficas de varios.

En estos dos usos, sus propiedades actúan porque la piel absorbe los aceites y porque se respira su aroma.

También se pueden quemar en quemadores de aceite para perfumar el ambiente y buscar los efectos deseados. Otra forma de usar los aceites esenciales es verter un par de gotas en una compresa fría o caliente y aplicar sobre la parte a tratar. Si son aceites relajantes o calmantes, se puede poner un par de gotas sobre la almohada para propiciar el sueño.

Los aceites para masajes se pueden usar como cosméticos con los que poner a tono la piel y, de paso, perfumarla y causar sensaciones en la persona que te huela. Una forma de conseguir este tipo de aceite es mezclar cinco gotas de la esencia escogida con un aceite vehicular que, además, aportará a la mezcla sus propiedades específicas. Los aceites que uses como base tienen que ser prensados en frío para que no contengan disolventes químicos.

Algunos aceites son excelentes afrodisíacos que ayudan a estimular la libido.

Aceites vehiculares

Aceite de almendras dulces. Un rico aceite símbolo del amor. Es muy nutritivo y fácil de absorber por la piel, a la que le proporciona elasticidad y tersura. Previene la aparición de estrías. Fortalece los cabellos débiles.

Aceite de avellana. Es muy nutritivo y reafirma los tejidos fláccidos y caídos.

Aceite de semilla de uva. Es muy ligero y fácil de absorber.

Aceite de aguacate. Es un aceite denso y muy rico. Muy nutritivo, regenerador e hidratante para pieles secas, agrietadas y envejecidas. Es un protector solar de baja intensidad.

Aceite de sésamo. Un buen aceite para los hombres. En la India se considera que el sésamo aumenta la virilidad. Es antioxidante y regenerador.

Aceite de jojoba. Devuelve el equilibrio a las pieles grasas y con acné. Antienvejecimiento. Combate la caspa.

Aceite de germen de trigo. Rico en vitamina E, es rejuvenecedor y reduce las marcas causadas por acné o heridas. Es un aceite especial para pieles sensibles y para pieles delicadas, como el contorno de ojos. Se usa mezclando una pequeña parte de aceite con otro aceite base.

Propiedades de los aceites esenciales

- **Anís verde.** Para combatir las molestias de los resfriados y de la tos.
- **Azahar.** Calmante y relajante, combate el estrés y ayuda a conciliar el sueño. Es muy bueno para las pieles secas o poco nutridas. Es útil en caso de ansiedad o en procesos de desintoxicación (tabaco, café...).

- **Bergamota.** Refrescante y relajante. Cuida la piel, especialmente si es grasa, y la regenera. Refresca el ambiente.
- **Canela.** Estimulante para todo el organismo. Es antiséptica y antibacteriana. Da seguridad y proporciona protección.
- **Cardamomo.** Tónico, estimulante y afrodisíaco. Elimina la apatía y aumenta todos los apetitos.
- **Cedro.** Rejuvenecedor, estimulante y regenerador de los tejidos. Tiene fama de alejar a los malos espíritus.
- **Cilantro (coriandro).** Estimulante y refrescante. Alivia la fatiga física y mental. Regula la digestión y contribuye a paliar problemas digestivos como la indigestión, la pesadez o la flatulencia.
- **Ciprés.** Es de gran ayuda en todas las afecciones respiratorias como tos, asma, bronquitis... Alivia los efectos de la gripe. Equilibra el aparato reproductor femenino por lo que es útil para tratar la dismenorrea y los trastornos de la menopausia.
- **Clavel.** Equilibra el organismo y ayuda a superar pequeñas dolencias. Desarrolla la confianza y la autoestima por lo que puede contribuir a aumentar el atractivo.
- **Clavo.** Un poderoso exterminador de gérmenes, sobre todo la especia, que se incluye en muchos guisos orientales. Su esencia es estimulante muscular, palía el cansancio y alivia las debilidades musculares. Es antineurálgico. En caso de tener dolor en dientes o muelas, se puede impregnar un algodón con una gota de clavo y ponerlo en la zona que duele. También se puede usar un clavo de olor.
- **Comino.** Tónico y estimulante para el corazón y para el sistema nervioso. Aumenta la energía masculina.
- **Eucalipto.** Despeja y limpia de impurezas. Es bueno para las vías respiratorias congestionadas. Purifica los ambientes donde ha habido discusiones o peleas.
- **Fresa.** Simboliza el amor y la pasión. Atrae el amor y a la persona amada, y alegra el ánimo.
- **Geranio.** Un buen remedio para casi todo. Aroma refrescante y subyugante que es hidratante, desinfectante y reductor del envejecimiento. Equilibra la relación mente/cuerpo.

- **Hierbabuena.** Es un tónico y estimulante que alivia los dolores de muelas y las cefaleas. Tiene fama de aclarar la mente, sobre todo en temas de economía y trabajo.
- **Hinojo.** Desintoxicante que mejora la circulación y ayuda a combatir la celulitis. Equilibra las emociones. En el baño, combinado con enebro, romero, ciprés y limón disminuye la retención de líquidos. Regula el sistema reproductor femenino.
- **Jacinto.** Su fragancia embriagadora resulta muy seductora.
- **Jazmín.** Relajante y calmante. Ayuda a levantar el ánimo, calma los nervios y relaja el cuerpo. Estimula la sensualidad. Cuida las pieles secas y sensibles. Atrae la abundancia y la buena suerte en el amor. En general, el jazmín, un efectivo afrodisíaco, eleva el espíritu. Es estimulante de la energía femenina.
- **Jengibre.** Buen tónico muscular. Reconforta el ánimo. Es afrodisíaco, estimulante, tónico y antioxidante. Tiene fama de atraer el éxito y el dinero.
- **Laurel.** Alivia el dolor y el cansancio muscular. Infunde ánimos y confianza en uno mismo por lo que es la esencia ideal para una primera cita.
- **Lavanda.** Ayuda a descansar y equilibra. Tonifica el sistema nervioso y aleja las tensiones y la depresión. Combate las envidias y favorece al amor espiritual.
- **Lilas.** Purifica ambientes y personas, aumenta el amor y la comprensión hacia los demás y ayuda a ser más tolerante. Da atractivo para las conquistas.
- **Lirio.** Un excelente tónico. Proporciona paz espiritual y atractivo para el amor.
- **Lotus.** Sensual y erótica fragancia que purifica y trae armonía. Expande la conciencia y la eleva.
- **Magnolia.** Transmite frescura y limpieza y fortalece el corazón. Estimula la salud mental y espiritual.
- **Mandarina.** Calmante suave. Posee un efecto tónico vascular. Aumenta las defensas. Proporciona optimismo y ganas de vivir.

- **Manzana.** Limpia todo tipo de impurezas físicas y emocionales.
- **Mejorana.** Excelente para los músculos cansados. Calma las emociones y disuelve la tensión emocional. Ayuda a superar tropiezos emocionales como rupturas y aleja las malas influencias.
- **Menta.** Despeja y da vigor. Estimulante y curativa. Contribuye al bienestar total. En magia, atrae el dinero y los buenos negocios.
- **Mirra.** Está considerada como un afrodisíaco en Oriente. Una de las esencias más antiguas y con más prestigio. Un perfume afrodisíaco turco mezcla incienso, musk y mirra. La mirra invita a hacer volar la imaginación.
- **Muguet.** Seduce y provoca atracción sexual. Aroma especiado y amaderado que estimula los sentidos y el placer.
- **Musk.** Estimula el deseo sexual y eleva el espíritu y el cuerpo. Útil en los rituales tántricos o en el amor tántrico.
- **Naranja.** Levanta el ánimo. Purifica y proporciona energía física. Atrae el amor, el dinero y la suerte. Pacifica y atrae a los seres queridos.
- **Nardo.** Tranquilizante y calmante de las emociones. Su nombre indio es *rat ki rani*, amante de la noche. Un poderoso estimulante del espíritu y de la libido.
- **Neroli.** Comunica dulzura y es sedativo. Es la esencia de la naranja amarga. Estimula la seducción en las mujeres.
- **Nuez moscada.** Energético y vigorizante. Estimulante sexual.
- **Opium.** Estimula la espiritualidad y la tranquilidad.
- **Orquídea.** Estimula la libido y la potencia sexual.
- **Orégano.** Ayuda a aliviar tensiones y preocupaciones espirituales. Aumenta la claridad del subconsciente.
- **Pachuli.** Olor exótico y demasiado fuerte para algunos olfatos, que hace crecer el deseo y rejuvenece la piel.
- **Palmarosa.** Anima, combate la ansiedad y equilibra la mente. Huele a rosa por lo que se usa a veces en lugar de ésta en mezclas que la precisan, pues resulta más asequible y fácil de encontrar.
- **Pimienta negra.** Produce un efecto de calor que la hace ideal para masajes en los músculos cansados o agarrotados.

- **Pino.** Tonifica el organismo y hace fluir los asuntos. Estimula la circulación. Un buen vigorizante.
- **Pomelo.** Buen tónico de la piel y el pelo. Refresca y levanta el ánimo.
- **Romero.** Buen protector. Limpia de energías negativas personas y casas. Es un buen remedio contra el odio y el temor, y proporciona confianza en uno mismo. Estimula el cerebro, el amor y el recuerdo.
- **Rosa.** Incrementa la respuesta sexual de hombres y mujeres. Armoniza y ayuda a limpiar la mente de energías y sentimientos negativos. Facilita la expresión del amor. Es un poderoso símbolo del amor, la feminidad, la alegría, el deseo y la belleza.
- **Salvia.** Calmante y relajante. Alivia el síndrome premenstrual si se masajea el abdomen con aceite vehicular aromatizado con unas gotas de aceite esencial de salvia. Ayuda a desbloquear a las mujeres que tienen inhibida su sexualidad por el estrés.
- **Sándalo.** Favorece la armonía espiritual. Afrodisíaco que favorece las relaciones profundas y comprometidas en la pareja. Mejora las relaciones entre personas. Si se combina con limón y se masajea la espalda ayuda a combatir el dolor. Quemado en el ambiente, limpia de malas influencias y de sentimientos negativos.
- **Vainilla.** Afrodisíaco. Estimula el deseo por la otra persona. Revitaliza el cuerpo y activa los sentidos.
- **Vetiver.** Relaja en profundidad y refresca. Predispone a las experiencias sensuales.
- **Violeta.** Pacifica, armoniza y levanta la autoestima. Aroma sensual muy relacionado con las mujeres y su atractivo.

Esencias masculinas y femeninas

Esencias para los hombres:
Además de levantar el ánimo masculino y de revitalizar el cuerpo, estas esencias están especialmente indicadas para ahuyentar los bloqueos sexuales masculinos y fortificar el sexo: bergamota, canela, cedro, jazmín, jengibre, laurel, pachuli, rosa, sándalo, vainilla, vetiver e ylang ylang.

Las siguientes esencias contribuyen a equilibrar el organismo de las mujeres y sus órganos sexuales y a calmar sus tensiones, miedos y reservas: geranio, lavanda, jazmín, mirra, palmarosa, nardo, nuez moscada, rosa, salvia, sándalo, ylang ylang y palo de rosa.

Algunas mezclas de aceites esenciales

Sería ideal que experimentaras con diferentes aceites esenciales o con diversas mezclas, teniendo en cuenta sus propiedades y tus gustos, pero también puedes partir de algunas combinaciones de resultado probado.

Usa un máximo de diez gotas de la composición que escojas tanto para el baño como para mezclar con un aceite vehicular con el que nutrir e hidratar tu piel después del baño o hacer masajes. Si vas a usar las esencias en el baño, dilúyelas previamente en una cucharada de aceite base y luego remueve bien el agua de la bañera. Algunos aceites esenciales, especialmente los de especias, pueden irritar la piel.

- *Refrescante y relajante.* Mezcla aceites de naranja, coriandro, nerolí, lavanda y cedro. Esta mezcla relaja profundamente, tanto el cuerpo como la mente, y aporta paz espiritual y alegría.
- *Incrementa la libido.* Naranja, ylang ylang, nuez moscada y canela. Aplicar en un masaje sensual para reforzar los efectos.
- *Afrodisíaco para la mujer.* Rosa, salvia, mirra y lima.
- *Reaviva la libido en invierno.* Jengibre, canela y nuez moscada, juntas o por separado.
- *Antiestrés.* Pachuli y menta.

- **Da energía y ayuda a disfrutar los placeres.** Ylang ylang, albahaca, romero y naranja.
- **Despierta los sentidos e incita al romanticismo.** Lavanda, rosa y naranja.
- **Noches románticas y divertidas.** Rosa, pachuli, vainilla, salvia.
- **Tranquilidad.** Lavanda, naranja, mejorana.
- **Bienestar general.** Naranja, bergamota, romero, lavanda y canela.
- **Contra la melancolía y a favor de la sensualidad.** Lavanda, rosa, pachuli.
- **Revitalizante femenino y estimulante para la pareja.** Mirra, incienso y sándalo.
- **Contra el cansancio.** Limón, pomelo y mandarina.
- **Estimula la mente.** Albahaca, romero, pino y limón.
- **Contra el dolor de espalda y nuca.** Ravensara, eucalipto, naranjo, manzanilla y menta. Mezcla dos gotas de cada con aceite base y usa para dar un masaje.
- **Contra los resfriados.** Eucalipto, romero y cajeput.
- **Relajación profunda.** Petitgrain, mandarina y sándalo.
- **Para dormir.** Naranja, petitgrain, lavanda, orégano y manzanilla.

Las cenas temáticas: escenarios para la pasión

Con un poco de imaginación y algunas prendas de ropa o elementos de decoración o atrezzo fáciles de encontrar o elaborar, puedes montar una velada temática y viajar a cualquier parte del mundo y a cualquier época histórica. Y el juego no se limita sólo a las cenas, ya que puedes hacerlo también con un picnic, una merienda, un desayuno...

No obstante, la noche tiene un halo mágico y misterioso que ayuda a hacer más creíbles las fantasías y, además, disimula defectillos, sobre todo si escoges bien la iluminación, aunque mi consejo es que te olvides de perfecciones e imperfecciones y disfrutes el momento. Si él ha accedido a ir a tu casa, aunque no pueda ni llegar a imaginar tus intenciones exactas, es que le gustas, le motivas y te desea.

Nuria, de 25 años, entusiasta y creativa organizadora de veladas temáticas, anima a atreverse con la siguiente exclamación: «¡Adelante y fuera los complejos! Si tienes confianza para celebrar una cena temática con él, tienes el derecho de enseñar tus lorzas con todo tipo de atuendos y disfraces».

Lo importante es que tú te sientas cómoda y seductora. En estos momentos, eres un personaje, que tú has elegido entre una casi infinita gama de posibilidades evocadoras, románticas, salvajes, atrevidas, juguetonas, exóticas, nostálgicas...

En este apartado me dirijo, en femenino, a una aspirante a organizadora de veladas temáticas. Sin embargo, los hombres no deberían descartar en absoluto organizar una de estas cenas para sorprender a sus parejas, amantes o ligues. Es más, deberían abonarse. Si a muchas mujeres les encanta una cita romántica en un restaurante, ¡imaginad, hombres! qué efectos puede tener sobre ellas una velada temática pensada, en todos sus detalles, especialmente para ellas.

Para preparar una velada o cena temática, es importante disfrutar todo el proceso, de principio a fin. La preparación es importante; puede ser muy divertida y no tienes por qué gastarte un dineral. Seguro que en tu armario hay muchas piezas de ropa que puedes reconvertir para crear tu personaje, algunos elementos decorativos que puedes disponer de forma diferente, o bien es muy probable que tengas por casa pequeñas piezas de atrezzo o complementos que puedes integrar dentro del decorado principal para crear ambiente.

La organización de una cena temática también puede ser una buena excusa para darse un capricho. Puedes aprovechar para comprar, por ejemplo, esos cojines de inspiración hindú o morisca que siempre te han fascinado; pufs orientales que crearán ambiente y luego servirán como decoración y mobiliario auxiliar y darán un toque especial y acogedor a la estancia más importante de tu casa, sea cual sea; velas de formas y colores sugerentes que podrás usar en más ocasiones; barritas de incienso con aromas excitantes y sugestivos; pañuelos de colores que puedes aprovechar para despertar sensaciones en vuestras pieles, o telas exóticas o coloristas que puedes usar para decoración de la casa y con las que luego puedes hacerte una falda veraniega sensacional o envolver sobre un vestido negro como si fueran un sari (ofrezco técnicas concretas en el apartado de temática hindú).

Son pequeños detalles. Insisto en que puedes crear una velada temática de forma muy económica. Piensa, por ejemplo, que si renuncias a salir una noche de marcha puedes invertir ese dinero en una fiesta para dos que será mucho más imaginativa y divertida. ¡Y hasta puede ser que te salga más barata!

Si no tienes pareja, pero tienes una lista de amantes más o menos fijos puedes sacar rendimiento a estos nuevos elementos en otras veladas con otros hombres, combinándolos de la misma forma o de maneras diferentes. En una ocasión, una mujer muy práctica (e inteligente) dijo que, una vez le había mostrado su ajuar íntimo y toda su ropa sugerente a un ligue, le salía más a cuenta cambiar de amante que renovar el vestuario.

Por supuesto, lo que no tengas siempre puedes pedirlo prestado: narguiles de esos que todo el mundo trae de un país árabe y luego no sabe qué hacer con ellos, máscaras, tapices o figuritas decorativas compradas en los viajes por el mundo, pequeñas mesitas bajas, juegos de té, vestidos exótico/eróticos que tus amigas hayan traído de alguna escapada vacacional, enormes joyas de bisutería de diferentes inspiraciones y orígenes... Lo importante es que con varios pequeños complementos puedes crear una atmósfera creíble y especial.

Disfruta con toda la preparación, incluidas las llamadas a los amigos que pueden aconsejarte sobre algunas recetas o prestarte algo. Para convencerles, cuéntales una parte de tu proyecto. Si les brindas unas cuantas ideas geniales y emocionantes para sus citas, seguramente te prestarán encantados lo que sea —de un tamaño razonable, no tiene sentido intentar transportar un enorme piano, por poner un ejemplo, para recrear el ambiente de un *saloon*—. Quizá, más adelante, quienes te hayan prestado algo te podrán pedir a ti a su vez algún elemento para sus propias fantasías. ¡Difunde en tu círculo las veladas temáticas! Todos podéis aprender mucho de todos y convertiros en grandes cómplices a la hora de planificar y organizar las veladas de los demás.

La comida es importante, pero no es necesario ser una experta cocinera ni pasarse horas en la cocina. Para crear festines que evoquen el país o época que has escogido, muchas veces basta con usar los condimentos y especias apropiados y algunos ingredientes exóticos que hoy en día es muy fácil encontrar en grandes superficies, en pequeñas tiendas especializadas en alimentos de un país determinado o, incluso, en locutorios que muchas veces tienen una sección de productos alimenticios de todas las procedencias.

No te obsesiones con los detalles. Si no encuentras algún elemento, tienes muchas otras posibilidades a tu alcance. No todo tiene que ser perfecto. Sobre todo, la experiencia tiene que ser divertida de principio a fin y provocar una descarga eléctrica en los sentidos de tu compañero de juegos.

Sorprendido e inmerso en la fantasía que has creado para él, puedes estar segura de que él no notará que no has conseguido que tu mejor amiga —¡será desagradecida!— no haya querido prestarte esa preciosa alfombra oriental que compró al principio de su viaje a Egipto y estuvo llevando trabajosamente en el hombro por todo el país, de hotel en hotel.

El segundo paso es el encuentro. Normalmente una (o uno) decide obsequiar a otra persona con una velada de estas características porque está colgado de él o de ella o porque quiere sorprenderle. Relájate, ¡será divertido!

Cuando le abras la puerta, reacciona como si fueras un personaje; muestra seguridad y credibilidad: es un juego y tú eres la anfitriona y la master. ¡Aprovecha! Es el momento perfecto para sacar tus armas de seducción si es que en algún momento te ha dado vergüenza o apuro mostrarte sexy y exuberante.

Permanece atenta a la expresión de su cara y disfrútala; puede ir de una sonrisa abierta y reconfortante a unos ojos abiertos como platos pasando por todas las gradaciones: risa franca, risa nerviosa, sonrisa cómplice, sonrisa de satisfacción, perplejidad emocionada, emoción profunda o expresión de miedo con huida discreta o con huida rápida.

El tercer paso es el disfrute de la velada con las delicias que hayas elaborado y con la inclusión de los divertimentos que hayas previsto, que pueden incluir un baile que hayas preparado para la ocasión o que improvises, un pequeño (¡pequeño!) recital de textos apropiados (como haikus japoneses, que son especialmente recomendables por su brevedad), una canción cantada por ti (si tienes aptitudes para cantar) o un número musical con *playback*, una actuación teatral y algo de baile incluido si te sientes una *show woman*.

El cuarto paso consiste en trasladarse desde la mesa donde habéis cenado al sofá, o a la cama, o a la bañera, o a la mullida alfombra del salón, o a la cocina, o a la mesa del comedor, o a la terraza donde lucen las estrellas, o a la jaima improvisada que has preparado para la ocasión, o a un colchón situado frente del fuego de la chimenea...

Intenta conseguir acabar de cenar. A veces es difícil pero... lo bueno se hace esperar. Dilata el juego de seducción para que la excitación y la tensión sexual crezcan y os podáis empapar del espíritu de la velada que has creado.

Eso sí, entre plato y plato puedes hacerle alguna caricia, acercarte a él, darle un pequeño beso jugoso o un beso apasionado y, luego, sentarte en tu sitio otra vez para saborear con delicadeza algún exquisito aperitivo.

Se admiten miradas, conversaciones y picardías que no estropeen una noche mágica. No te pongas a hablar de si ya has pedido hora para ir al dentista o de que has ido al mecánico o de cuándo vas a colgar el cuadro de tu amiga la pintora.

Nuria, una de las principales promotoras de veladas temáticas, recomienda: «Habla de las estrellas, de que te gusta ser una mujer, de que las mujeres funcionan con la luna (esta teoría puede ser útil si necesitas reconciliarte), y por eso somos cíclicas y cambiantes y complejas y distintas... A poder ser, sin acabar hablando de feminismo. Plantea todo de forma que sea bonito, natural, como una danza de los siete velos».

Cuenta algunas anécdotas, picantes o sugerentes, sobre los dioses o los hombres de la época o cultura que recrees. Esta noche tú eres la maestra del juego y del sexo y debes mostrar tus conocimientos sabios, aunque sin apabullarle. Sólo algunas pinceladas aquí y allá y algunas frases que den fuerza y credibilidad a la situación que estáis viviendo. Aprende algunas palabras en el idioma de la cultura protagonista de la velada.

Éstas son algunas ideas, pero puedes hablar de tantas cosas abstractas, juegos de palabras o temas como se te ocurran.

En este capítulo, propongo unos cuantos proyectos de noches temáticas —entre ellas una cena árabe, una cena hindú y una cena vampírica—, con muchos detalles sobre vestuario, decoración de la casa, maquillaje, platos a servir, música..., pero puedes llevar a cabo todas las ideas que se te ocurran:

Una orgía romana con racimos de uvas por todas partes, cena servida en los sofás o en colchones puestos en el suelo y adornados a modo de triclinium.

Una cena egipcia con papiros, figuras de dioses, diosas y personajes notables egipcios y tú vestida de Cleopatra para divertirte con tu Marco Antonio.

Un ambiente de *saloon* americano en el que irás ataviada como una cantante/prostituta de la época.

Una cena granjera con una decoración entre bucólica y pastoril y una parrillada de verduras y carnes hecha a la brasa o a la plancha, según lo que tengas a tu disposición. Para este encuentro, puedes vestirte de granjera sexy con minifalda tejana muy mini y camisa a cuadros anudada en la cintura.

Un picnic salvaje en la campiña o en el campo —a poder ser en un lugar solitario— para poder dar rienda suelta a vuestra pasión. Podéis ir disfrazados de bandoleros, tipo Bonnie and Clyde para dar más emoción al asunto.

Una fiesta con baile para dos ambientada en la «movida madrileña» y en los años 80 en la que puedes ser algo punk y decorar tu casa con todos los recuerdos de la época que puedas conseguir.

Una gran gala cortesana francesa del siglo XVII o XVIII para la que puedes intentar conseguir un vestido de época y una peluca, pintarte coloretes en las mejillas y ponerte un lunar artificial y servir algo realmente raro y exquisito.

Un *meeting* hippy con música de Janis Joplin, The Doors etc. Puedes convertir tu casa en un santuario de la paz, el «buenrollismo» y ese aire bohemio y desastrado que en el fondo te atrae...

En fin, todo, absolutamente todo lo que se te ocurra.

Algunos problemillas que pueden surgir

Si, por el motivo que fuera, tu acompañante no responde como esperabas: no te preocupes. Examinemos la situación.

• *Primera opción:* Se queda patidifuso y no reacciona. Puede ser porque sea un reprimido o un tímido, o ambas cosas. Puede incluso que la velada salga bien, finalmente y tras múltiples esfuerzos por tu parte, y disfrute con tu fantasía —aunque, pensándolo bien, a lo mejor más tarde te des cuenta de que estaba un poco tenso y descolocado en algunos momentos—, pero que luego no te llame más ni responda a tus llamadas (en cualquier caso dos llamadas tuyas sin contestar deben ser suficientes para que pases a otra cosa). Tranquila, no valía la pena porque si a ti te gustan estos juegos será mejor seguir buscando a alguien que comparta tus «locuras» (seguro que después se masturba pensando en la fantasía).

En el peor de los casos, quizá sale corriendo, con cualquier excusa surrealista o estúpida, a los diez minutos escasos de empezar la velada, o bien puede huir después de devorar la cena (temática, por supuesto) en un santiamén y desaparecer de tu vida para siempre (seguro que éste se masturba al menos durante quince días seguidos al evocar la fantasía y puede que hasta, en su fuero interno, se arrepienta de haber huido antes de que llegara a pasar nada).

• *Opción dos:* Puede quedarse atónito y no saber qué hacer al principio. A lo mejor (esperemos) reacciona, tarde o temprano, esa misma noche. No desfallezcas ni te deprimas ante su falta de entusiasmo o su actitud más bien introvertida. Sigue con naturalidad y puede que te sorprenda esa misma noche regalándote con besos de la muerte.

Si se queda perplejo y le cuesta reaccionar, puede ser porque esté sorprendido de tu imaginación e ingenio y de que hayas trabajado para crear toda una performance para él.

Quizá no consigas que se sumerja en la fantasía y se deje llevar totalmente, aunque puede disfrutar algunos aspectos de tu creación. ¡Haz lo que puedas, no todo está perdido!

A lo mejor es un poco lento y no reacciona hasta la semana siguiente y te llama para sorprenderte con unas entradas para ese concierto que tanto te apetece o, aún mejor, para invitarte a su propia velada temática.

• *Opción tres:* Es la opción ideal. Tu invitado reacciona con entusiasmo y se sumerge en el papel. ¡Genial! Entonces seguimos jugando... Si te pide si puedes prestarle alguna tela para disfrazarse y ponerse a juego con tu *look* y la ambientación, la noche promete mucho...

Cena árabe

Vestuario e imagen

Con una mirada, él debe saber que esta noche eres una fantasía árabe, la diosa del Nilo o la más sensual y atrevida odalisca.

Casi seguro que tienes una amiga que baila la danza del vientre y que puede dejarte un pañuelo de monedas o un tintineante cinturón metálico y un top con pedrería. Si no, rescata de tu armario una falda larga y átate a la cintura un pañuelo de seda o algo parecido al que puedes acoplar (por ejemplo, usando pequeños imperdibles) el collar más grande y vistoso que tengas. Si quieres remarcar tus movimientos con algún tintineo, puedes conseguir fácilmente algunos pequeños cascabeles y colgarlos en el collar.

Para la parte superior, usa un top. Puede ser perfectamente un top de gimnasia o del Decathlon, o puedes reconvertir en top una camiseta de tirantes. Sólo necesitas un coletero con un adorno vistoso.

Junta con una mano la parte inferior de la camiseta y la parte superior, a la altura de la zona entre tus dos pechos, pasa el coletero por debajo de la camiseta y desliza el adorno dentro de la goma de forma que la camiseta quede sujeta. ¡Sencillo y muy efectivo!

Una cena árabe te convertirá en la más sensual diosa del Nilo.

Claves y juegos

Enseña el ombligo bajando un poco la falda. Píntate las uñas de las manos y de los pies.

Ve descalza. Maquilla tus ojos con kohl —o, en su defecto, con un lápiz de ojos graso— al estilo de Cleopatra o de Nefertiti, es decir, con líneas que enmarquen tus ojos y otras líneas que salgan del borde exterior del ojo hacia fuera. Estas líneas siempre tienen que ser ascendentes si no quieres conseguir una expresión de extrema tristeza.

Usa también atrevidas y luminosas combinaciones de sombras. Por ejemplo, verde con amarillo; azul oscuro con blanco; bronce con crema... La sombra más oscura va en el párpado móvil y la más clara en el espacio entre éste y la ceja. Extiende las sombras hacia tus sienes de manera que formen dos zonas de color perfectamente diferenciadas y te den un aspecto lujoso y exótico.

Píntate los labios con un color suculento como rojo cereza, rojo fresa, rojo pasión, melocotón, beige intenso y luminoso...

Para crear un *look* más glamouroso, usa purpurina corporal en brazos, escote y barriga.

Usa con generosidad la bisutería. Adórnate con una tobillera (si puede ser tintineante, mejor), pendientes largos con arabescos, pulseras anchas con coloridos adornos...

Las siguientes palabras o frases pueden serte de utilidad:

- sokran (gracias)
- salam alecum (hola)
- slama (adiós)
- habibi (querido)
- habiba (querida)
- yamil/yamila (guapo/guapa)
- masah al-jer (buenas tardes)
- laila taiba (buenas noches)
- ashí (ven)

Decoración de la casa

¡Fácil! Ambienta con velas y una lámpara tenue. Puedes cubrir la lámpara con una tela semitransparente para conseguir una luz especial. Si puedes hacer un pasillo con velas en la casa, mejor que mejor.

Para crear un espacio diferente, usa telas de colores suntuosos y cálidos —como rojo, naranja o rosa subido— que colgarás entre los cuadros y las estanterías. Si no tienes nada mejor, puedes usar pinzas de tender la ropa.

No olvides ninguno de los cinco sentidos. Para estimular el olfato, pon a quemar una barrita de incienso de alguna fragancia oriental, como sándalo o mirra.

Música

Usa Emule; funciona de muerte. Puedes encontrar todo tipo de música árabe. Para empezar, te recomiendo música de Tarkan, Hossam Ramzy, Omar Faruk Tekbilek, George Abdo, Natacha Atlas, Emad Sayyah, Alabina, Aruna Sairam, Seyfi Doganay, Najwa Karam o Nawal al-Zoghbi, entre otros muchos.

Hay canciones muy hermosas y otras que os harán reír, todo un mundo para descubrir... Déjate llevar y que unos intérpretes os lleven a otros.

La postura

El potro árabe. La mujer, de pie, se inclina hacia delante (puede apoyar los antebrazos en una mesa) y el hombre la penetra por atrás. Él tiene las manos libres para estimularla y ella también puede liberar una mano para acariciarse o para acariciarle.

Esta postura es sólo una sugerencia para variar o ampliar el repertorio. Realizad las posturas que os apetezca, teniendo en cuenta que unas serán más satisfactorias para ella, y otras, para él. Y, sobre todo, no escatiméis caricias y fantasías. ¡Se trata de una velada mágica!

Comida

Cuscús, verduras salteadas, ensalada y, para picar, dátiles y olivas de todos los colores y aliñadas de todas las formas posibles.

Es fácil encontrar actualmente en tiendas o supermercados cuscús semipreparado, y tiene escritas claras y fáciles instrucciones en la caja. Sólo necesitas añadir agua hervida, en la proporción correcta, un poco de mantequilla y sal.

Hay un condimento de origen marroquí que puedes usar para sazonar las verduras o la carne. Lo venden en las carnicerías árabes y se llama *ras el hanout*, que en árabe significa «lo mejor de la tienda» aludiendo a que el tendero realiza la mezcla con las mejores especias e hierbas que posee. Cada vendedor realiza su propia mezcla.

Si decides improvisar, puedes usar curry mezclado con pimienta negra y pimienta roja para condimentar las verduras que añadirás al cuscús.

O, en lugar de cuscús, deliciosos entrantes fáciles de elaborar como hummus, baba ganuj o tabuleh (puedes encontrar algunas recetas en el apartado de «Entrantes» de la pág. 104). Para completar la cena, sirve dados de cordero asado o guisado.

Cena china

Vestuario e imagen

Para crear tu imagen china u oriental no hace falta que te pongas pegamento en los bordes de los ojos para convertirlos en ranuritas, ni tampoco que te vendes los pies.

Si no la tienes ya, es facilísimo encontrar una fantástica camisa con cuello chino y con rajitas a los lados o un vestido de estas características que puedes combinar con unos pantalones ajustados o unas mallas de color negro o a juego con el color del vestido.

Recógete el pelo en pequeños moñitos ordenados —o desordenados— artísticamente por la cabeza y deja sueltos un par de mechones en la zona de la nuca que puedes rizar u ondular un poco usando espuma y caracoleándolos con los dedos. ¡Resultan muy sexys!

También puedes hacerte un recogido con un gran moño y pinchar en él un par de palillos para comer (me refiero a los que usan los chinos o los japoneses, no a mondadientes).

Un toque travieso: debajo de tu atuendo chino, puedes vestir un tanga con un dragón o con una letra china.

Da un toque oriental a tus ojos difuminando sombras rojizas hacia las sienes. Usa lápiz de ojos negro o delineador para enmarcar tus ojos, con líneas situadas en el nacimiento de las pestañas. Haz una fina raya en la parte inferior y una más gruesa en la parte superior, que acabarás con un trazo grueso que vaya disminuyendo su grosor y se dirija hacia arriba con una forma levemente ondulada.

No uses colorete, pero maquilla tus labios, perfilándolos cuidadosamente, de un rojo intenso.

Claves y juegos

Puedes usar una base de maquillaje clara, si eres blanca de piel, o una un tono más clara que tu color de piel, si eres más bien morena, para dar mayor protagonismo a tus ojos y a tus labios y acentuar su expresividad. Puedes poner un toque divertido a tu arreglo si te dibujas con lápiz negro una letra china en la mejilla o en el cuello. Ponte en las manos uñas postizas larguísimas (si tus uñas no son ya largas) y píntalas de un color que haga juego con tus labios. Sustituye tus modales habituales por otros más pausados. Anda con pasos más pequeños de lo habitual. Recíbele portando un abanico chino rojo en tu mano. Sonríele y baja los ojos con modestia oriental. Haz que te siga mientras tú andas despacio y aprovechas para tentarle con sonrisas o con algún leve roce como al descuido.

Si eres un hombre y quieres sorprender a tu pareja, te sirven la mayoría de estas indicaciones, excepto las referentes al atuendo y al maquillaje. Consigue unos bombachos, preferiblemente con estampados chinos, y un chaleco negro y póntelos. ¡Sí!, no uses camisa. Muestra tu torso con generosidad. ¡A nosotras también nos gusta mirar! Agasájala y compórtate con algo de timidez, conquistándola con suavidad y lentitud.

Aprende algunas de las siguientes expresiones:

• wan shang hao (buenas noches)
• qink (por favor)
• ni hao (hola)
• xie xie (gracias)
• wo ai ni (te quiero)

Decoración de la casa

Nada más fácil que conseguir una ambientación china con, por ejemplo, farolillos chinos y pequeñas estatuas de budas, dragones o todo tipo de figuritas doradas. Puedes dar color y calor a tu hogar colgando en las paredes abanicos chinos de color rojo. En general, puedes encontrar todas estas bagatelas, a precio muy económico, en los bazares chinos. En la preparación de esta velada, incluye una visita a varios bazares chinos donde puedes encontrar un mundo de inspiraciones y muchos objetos útiles con los que vestir tu fantasía o vestirte a ti misma. Para proporcionar buenos auspicios a tu velada, puedes incluir en la decoración un gato de la suerte chino, un maneki neko, que levante, en su gesto habitual de saludo, la pata izquierda. Es un adorno de un poderoso encanto *kitsch*. Incluso mueven la patita que tienen levantada. Sin palabras...

El gato blanco de la suerte atrae la felicidad; el negro ahuyenta a los malos espíritus —pongamos por caso el de la falta de entendimiento sexual o el gatillazo—; el dorado llama al dinero, y el rosa atrae al amor.

Recuerda que siempre puedes reutilizar todos estos adornos en otras citas o celebrar una fiesta temática en tu casa en alguna fecha señalada, como, por ejemplo, tu cumpleaños. O montar una fiesta/subasta para recaudar fondos para nuevos divertimentos y, de paso, vaciar tu casa si has celebrado ya muchas veladas temáticas y el material se acumula en tus armarios y habitaciones.

Música

Pon el Google y el Emule a funcionar. Para no confundir a tu invitado ni marearlo, alterna composiciones tradicionales chinas con música de relajación. Preferiblemente que incluya sonidos de ríos, corrientes, lluvia...

En materia de música china, algunas opciones son música de Liu Fang, que toca la pipa, un laúd chino de bellísimo sonido, y el Conjunto Musical de las 12 Muchachas.

Opta por las composiciones que fusionan la tradición con influencias occidentales en las que la pipa es acompañada por chello, guitarra, flauta, piano y zheng o por una orquesta.

Algunas piezas que puedes considerar son *Pequeñas hermanas en el prado* (Liu Dehai y Wu Zhuqiang), *Noche de luna de flores en el río primaveral*, de la que se dice que fue compuesta por un emperador hace 2.000 años; *Mulan* (Gu Guanren), y *El rey se saca su armadura* (arreglada por Zhou Long).

Entre los compositores modernos, destacan Tan Dun, Zhou Long y Melissa Hui.

La postura

El dragón que gira. Postura y poética descripción tomadas del *Manual sexual de la muchacha sencilla*, texto taoísta de la dinastía Sui (aprox.

hacia 590-618). En él, tres mujeres dialogan con el Emperador Amarillo, Huang Ti —monarca real que existió entre 2967 y 2597 a. C, sobre el que se han construido un buen número de mitos—, para enseñarle los secretos del sexo. Ellas son Su Nu la muchacha sencilla; Hsuan Nu, la muchacha misteriosa, y Tsai Nu, la muchacha arco iris.

Además de ser un brillante estadista, al Emperador Amarillo se le atribuye un gran éxito como amante y como explorador del tao. Se dice de él que mantenía un harén de más de 1.000 mujeres, con las que practicaba el yoga sexual, y que al llegar a la edad de 111 años obtuvo la inmortalidad y ascendió al cielo montado en un dragón.

El «dragón que gira» es una de las nueve posturas que la muchacha sencilla enseña al emperador: «Estando la mujer boca arriba, el hombre se coloca sobre ella con las rodillas apoyadas sobre la cama. La mujer abre el Portal de Jade y el hombre, desde arriba, introduce el Tallo de Jade en la Gruta en Forma de Grano. Entonces él empieza a moverse lentamente, intercalando a cada ocho impulsos leves dos que penetren profundamente. El miembro debe introducirse mientras no esté totalmente endurecido y retirarse mientras está todavía rígido. Después, él debe voltear las caderas de un lado a otro para estimular el borde superior del Portal de Jade. Sosteniendo su propio peso sobre codos y rodillas, el hombre se asemeja a un dragón que gira en el firmamento. Si se ejecutan estos movimientos con vigor, la mujer percibirá una gran satisfacción y enloquecerá de alegría.»

Comida

No hace falta que te compliques mucho la vida. Puedes comprar rollos de primavera o empanadas chinas listos para freír y servir, proveerte de salsa agridulce o salsa de soja (es imprescindible en un ágape chino) para acompañar y conseguir una ensalada china mezclando lechuga cortada en tiras con otros ingredientes, también en juliana, como zanahoria, algas transparentes y jamón dulce. De hecho, puedes mezclar todo lo que se te ocurra, cortado en tiras, para crear una rica ensalada, siempre y cuando la adereces luego con un aliño chino que puedes elaborar fácilmente.

Para ello, mezcla cuatro cucharadas de aceite de oliva, una cucharada de aceite de sésamo, dos cucharadas de vinagre de vino blanco y dos cucharadas de salsa de soja.

Una comida china no está completa sin arroz o tallarines (ver recetas en «Primeros platos», en la pág. 105), que acompañan un guiso compuesto de carne, pollo, langostinos o gambas y verduras variadas, setas y bambú.

La clave para conseguir un guiso casi chino al cien por cien es usar carne de ternera, cerdo o pollo cortados en tiras, o bien langostinos o gambas pelados y verduras como cebolla en rodajas y pimientos y calabacines cortados en palitos. Sofríe todos los ingredientes primero. Prepara un sofrito de ajo y cebolla picados finamente con un trocito de jengibre y cocina todo el conjunto durante unos minutos con dos cucharadas de aceite de soja, dos cucharadas de salsa de soja, cuatro cucharadas de agua, una cucharadita de azúcar y una cucharada de maicena para que la salsa se espese. ¡*Voilá*! Con facilidad, tienes un asado chino.

Para beber, puedes elegir té —que servirás ceremoniosamente en tazas chinas—, aunque esto es sólo válido para adictos al té. De todas formas, el té tiene la función de ayudar a digerir las grasas.

Aunque no sea la comida más buena que hayas cocinado, no tiene mucha importancia. Lo realmente importante de las veladas temáticas es la presentación, la puesta en escena y la sorpresa o sorpresas.

Cuando te plantees ponerte a cocinar platos exóticos, sea cuál sea la velada que hayas escogido, ten reservada una pizza en la nevera por si sale mal. Siempre puedes aderezarla con un poco de salsa de soja —para darle sabor oriental— o con curry —si tu noche es de temática árabe— y reíros juntos del desastre que hayas hecho en la cocina. Reírse un poco de uno mismo es muy sano, terapéutico y divertido, y más cuando estás en buena compañía. No descartes tampoco tener en la nevera yogures con lichis.

Otra buena idea es encargarlo todo por teléfono a un telechino y concentrarte en la preparación de la ambientación y el arreglo de tu persona.

Cena hindú

Vestuario e imagen

Indiscutiblemente, necesitas un sari. ¡Fácil! Sólo precisas una tela rectangular de entre 5 y 8 metros de largo por 1,2 metros de ancho.

El secreto está en saber enrollarlo y asegurarlo de forma artística. La tela puede ser de algodón, seda, gasa o acrílica. Tiene que ser de un color bonito y con adornos que pueden ir desde pequeños detalles bordados a bordados más complejos. Visita algún comercio con telas exóticas de los muchos que hay en la mayoría de ciudades españolas y compra una tela bien bonita. Es una inversión: puede servirte como vestido de fiesta todas las veces que desees o como atuendo o tela decorativa para otras veladas temáticas.

Las ventajas del sari son que se adapta a todas las figuras y que puedes usarlo para realzar o para disimular puntos estratégicos de tu anatomía.

El sari se suele vestir sobre un pequeño corpiño corto que llega justo por debajo del pecho (choli) y sobre unas enaguas, pero para tus fines pueden servirte unos pantalones amplios y largos o una falda larga y un top del mismo color que hagan juego con la tela del sari y que no le roben protagonismo. Te será más fácil si los pantalones o la falda llevan goma en la cintura.

El arreglo más común del sari es enrollarlo en la cintura para pasarlo después por encima del hombro. Necesitas una tela de 5,5 metros de largo.

Enrolla el sari en tu cintura, empezando por el ombligo, de izquierda a derecha. Dobla la tela unos centímetros para ajustarla a tu altura y sujétala a la cintura de la falda o de las enaguas que vistas. El extremo inferior del sari tiene que llegar al suelo. Sólo debes enrollar el sari una vuelta.

Toma la tela que queda libre y plísala, empezando por la parte más cercana al punto donde el sari está asegurado a la cintura. Plisa el sari con pliegues de unos 12 cm de ancho. Haz unos siete pliegues. Sujétalos juntos de forma que caigan rectos y parejos, cerca del suelo. Asegura los pliegues en la cintura, ligeramente a la izquierda del ombligo. Puedes usar un imperdible para asegurarlos mejor.

Envuélvete de nuevo con la tela restante, de izquierda a derecha. Pasa la tela por debajo del brazo derecho y luego sobre el hombro izquierdo para que caiga por la espalda. Usa un prendedor para fijar esta cola (llamada pallu) al corpiño que vistes debajo. Así evitarás que se deslice y estarás más cómoda. Es importante no estar pendiente todo el tiempo de si el sari se mantiene en su sitio. El pallu debe quedar a la altura de las rodillas.

Otra opción es pasar el pallu por encima de la cabeza de forma que la cubra. Usa bisutería de fantasía, preferiblemente de gran tamaño, que puede llevar pequeños brillantitos de un color que haga juego con tu sari. No olvides lucir un montón de finas pulseras en ambas muñecas. El aspecto de tu maquillaje debe ser natural, excepto en los ojos, que puedes enfatizar pintando líneas negras arriba y abajo. Puedes dar un toque diferente a tus ojos si en la punta de las pestañas te pones rimel verde o azul. Pero recuerda: sólo en la punta.

Claves y juegos

Naturalmente, necesitas un bindi; es decir una de esas pegatinas con colores, formas y dibujitos maravillosos y, a veces, brillantitos que se ponen en la frente. Puedes conseguirlos en cualquier tienda de regalos que ofrezcan productos exóticos o importados y en ciertas tiendas de bisutería.

En la misma tienda, pregunta si tienen *piercings* falsos. Puedes colocarte uno en la nariz y otro en el ombligo, o bien, pegarte otro bindi en éste último. Asimismo, venden brillantitos adhesivos que puedes pegarte en la aleta de la nariz y en partes estratégicas de tu cuerpo.

Recoge tu pelo en una trenza o en un moño, y adórnalo con multitud de flores pequeñitas.

Pide prestado en tu biblioteca un libro sobre danza hindú. Ensaya tres o cuatro poses y recibe a tu invitado con una de ellas. De vez en cuando, baila al ritmo de la música que suena y detente para hacer alguna de las poses. ¡Puede ser muy divertido!

Usa algunas de estas expresiones para dar mayor credibilidad a tu personaje:

- namasté (hola o adiós; es un saludo ancestral)
- kabhi kushi kabhi gam (a veces felicidad, a veces tristeza)
- dil hai tumhaara (tu corazón será para mí; ten cuidado con la frase, tradúcela sólo a tu pareja estable; para los demás, da cualquier otra traducción como: «me alegro de verte», aunque en tu interior pienses que lo que has dicho es una promesa, una determinación y/o un conjuro mágico)
- shukriya (gracias)
- janam din mubarak ho (feliz cumpleaños)
- idhar aao (ven aquí)

Decoración de la casa

Cuelga por las paredes, muebles y estanterías, de forma artística, todas las telas de colores que tengas a mano y pide prestadas unas cuantas más. Usa un mantel rojo y servilletas rojas para decorar la mesa.

Unas cuantas estatuillas pequeñas de color bronce de dioses hindúes darán el toque final a tu decoración. En realidad, no necesitas muchas cosas: con tu flamante y hermoso sari, tú serás la pieza central de la velada. Para ambientar, consigue una vela con una forma original. Hay tiendas especializadas en velas donde puedes encontrar lo que deseas e inspirarte.

Coloca también, en diferentes rincones de la casa, fuentes con agua en las que floten flores sin tallo y pequeñas velitas.

Música

Recurre a las bandas sonoras de las películas de Bollywood. ¡Son una mina! O busca «música hindú» en Ares o en Emule.

La postura

Si tienes mucha confianza con tu cómplice de cenas temáticas, consigue una edición ilustrada del *Kamasutra* e intentad recrear algunas posturas. Advierto que hay muchas que requieren ser un atleta y contorsionista experto en yoga para realizarlas, pero os podéis reír mucho.

Comida

Un chutney de verduras es una propuesta excelente y exquisita que dará el toque oriental y hará diferentes unos simples filetes de ternera, de pollo o de pescado, que puedes acompañar con arroz basmati. La receta del chutney está en el apartado «Entrantes» (pág. 104). Es una conserva, por lo que puedes hacer más cantidad y guardarla, en botes bien cerrados, para más adelante.

Una opción deliciosa, sorprendente y fácil de preparar es el Curry de pescado. Necesitarás:

- 3 cucharadas de aceite de oliva
- 1 cebolla
- 1 vaso de agua
- 1/2 kg de bonito cortado en trozos regulares

- 3 cucharadas de leche de coco
- 1 cucharadita de jengibre molido

Pica la cebolla muy fina y fríela en una olla con dos cucharadas de aceite hasta que esté dorada. Añade el curry y el pescado. Agrega un vaso de agua y deja que se cueza durante una media hora. Pasado este tiempo, incorpora la leche de coco, el jengibre y la última cucharada de aceite, y añade más agua si es preciso. Deja cocinar durante unos 30 minutos.

Para acompañar, sirve arroz basmati. Cuece media taza de arroz en abundante agua con tres clavos de olor y una cucharadita de cardamomo. Derrite una cucharada de mantequilla, o mejor de *ghee* (manteca clarificada hindú que puedes encontrar en tiendas especializadas), y saltea una cucharada de piñones y una cucharada de pasas. Incorpora el arroz cocido y fríe, a fuego mínimo y removiendo de vez en cuando, durante unos 5 minutos. Añade media cucharadita de curry y un poco de sal.

Como entrante, como acompañamiento de la comida o como postre o primer postre o prepostre, sirve Lassi, una deliciosa bebida hindú. Bate en la batidora media taza de yogur natural sin azucarar, 2 tazas de agua, unos trozos de plátano y mango muy maduros y una pizca de cada una de las siguientes especias, bien molidas: jengibre, canela y cardamomo. Si lo prefieres muy dulce, añade un poco de miel. Enfría tapado en la nevera hasta el momento de servir.

Cena japonesa

Vestuario e imagen

¡Sí!, lo genial sería convertirte en una geisha. Puedes conseguirlo con unos pocos detalles como una camisa blanca o roja o con motivos orientales de mangas largas y muy anchas y una falda larga y recta con dibujos orientales o lisa en un color de los que compongan el estampado de la camisa que hayas elegido. Ciñe tu cintura con un trozo de tela ancho que anudarás en la parte trasera formando un gran lazo.

Otra opción es sondear a tus amigos, amistades y conocidos más exóticos y viajeros por si tienen un kimono en su armario.

Sin embargo, lo que te dará el toque definitivo de geisha es el maquillaje y el peinado. Si eres realmente atrevida y estás dispuesta a ir a por todas, usa pintura para teatro blanca para empalidecer tu cutis y tu escote. No olvides pintar también tu cuello, recuerda que para los japoneses la nuca es una zona muy excitante. Espolvorea el maquillaje con polvos para crear un efecto mate. Si puedes, usa polvos de arroz.

Si prefieres ser más discreta, usa para maquillarte un fondo de maquillaje uno o dos puntos más claro que tu piel.

Usa un lápiz delineador rojo para dibujar de nuevo tus labios y empequeñecerlos, en plan boquita de piñón tradicional. Se trata de crear una boca con forma de corazón en la parte central de tus labios. Rellena con un vivo pintalabios color rojo encendido la zona que has marcado y pinta con pintura blanca el resto. Si no te atreves a tanto, perfila el contorno de tus labios por dentro y maquíllalos de rojo brillante.

Usa un poco de sombra de ojos oscura —gris o negra— para enmarcar tus ojos dándoles suaves pinceladas. No se trata de parecer una muerta, sino de sustituir el lápiz de ojos por sombra, que es más suave. También puedes usar un delineador en el párpado de arriba para dar más fuerza al conjunto y un poco de sombra de ojos rosada en la parte superior de los parpados, en la zona que va entre la ceja y el párpado móvil, para dar mayor luminosidad a tus ojos.

En cuanto al peinado, haz un moño con mucho volumen que deje el pelo abombado en la parte frontal y, a poder ser, en la zona de la nuca. Puedes usar lana de un color parecido a tu pelo para rellenarlo, pero procura que no se vea... Otra opción es poner como relleno una almohadilla en forma de rosca forrada con una tela de inspiración oriental. Pasa artísticamente los mechones de pelo con horquillas invisibles por encima de la rosca y sujétalos al pelo de la región central.

Si tienes el pelo corto o media melena, péinalo lo más liso posible y pon el acento en los ornamentos.

Adorna el peinado con pequeñas flores de colores vivos (las tiendas de chinos pueden resolverte de nuevo la papeleta), con pasadores con mariposas, pájaros exóticos o flores, y con hilos de cuentas pequeñas que caigan artísticamente por un lado de tu cara, aunque sin taparla. En muchas imágenes de geishas, pueden verse cómo llevan sartas de cuentas triangulares, pero puedes sustituirlas sin problemas por cuentas circulares.

Combina en los adornos de tu peinado dos colores, por ejemplo rojo y blanco o turquesa y blanco o naranja y rojo, o bien dos colores que contrasten con fuerza entre sí.

Si te lo tomas como un divertimento y usas toda la calma del mundo, puedes pasártelo genial convirtiéndote en una geisha, pero si quieres resultados más rápidos, opta por convertirte en una lolita japonesa con una falda corta de cuadros, calcetines blancos largos, zapatos de tacón negros y una camisa blanca con blondas o decidirte por algún estilo de lolita más perverso que mezcle ropas más naïf con recargadas blusas o faldas de inspiración gótica en mezcla de blanco y negro.

Música

Puedes atreverte perfectamente con música japonesa y combinarla con soul, sexy y tentador.

Algunas opciones japonesas son música cortesana (gagaku), composiciones para instrumentos solistas como shamisen o koto o música del compositor Takemitsu Toru, que crea composiciones con instrumentos japoneses tradicionales tocados a la manera occidental como, por ejemplo, *Réquiem para cuerdas*.

Si has optado por ser una traviesa, divertida y algo delirante Lolita japonesa, puedes poner todo tipo de música un poco loca y mezclarla con canciones de Malice Mizer o Lareine, que mezclan el pop rock con una actitud glam, la tradición kabuki y ciertas reminiscencias barrocas.

Claves y juegos

Si eres una geisha adopta una actitud entre provocativa e inocente. Si eres una lolita japonesa muéstrate dulce, transgresora y alocada.

Recrea a tu estilo los puntos visuales fuertes de las geishas: peinado elaborado con adornos coloristas; cara, escote y cuello blancos, ojos con un pequeño toque de sombra difuminada y labios rojos en forma de corazón.

Recibe a tu invitado con una elegante reverencia/inclinación de cabeza.

No te pongas totalmente a tu disposición. Las geishas eran maestras en todo tipo de artes y agasajos, pero también eran mujeres fuertes e independientes que dictaban sus propias normas. Juega un poco (o mucho) con él... Las lolitas, por su parte, pueden ser deliciosamente perversas.

Piensa varios juegos sexys y divertidos con los que podáis jugar a tocaros —con unas normas juguetonas—, o despojaros de piezas de ropa en una versión renovada de los juegos de prendas. Tienen que ser juegos pensados para propiciar un contacto —leve o más intenso— y que acrecienten el deseo. Recuerda: saber esperar, hacer esperar, tentar y rehuir. En una palabra: excitar. En tres palabras: crear tensión sexual.

Para ambientar, aprende un vocabulario básico:

- konichiwa (hola)
- arigato (gracias)
- sumimasen (perdón, lo siento)
- onegai shimasu (por favor)

Si quieres convertirte en una auténtica geisha, tienes que mostrarte silenciosa, procativa y misteriosa.

- yoroshiku (encantado de conocerte)
- oyasumi (buenas noches)
- ohayo (buenos días —en el caso de que despertéis juntos—; ahórrate la frase si no te quitaste el maquillaje el día anterior y apareces con la cara casi borrada)

Decoración de la casa

Decídete por la sencillez minimalista de pequeños o grandes objetos con una imagen totalmente japonesa distribuidos estratégicamente en la entrada, en el comedor y en el dormitorio.

Siempre que celebres una velada temática, decora las habitaciones en las que vais a estar y reserva algún pequeño detalle inesperado para otras habitaciones como el baño. Por ejemplo, en esta fiesta japonesa, una coqueta sombrilla de estilo nipón. Si en algún momento te viene a la mente la idea de usar una bandera del país protagonista de la velada para dar mayor realismo al asunto, deséchala tan rápidamente como ha venido: el quid de estas celebraciones es el glamour.

Para esta celebración, resultan ideales arreglos florales compuestos de tres o cuatro flores exóticas y bambú, que se sustenta del agua (troncos de la suerte) presentados dentro de jarrones de cristal transparente.

En la pared, puedes poner sombrillas japonesas o pai pais en armonía de colores fuertemente contrastados como rojo, negro y blanco.

Si tienes oportunidad y espacio, haz un pasillo con sombrillas de tamaño menor que marquen el camino hacia el placer... que, en un primer momento, es la mesa.

Para comer a la japonesa, puedes pedir prestada una mesa baja y distribuir cojines cómodos, a juego con los colores de las sombrillas o de los pai pais, por el suelo.

Una excentricidad que puede resultar muy atractiva y se presta a muchos juegos es un biombo semitransparente con letras japonesas. Con él puedes crear un pequeño ambiente recogido o inspirarte y ponerte detrás para hacer un candente striptease en silueta. No te olvides de sacar, pícaramente, una mano, un brazo o una pierna o la cabeza mientras bailas y de lanzar alguna prenda hacia tu compañero de juegos.

Este biombo puede convertirse en una de tus piezas decorativas más preciadas. Si te gusta innovar y cambiar, puedes ponerlo, en ocasiones, en el dormitorio; en diferentes sitios del comedor, de forma que delimite un espacio; o bien arrimarlo contra la pared para que sirva de decoración...

Si tienes tiempo, puedes ir a una biblioteca con el fin de conseguir un libro de imágenes Shunga y hacer alguna fotocopia en color (de calidad, por favor) para decorar la pared. El nombre Shunga se refiere a imágenes eróticas del periodo Heian (794-1185) en las que se ven explícitas imágenes de parejas durante el coito, tratadas con un colorido atractivo y con refinamiento oriental. Shunga significa primavera, que es un eufemismo para llamar al acto sexual.

La postura

Profundidad a la japonesa. Túmbate de espaldas con las piernas elevadas y abiertas. Él debe tumbarse sobre ti —sin apoyar el peso, por favor— para penetrarte. Pon tus piernas sobre los hombros de él. El punto fuerte de esta postura es que permite una penetración profunda. Con un poco de práctica, la mujer también puede moverse, acompasándose a su compañero. Si te coges los pies, tendrás un punto de apoyo para moverte más fácilmente. Conseguirás más placer para los dos si contraes rítmicamente la vagina.

Para ello, debes tenerla en forma. Usa diez minutos cada día unas bolas de geisha o bolas del amor mientras realizas cualquier actividad en casa. Es importante que estés en movimiento para que los músculos de tu vagina y los músculos pélvicos trabajen y se pongan a tono. Puedes complementar el ejercicio, contrayendo y soltando la vagina mientras llevas las bolas puestas.

Tener los músculos pélvicos fuertes supone más placer, orgasmos más intensos y previene las pérdidas de orina.

Comida

No puede faltar el pescado crudo. Mi recomendación es que pases previamente por un restaurante japonés y pidas lo que te apetezca y necesites. Puedes pedir una selección de sushi (láminas gruesas de pescado crudo sobre un lecho de arroz blanco prensado), sashimi (pescado crudo fileteado y sin arroz) o maki (bocados de pescado y arroz enrollados en alga nori).

También puedes servir verduras en tempura (un suave y delicioso rebozado) y unos fideos de arroz con verduras que puedes cocinar tú para que no sea dicho.

Cena hawaiana

Vestuario e imagen

Tienes tu futuro como hawaiana solventado si, en alguna escapada a Port Aventura, te dio la locura de comprar una falda hawaiana con su correspondiente top de cocos o de flores —un conjunto que sale bastante económico— o si tienes alguna amiga que lo adquirió en un impulso visceral porque decidió que tenía que aprender danzas tradicionales hawaianas o polinesias.

Si no es así, puedes organizar una escapada a Port Aventura y emparte de espectáculos para recabar ideas, hacer largas colas para montar en las atracciones (esto es optativo) y comprar tu atuendo tropical hawaiano, o hacerte un disfraz casero.

La opción expeditiva es ponerte la parte de arriba de un bikini con estampado de flores muy coloridas, un tanga de un color que esté presente en el bikini y anudarte un pareo —también a juego— en la cintura. Si te apetece trabajar un poco más, puedes elaborar una falda típica con tiras y tiras de rafia de tu color preferido. Sólo necesitas un cinturón ancho que te sirva de base y un poco de paciencia para coser o anudar las tiras. Si eres mañosa y te gusta hacer ganchillo, hasta puedes tejer el cinturón con rafia.

Claves y juegos

Consigue guirnaldas de flores en cualquier tienda de disfraces. De paso, investiga qué bagatelas, fruslerías y complementos tienen a la venta que puedan servirte para futuras fiestas y resulten muy económicos. Otra opción es ensartar flores frescas en un hilo. Hazlo lo más tarde posible para que las flores no se marchiten antes de tiempo y ten a mano, a pesar de todo, guirnaldas de flores secas o de flores de papel para sustituirlas cuando muestren los primeros síntomas de desfallecimiento. Cuélgate dos o tres guirnaldas de flores en el cuello y recibe a tu invitado con un cordial «aloha» a la vez que deslizas una guirnalda en su cuello.

Usa un maquillaje natural, aunque con los labios maquillados de un color encendido; y pon flores en tu pelo y pendientes con flores en tus orejas.

Sirve, bien a la vista, bandejas con frutos tropicales enteros y cortados. Formarán parte de tu exótica decoración y, además, acompañarán toda la comida y hasta vuestros retozos.

Acaricia a tu *partenaire* con una exótica flor de tallo largo. Juega con todas sus zonas sensibles y hazle probar y disfrutar la textura aterciopelada de sus pétalos (antes de llenar la casa de flores, asegúrate de que no es alérgico).

Una curiosidad, que puedes explicar a tu *partenaire* como parte de tu puesta en escena; el hawaiano sólo tiene doce letras: siete vocales y cinco consonantes. Las letras son: A, E, I, O, U, H, K, L, M, N, P, W. Las H se pronuncian sonoras. Los apóstrofes son una pausa y corresponden a consonantes que han dejado de pronunciarse. El guión sobre las vocales significa que se alarga su sonido:

- aloha (es un saludo y también una despedida; «aloha» es una palabra con muchas connotaciones, como amor, afecto, compasión, ternura, agradecimiento, empatía; posee una gran riqueza expresiva y es un símbolo del espíritu de Hawai, es decir, el de tratar a los demás con amor y respeto)
- aloha ahiahi (buenas noches)
- hau'oli lā hanau (feliz cumpleaños; si quieres hacer un regalo original, ya sabes: apréndete esta frase y pon en escena tu ambientación hawaiana)
- honi (beso)
- honi ka'ua wikiwiki (bésame rápido; sin duda, muy útil y muy divertido...)
- hau'oli (alegría)

Decoración de la casa

En esta fiesta, la decoración puede ser muy sencilla y, a la vez, muy efectista. Pon flores —secas y naturales— de todos los colores y formas, sueltas, como si hubieran caído en lluvia del cielo o distribuidas en pequeños ramos por todas partes: paredes, mesas, muebles auxiliares, jarrones, la cama, el baño, la cocina, como decoración de los platos que vayas a servir...

Y nada más... Crea vuestro propio paraíso, fresco y natural, con decenas de flores.

Si quieres un punto osado y tienes espacio y no tienes trastos por medio que puedan quemarse, puedes colocar en la entrada pequeñas antorchas que le guíen hacia ti. También puedes recuperar, si no la has usado ya con tu invitado, la idea del pasillo de velas que proponía en la cena árabe.

Música

A estas alturas, si ya has celebrado varias fiestas temáticas, seguro que eres una experta del Emule o del Ares o del Azureus o de todos. Una pista: en «género», pon «surf», y seguro que encuentras muchas canciones que te sirven y te inspiran.

Como extra, aprende algunos movimientos de cadera al ritmo de alguna canción y acompáñalos con expresivos gestos de las manos esbozando lunas, ríos, el fluir del viento y mostrando emociones. Para más ideas, puedes recurrir al Youtube, que también puede convertirse en uno de tus mejores aliados. Busca bailes hawaianos o bailes polinesios.

La postura

Amazona tropical. El hombre se tumba de espaldas y dobla las rodillas. La mujer se pone sobre su pareja y apoya las rodillas en la cama, una a cada lado del pecho de su compañero. Ella se penetra con la espalda erguida y, más tarde, se recuesta sobre las piernas de él.

Es una postura muy sensual, que ofrece una buena panorámica del cuerpo de la mujer para él y en la que ella tiene las manos libres para estimular su clítoris y para acariciarle a él. Él también tiene las manos libres para acariciarla o para ayudarla a moverse.

Comida

Los secretos de la comida hawaiana son su frescura y su combinación de mil sabores.

Inventa una ensalada con varios ingredientes, como diferentes tipos de lechuga, palmitos y frutas tropicales a combinar, como piña, kivi, mango o maracuyá, y no olvides otras frutas frescas como pera, melocotón, albaricoque, fresas y cerezas. Adereza con una vinagreta de limón que puedes obtener fácilmente mezclando (en un frasco que puedas tapar) 2 cucharadas de limón, 2 cucharadas de aceite de oliva, una pizca de sal y otra de pimienta. Mézclalo todo en un frasco y agita hasta que los ingredientes queden bien mezclados.

Cuando empiece el buen tiempo, otra idea original es servir como primero un gazpacho de fresas. En la batidora, mezcla 1/2 kg de fresas, un tomate pequeño rojo, media cebolleta pequeña y tierna, 1/2 diente de ajo, el zumo de media naranja, la miga de dos rebanadas de pan, una cucharada de vinagre de frambuesas, una cucharada de aceite de oliva y una cucharada de sal.

Recuerda que la clave del éxito para tu cena hawaiana es el frescor, la naturalidad y la espontaneidad. Nadie va a juzgar si los platos son típicamente hawaianos o no. ¡Experimenta! Para beber puedes servir un par de cócteles refrescantes, con o sin alcohol, con sabor a fruta tropical.

Prueba a cocinar diferentes carnes, aves o pescados con frutas como piña, papaya, kivi, mango o melocotón siguiendo las líneas generales de la siguiente receta.

La clave del éxito en una cena hawaiana está en mostrarte natural y espontánea.

Dependiendo de lo que quieras preparar, necesitarás 4 filetes de rape (o 4 filetes de cualquier pescado blanco de carne firme, como merluza, lenguado del atlántico, rodaballo o congrio) o 2 pechugas de pollo en filetes o 2 chuletas de cerdo o cuatro trozos de ternera cortada fina.

Para cocinar la carne o el pescado elegido necesitarás:

* 1 cebolla
* 1/4 de vasito de ron negro
* 4 rodajas de piña
* 1 diente de ajo
* 3 hojas de perejil

Enharina los filetes de pescado o de carne y fríe en aceite muy caliente. Corta la cebolla en rodajas muy finas y machaca el ajo en el mortero. Pica muy fino el perejil. En una sartén pequeña, fríe la cebolla, el ajo y el perejil. Cuando la cebolla esté transparente, añade el ron y deja cocer, a fuego mínimo, durante 2 minutos.

Pon los filetes en una cazuela amplia y añade el preparado anterior. Si cocinas carne o pollo, deja cocer durante 10 minutos. Cuando falten 5 minutos para acabar la cocción, añade los trozos de fruta. Si cocinas pescado, incorpora los filetes y la fruta a la vez y deja cocinar durante 5 minutos.

Como postre, puedes servir bandejas de frutas tropicales y de frutos rojos variados o elaborar una cesta de frutas. Vacía media sandía pequeña con la ayuda de una cuchara (o de una cuchara especial para vaciar), de forma que obtengas bolitas de sandía. Corta dos rodajas de piña en trozos y haz bolitas de melón. En la cáscara vacía de la sandía, mezcla las bolitas de sandía y melón y los trozos de piña con uvas y fresas y vierte por encima un poco de helado de vainilla.

Cena vampírica

Vestuario e imagen

Conviértete en una vampira sexy con las prendas más oscuras, glamourosas y escotadas y atrevidas que tengas en tu armario o en el de tus amigas.

Pueden servirte una falda negra larga y amplia, entallada en la cintura (o sujeta por un ancho cinturón), para marcar formas, y un corpiño de color rojo o granate, muy ceñido. También puedes usar una blusa negra con mangas ceñidas a los brazos y anchas al final. Maquíllate de forma exagerada y salvaje como en el lado oscuro de la vida, o mejor dicho de la muerte en vida. Usa colorete negro para marcar pómulos sobre una base que empalidezca tu rostro y utiliza sombras en varios tonos de morado (el más oscuro en el párpado y el más claro por debajo de la ceja). Utiliza con generosidad el lápiz negro para enmarcar tus ojos y píntate los labios con un pintalabios rojo muy cremoso que puedes oscurecer aplicando encima un poco de sombra o colorete negro o gris oscuro.

Si te atreves, consigue en una tienda de disfraces sangre falsa y píntate un hilillo que descienda de una de las comisuras de tus labios.

Claves y juegos

Para recibir a tu «víctima», muérdele un poco el cuello de forma sexy. Déjate las uñas largas —o ponte unas postizas— y píntalas de negro, morado o rojo. Cuando entre en tu reino de «maldad», sírvele una bebida lo más roja posible. Quizá un Bloody Mary o algún cóctel con grosellas o una copa de vino.

Puedes darle un toque humorístico a tu velada si cuelgas ristras de ajos (pueden ser de plástico) en los quicios de las puertas y de las ventanas y colocas recipientes de agua bendita en algunos lugares.

En algún momento, toca un crucifijo y haz ver que te ha dolido. No seas exagerada, tampoco se trata de aterrorizarle.

La luz eléctrica está prohibida: alumbra todo con velas. Escribe el menú en un papel con aspecto de pergamino o un papel envejecido al que puedes quemar los bordes (con cuidado) con una cerilla. Sirvas lo que sirvas, ponle nombres terroríficos como Sesos a la horripilante, ensalada de arañas agresivas, bocaditos de murciélagos al vino tinto, víctima de solomillo a la sangrienta...

Decoración de la casa

Todos los detalles, como cojines o manteles, deben ser en rojo y en negro. Intenta conseguir telas de terciopelo rojo para colgar en las paredes o para formar improvisadas cortinas que sirvan para aislar una habitación de otra o para hacer de la cama un rincón más recogido.

Todo lo que tenga que ver con el lado oscuro es bienvenido en esta velada: velas, cirios, velones, candelabros con velas, imitaciones de calaveras, higadillos y vísceras de plástico, murciélagos de plástico o de peluche —en el Ikea tienen unos muy divertidos—, crucifijos invertidos, telarañas sintéticas, mini esqueletos de plástico, signos cabalísticos extraños, flores marchitas o flores negras (existen rosas rojo oscuro preciosas y, también, rosas teñidas de negro)... Crea un ambiente recargado y gótico con estos elementos.

Tienes dos posibilidades: optar por un estilo ultraelegante y, por ejemplo, vestir la mesa con portavelas de cristal, una vajilla elegante y hermosas copas de fantasía o recurrir al humor vampírico, que puede ser más fácil y más barato. En este tipo de cena es donde son bienvenidos los murciélagos de Ikea.

Música

Un poco de música siniestra y oscura de diversos estilos y épocas mezclada con música clásica muy solemne y con algunas óperas escogidas contribuirá a crear un ambiente muy aparente y sobrecogedor.

Busca clásicos del tenebrismo como Joy Division, Bauhaus y The Cure, y estilos como gothic metal (con grupos como The Sins of Thy Beloved), opera metal (Tristania, Nightwish y Lacrimosa), gothic rock, gothic ethereal (Lycia, Dead Can Dance), dark cabaret (The Dresden Dolls, The Tiger Lillies, Pretty Balanced) y otros estilo oscuros emparentados.

La postura

El ansia. Sois dos vampiros, no estaría mal que os comierais el uno al otro vorazmente —sin hincar los dientes, por favor, y, si se trata de zonas especialmente sensibles sin mostrarlos siquiera— y que intentéis varias posiciones.

Él puede saciar su sed en el templo de ella, que estará cómodamente instalada y reclinada en una glamourosa butaca. Ella puede arrodillarse, aún vestida con sus galas oscuras, para devorar el sexo de él.

Comida

De primero puedes servir unos espaguetis a la diablesa (que puedes rebautizar como «sesos de zombie en salsa agonía» o cualquier otro nombre terrorífico). La receta está en el apartado de «Primeros platos», en la pág. 105.

O bien, gambas endemoniadas y champiñones al averno. Se trata de dos platos picantes que alertarán vuestros sentidos y harán fluir vuestra sangre.

Para preparar las gambas endemoniadas necesitarás:

- 400 g de gambas sin pelar
- 3 cucharadas de aceite de oliva
- 1 chorrito de salsa tabasco
- 5 cucharadas de ketchup
- 1 chorrito de zumo de limón
- 1 diente de ajo

Lava las gambas. Escúrrelas y ponlas en una cacerola con el aceite. Machaca el ajo en el mortero y añade el zumo de limón. Pon esta mezcla sobre las gambas y tápalas. Deja que se hagan durante unos minutos, hasta que se vuelvan rosas. Incorpora el ketchup (puedes usar en su lugar tomate triturado si te gusta más el sabor) y la salsa tabasco (si no te gusta el picante a rabiar mejor pon sólo unas pocas gotas). Deja cocer durante diez minutos más. Sirve acompañado de un poco de arroz. Para los champiñones al averno necesitarás:

- 6 tostadas
- 1 cebolla pequeña
- 2 cucharadas de aceite de oliva
- 1 cucharada de caldo de pollo
- 1 diente de ajo
- 2 chiles picantes (puedes poner más o menos picante según vuestros gustos)
- 1/2 kg de champiñones

Limpia y lava los champiñones y córtalos a láminas. Pon a calentar el aceite en una sartén. Añade el ajo, la cebolla picada y el chile. Seguidamente, añade los champiñones y el caldo. Retira el ajo y el chile y sirve los champiñones sobre las tostadas.

De segundo, un buen entrecot poco hecho acompañado de verduras salteadas o asadas de colores inquietantes como berenjenas, pimientos rojos y col roja. Y, como bebida estrella para acompañar el postre —recomiendo no abusar de ella—, «sangre escarlata». En la coctelera mezcla hielo, un poco de granadina, 1/2 copa de ron, 1/4 de copa de curaçao rojo y 3/4 de copa de vermut rojo. Agita bien la mezcla, sírvela en una elegante copa de cóctel y adorna con una guinda bien roja.

Si quieres algo menos fuerte, en invierno opta por un buen ponche (al que puedes bautizar como «ponche Transilvania»), realizado con un buen vino rojo subido procedente de cualquiera de las denominaciones de origen españolas (Rioja, Somontano, Penedés, Ribera del Duero).

Pela dos naranjas. Retira con cuidado la parte blanca. Exprime las naranjas. Pon a hervir dos vasos de agua. Echa el agua hirviendo sobre las cáscaras de naranja y añade cuatro cucharadas de azúcar (si quieres que sea más o menos dulce puedes usar mayor o menor cantidad de azúcar). Deja reposar esta preparación durante 30 minutos. Agrega el zumo de naranja y el vino. Sirve caliente.

Si es verano, opta por un vino sangriento. En realidad, es un cóctel de vino con frambuesas. Mezcla una botella de vino tinto de buena calidad con 250 g de frambuesas y dos cucharadas de azúcar. Mueve bien. Deja reposar al menos dos horas en el frigorífico.

Curiosidades históricas

La comida es algo muy serio, terriblemente serio, y la cocina, la gastronomía y los grandes banquetes, aún más. Tanto que, en la historia, algún chef famoso y algún maestro de ceremonias han decidido suicidarse, entre otras razones culinarias, porque sus creaciones no habían quedado como deberían o porque tenían que hacer esperar a sus comensales.

Entre ellos, Francois Vatel, maestresala del príncipe de Condé, prestigioso general de Luis XIV, que se suicidó en 1671 porque el rodaballo que esperaba para el banquete que se dio en honor del rey en Chantilly llegó demasiado tarde a la cocina y no pudo soportar la vergüenza de retrasarse con la cena. Según alguna versión, su cadáver, atravesado por una espada, fue descubierto por un ayudante que había sido enviado para avisarle de la llegada del pedido.

Si un hombre es capaz de suicidarse por un fracaso culinario —lo que ha ocurrido también en nuestra época—, imaginemos lo que sería capaz de hacer por mantener su vigor sexual o conseguir una erección... Arruinarse la salud probando todo tipo de filtros, potingues y brebajes; cometer todo tipo de excesos culinarios y puede que, finalmente, llegar a la depresión y a poner fin a su vida (si las sustancias que ha probado para reverdecerse y revitalizarse no han acabado antes con ella).

En 2003, corrió el rumor de que un famoso chef, Bernard Loiseau, propietario del Hôtel de la Côte d'Or, se había suicidado porque le habían quitado estrellas de la guía Michelin. En realidad, lo que perdió el restaurante fueron dos puntos de los 19 sobre 20 con los que le había calificado la guía Gault-Millau, cuyo prestigio había caído en picado en los últimos años. Asimismo, se rumoreaba que la guía Michelin iba a rebajar una estrella de las tres con las que había distinguido al restaurante. La esposa de Loiseau explicaba su suicidio por la depresión que sufría el chef. No es el único caso, en 1966, el chef Alain Zick se quitó la vida, disparándose en la cabeza cuando supo que había perdido una estrella Michelin.

La historia del sexo y la historia de la gastronomía son cíclicas y muchas veces van de la mano. A los periodos en los que el sexo se ha considerado pecado y se ha reprimido le siguen épocas de gran lujuria y libertinaje. En las épocas de represión sexual se viven dos opciones: o decantarse por los placeres del paladar o recatarse también en éstos y optar por la austeridad de costumbres.

Hay algunos periodos de la historia especialmente divertidos y libres en los que el placer —algunos lo definirían como depravación y decadencia— se adueñó de las clases sociales pudientes y, en la medida de lo posible, de las clases más modestas, que suplían con sexo la falta de alegrías en otras facetas de la vida.

Las prácticas sexuales han sido siempre muy variadas, aunque con retrocesos en algunas épocas, en las que se consideraba que sólo era decente practicar el coito dentro del matrimonio y con el fin de procrear, y sin demasiadas florituras. Son famosas las sábanas nupciales o los camisones con abertura estratégica para copular de la forma más decente y aséptica posible.

Tanto el cunnilingus como la felación son prácticas antiguas. En el arte del neolítico y del paleolítico, abundan las representaciones de vulvas y penes, que eran adorados y reverenciados. Se consideraba que el sexo femenino era un portal mágico de la vida. Quizá el origen del sexo oral esté vinculado a la veneración de los órganos implicados en el nacimiento de la vida, y tal vez hubo en estas prácticas connotaciones sagradas, espirituales, religiosas y divinas. Como demostración gráfica de la antigüedad del sexo oral, en las termas suburbanas de Pompeya, de las que algunas teorías sostienen que eran un gigantesco prostíbulo, pueden observarse varias pinturas eróticas, entre ellas, una felación y un cunnilingus. El sexo oral no es patrimonio del mundo occidental. Entre otros pueblos, los habitantes de Las Marquesas, los nativos de la isla de Ponape en las Carolinas de Micronesia y los arandas de Australia usan también la estimulación con la lengua y la boca.

En la historia de la humanidad se ha usado de todo como afrodisíaco. En Grecia, las humildes zanahorias eran comunes en los filtros de amor (llamados *philtron*). Creían que provocaban un mayor ardor sexual tanto en hombres como en mujeres.

También tuvieron muchos seguidores, ansiosos por multiplicar su potencia sexual, en la Inglaterra isabelina.

El plátano —también de forma fálica— es otro afrodisíaco casi internacional y también ligado, como la manzana, al pecado original. La serpiente que tentó a Eva se ocultaba en un racimo de plátanos. Algunas teorías apuntan que el jardín del Edén se encontraba en Sri Lanka. Por tanto, Adán y Eva debieron usar hojas de plátano para cubrir su recién descubierta vergüenza por su desnudez.

Para algunos pueblos del África Central, el plátano es una excusa perfecta para explicar y justificar un desliz femenino, ya que creen que las hojas de plátano pueden fertilizar a las mujeres. Si una mujer se queda embarazada fuera del matrimonio, la absolverán de todos los cargos si logra demostrar que una hoja de plátano ha caído sobre su espalda.

Atenas, la divertida libertina

En Atenas, entre actos democráticos varios y a diferencia de otras polis griegas mucho más serias y autoritarias, como Esparta, se buscaba el goce y el placer y se organizaban cultos privados y numerosas fiestas populares que acababan en orgías.

Las celebraciones más famosas eran las Dionisíacas, dedicadas a Dioniso —dios del vino, promotor de la civilización y de la paz y protector de la cultura—, que tenían lugar cuatro veces al año. Las agrestes y rurales dionisiacas de los campos se celebraban en diciembre y las grandes dionisíacas, en primavera. En solemne y lujuriosa procesión, se celebraba la llegada del nuevo vino con un desfile variopinto en el que participaban una representación de Dionisos, jóvenes sacerdotisas que llevaban cestos con higos —una de las frutas más sexuales y deseadas—, hombres disfrazados de sátiros y silenos y un enorme falo, símbolo de la fertilidad y del lúbrico dios Príapo, que traía suerte y protegía de los ladrones. Durante estas fiestas se representaban obras de teatro.

Las mujeres tenían un papel secundario en Atenas. No tenían derecho al voto ni ningún papel en la vida pública y estaban más o menos confinadas a la vida doméstica. Los hombres, que respetaban a sus mujeres como madres de sus hijos, también obtenían el placer sensual y sexual fuera del lecho conyugal con esclavas, prostitutas, concubinas sirvientas...

Sólo las *hetairas*, auténticas diosas del amor y de las artes, tenían acceso a la cultura y a los banquetes y celebraciones con los hombres. Las hetairas eran famosas por su ingenio, su maestría en las diversas artes, su conversación y su ansia de dinero, que las llevaba a arruinar a los hombres que las pretendían. Una de las cortesanas más famosas, Friné, era conocida como «la criba» por su habilidad para cribar las grandes fortunas hacia sus arcas.

Las hetairas se solían «alquilar» por temporadas más o menos largas, y eran ellas quienes escogían a sus amantes entre los políticos, los filósofos u otros hombres poderosos.

En los banquetes y celebraciones a los que acudían, corría el vino y se servían preciados manjares mientras actuaban bailarinas, flautistas y acróbatas a las que luego requerían sus servicios sexuales.

El gran orador y político Demóstenes (384 a. C. -322 a. C.), que, como dato curioso, pretendió a la legendaria Lais de Corinto y fue rechazado, afirmaba: «Tenemos las cortesanas para el placer, las concubinas para proporcionarnos cuidados diarios, las esposas para que nos den hijos legítimos y sean las guardianas fieles de nuestro interior».

Los hombres pudientes de Atenas preferían el amor con los jovencitos, que consideraban más puro y más noble que el que podía existir por las mujeres, que en esta cultura androcéntrica no eran muy apreciadas.

Las relaciones entre hombres maduros y jóvenes llegaron a ser una institución social, con algunas normas a seguir, en la que se consideraba que el hombre de mayor edad, el *erastés*, aportaba cultura, experiencia y conocimientos sobre costumbres y la moral al más joven, el *erómenos*, que correspondía a lo que el erastés le proporcionaba con su juventud, belleza, frescura e inocencia. Se esperaba que el más joven de los emparejados, rejuveneciera y diera vida al mayor.

El erastés, que era quien jugaba el papel activo, tenía que tener entre 25 y 45 años, mientras que la edad del erómenos, el pasivo, debía estar entre los 12 y 18 años.

El objetivo de estas relaciones era engrandecer el amor y elevar el espíritu y la mente, por lo que el erómenos tenía que asegurarse de no ceder demasiado pronto a las insinuaciones y avances de su seductor para no ser despreciado por él. Tenía que dejarse cortejar y hacerse el difícil y el virtuoso para que su conquistador no pensara que era un libertino y un «chico fácil».

Se cree que el tipo de coito que practicaban era el intercrural, es decir entre los muslos, porque el sexo anal se consideraba algo bajo y sólo apropiado para las prostitutas. Aunque no se puede saber qué pasaba realmente en la intimidad...

En otra de las numerosas celebraciones griegas, las Tesmoforias (dedicadas a la diosa de la agricultura, Deméter, y a Perséfone), que tenían lugar durante el verano, las mujeres casadas con ciudadanos atenienses se reunían en el templo para sus celebraciones y sacrificios. Durante los nueve días que precedían a estas fiestas, tenían que purificarse guardando abstención carnal.

En los alrededores del templo se ofrecían unos pastelillos en forma de órgano genital femenino, los diakonon, elaborados con harina, miel y granos de sésamo.

Cuando las mujeres volvían del templo, intentaban captar la atención sexual de sus maridos —quizá más motivados por los efebos o por el amor extraconyugal— con diversas preparaciones. Intentaban seducir a sus esposos sazonando los platos con ingredientes afrodisíacos como malvas, hiedra, cálamo, cilantro o artemisa.

En las fiestas o entre los amantes, era habitual el juego de intercambiar frutas, especialmente manzanas. Lanzar una fruta era una forma de decir a alguien que le interesaba o de hacerle proposiciones sexuales.

En Alemania y en la Inglaterra isabelina, existía un truco «infalible» para conquistar a un hombre. Las mujeres se ponían una manzana en la axila, para que se impregnara de su olor, y se la brindaban al objeto de sus deseos.

En Grecia se consideraban excitantes del apetito sexual pescados como la rémora, la jibia, el atún hembra, el torpedo, el pez papagayo y los erizos de mar, así como la raíz del cardo corredor, los bulbos de diversas flores, los sesos de grulla... No nos ha llegado ningún tratado culinario de la época griega, aunque así algunas recetas sueltas recogidas por Plutarco o Ateneo. Entre los platos más apreciados, estaba la *mattye*, cuyo prestigioso nombre acabaría designando a cualquier manjar suntuoso. Se preparaba con pintada, o gallina de Guinea. Artemidoro narró cómo cocinarlo en una receta muy poco clara y que, además, en más de un punto mueve al horror:

> Hace falta sacrificar el ave introduciendo la punta de un cuchillo por el pico, justamente en la cabeza, y se guardará hasta el día siguiente, como la perdiz; y si se desea comerla como está, se despluman las alas y se la guarda de modo semejante hasta el día siguiente. Se hace cocer después la pintada en un caldo, con algunos de sus pequeños, que en este momento dejan oír su grito natural; después hay que poner en una fuente las hierbas con las cuales se habrá realizado la cocción; entonces se hace una salsa con un racimo de agraz y un tercio de vinagre.
>
> Después de la ebullición, retirar la salsa del fuego y separar el racimo antes de que las pepitas se desprendan; entonces se majan las hierbas y se tendrá un mattye de lo más sabroso. A falta de pintada se puede emplear una gallina grasa, y también se hacen así las mattyes de tordos, zorzales y otros pájaros.

La amorosa Roma

La Roma Imperial fue la cuna y el lecho de todos los goces, de todos los placeres, de todas las excentricidades y de todos los excesos, tanto en la comida como en el sexo.

De la austeridad de los primeros tiempos de la República se pasó a la locura, la excentricidad y el desenfreno.

En sus célebres orgías o bacanales se comían variadísimos platos cocinados con los ingredientes más sorprendentes. Cualquier alimento que fuera raro o caro merecía ser cocinado, aliñado o macerado para ser servido en la mesa.

Entre las exquisiteces que encandilaban a los romanos, importadas de diferentes puntos de su imperio, se encontraban las morenas pescadas en el estrecho de Sicilia, las anguilas del Meandro, los cabritos de Melos, los mariscos del cabo Pelorón, las ostras de Abydos, las anchoas de Lípara, el rape de Mantinea, las acelgas de Ascra, las pechinas de Metimna, los barbos de Ática, los tordos de Afne, las aves procedentes de Fasis, la perdiz de Egipto...

Los platos podían ser muy raros y singulares, como los pasteles de lenguas de ruiseñor o de sesos de alondra. Era un despilfarro continuo y una excentricidad tras otra en una continua búsqueda de nuevas sensaciones.

Las comidas eran tan abundantes que, a mitad de ellas, los comensales se retiraban al *vomitorium*, donde devolvían lo comido para poder así continuar comiendo. El sexo se intercalaba en las comidas en una celebración a la alegría y al placer. Así como los romanos comían de todo, también solían practicar la bisexualidad.

Roma ha legado diversos tratados de cocina. Uno de los más famosos es el del gran sibarita y despilfarrador Marco Gavio Apicio (25 a. C. - 25 d. C.), consistente en diez libros de cocina divididos en especialidades.

Sus platos preferidos eran el talón de camello y la lengua de flamenco. En una ocasión, organizó un fastuoso banquete en el que sirvió cinco mil lenguas de flamenco y un número parecido de sesos de ruiseñor. Alimentaba a los cerdos de su corral con higos secos y miel y les daba a beber vino para que su carne tuviera mejor sabor.

Su enorme fortuna se vio mermada por sus continuas extravagancias y celebraciones gastronómicas en las que se gastó cien millones de sextercios. Cuando calculó que no le quedaban más que diez millones de sextercios —que equivaldrían a unos tres millones de euros actuales— se suicidó, porque consideró que no podía seguir viviendo «en la ruina». Algunos historiadores le atribuyen la invención de la bullabesa.

Las mujeres romanas, a diferencia de las griegas, obtenían una gran libertad cuando se casaban, en oposición al férreo control que ejercían sobre ellas sus padres, y acudían a los diversos espectáculos y celebraciones.

Sobre las mujeres casadas, embriagadas por su nueva libertad, Ovidio decía que sólo eran castas las mujeres a las que ningún hombre cortejaba. El sexo se practicaba, libremente, en el circo, en los banquetes, en teatros y en anfiteatros...

Apicio recogió una receta para incitar al amor a las mujeres menos predispuestas y para excitar la voluptuosidad. Para elaborar el *Vino de aromas maravilloso* se ponen quince partes de miel en un vaso de bronce, donde se habrá puesto antes dos setier (un litro) de vino. Coced el vino con la miel calentándolo dulcemente sobre un fuego de leña y agitando con una espátula durante todo el tiempo que dure la cocción.

Se para la ebullición retirándolo del fuego. Cuando el líquido se haya enfriado, se vuelve a hervir y se repetirá la misma operación otras dos veces; finalmente, al día siguiente, se espuma y entonces se añaden cuatro onzas de pimienta, tres escrúpulos de almáciga triturada, un dracma de nardo, un dracma de azafrán y cinco dátiles secos que se habrán macerado en la cantidad de vino necesaria, y a los que se habrá despojado de sus huesos y luego triturado. Hechas estas operaciones, se vierten sobre el conjunto dieciocho setier (nueve litros) de vino dulce; después de esto se hace servir la mezcla.

Los romanos eran muy aficionados a mezclar todo tipo de sustancias a los vinos para «mejorarlos», y algunas de ellas eran tóxicas, como el plomo, que usaban como conservante. Los vinos se solían hervir en ollas de plomo, se conservaban en toneles de este metal y también las tuberías de la época eran de este material por lo que los romanos, especialmente los ciudadanos de las clases poderosas de las ciudades, estaban permanentemente intoxicados por este peligroso metal. Se ha llegado a relacionar la barbarie y la locura de algunos césares, como Calígula y Tiberio, con la intoxicación por plomo.

La parte menos glamourosa del imperio son las enfermedades (gota, aerofagia y trastornos estomacales varios, sarpullidos y otras afecciones de la piel, enfermedades cardiovasculares, halitosis...) y trastornos mentales que sufrían los poderosos por los excesos en la alimentación.

Las mujeres tenían otro problema añadido, ya que muchos de los cosméticos que usaban para embellecerse o tapar imperfecciones de la piel contenían diversos venenos, entre ellos mercurio y plomo, que devastaban su cutis. Era un círculo vicioso: los excesos en la alimentación les causaban afecciones en la piel, y entonces las disimulaban con todo tipo de afeites que, a la larga, estropeaban aún más su cutis.

Apuleyo (125-180), autor de *El asno de oro*, que fue acusado de embrujar con un filtro amoroso a una viuda rica mayor que él para casarse con ella, describió el ambiente de los banquetes: «Camareros bastante numerosos, espléndidamente uniformados, partían los manjares y servían con gracia los abundantes platos; unos jovencitos de rizada cabellera y de elegante túnica, ofrecían continuamente vino rancio en piedras preciosas vaciadas para servir de copa. Ya se traen las luces: la conversación se anima entre los comensales se multiplican las risas, los chistes y las bromas de buen gusto». Una forma, sin duda, bastante amable de describirlos.

Los romanos se instalaban cómodamente en triclinios para comer y beber en posición semitumbada, lo que seguramente debería causar no pocos accidentes y manchas.

El lujo era omnipresente. Las bebidas se servían en copas de oro y plata con incrustaciones de piedras preciosas; los tazones, platos y diferentes utensilios eran de oro y plata; había mantas teñidas de colores exóticos... Según el crítico y represivo Clemente de Alejandría (150-215), primer hombre importante de la Iglesia de Alejandría, las mujeres ricas, «que con frecuencia carecían de inteligencia», se hacían fabricar vasos de oro para depositar los excrementos. Para Clemente, todos estos objetos «eran de mal gusto, afeminaban a la gente y eran motivo de envidia».

Clemente, pagano convertido al cristianismo que, probablemente, nació en Atenas, escribió varias obras contra el excesivo lujo y el placer, entre ellas *El Pedagogo*. «Si los paganos viven para comer como los animales irracionales, para los que la vida es sólo comer, a los cristianos el Pedagogo nos manda comer para vivir», sentenció Clemente.

Según san Gregorio, sexo y comida, compañeros inseparables son dos «fogosos corceles» que arrastran a la impureza.

Magia, superstición y represión en la Edad Media

La Iglesia católica se encargó de regular cuándo, con quién y cómo se podía copular y de imbuir el concepto de pecado en las mentes y en el corazón de sus feligreses. El control de la sexualidad —una de las fuerzas e instintos más poderosos de la naturaleza y una gran fuente de placer y libertad individual— aseguraba la obediencia de los creyentes en todos los campos. Sólo se podía tener sexo con la pareja legítima —con la que había que estar casado—, no se podía fornicar en fiestas, fiestas religiosas ni en domingo, ni en miércoles ni en viernes —no sé si me dejo algún día de la semana prohibido— y, por supuesto, el acto debía tener como fin tener hijos y estar libre de todo vicio y de prácticas que no fueran la penetración estricta. El adulterio en las mujeres estaba peor visto que en los hombres.

La Iglesia católica convirtió el sexo en algo sucio y pecaminoso y, aún hoy en día, mujeres y hombres —especialmente las primeras— estamos pagando las consecuencias.

Frente a todas estas normas, precauciones y prohibiciones, el amor y el sexo —dentro y fuera del matrimonio— continuaron existiendo.

Resulta curioso comprobar la gran cantidad y variedad de hechizos y filtros amorosos que se usaban en esa época: para conquistar a un hombre muy desdeñoso; para hacerse amar por un hombre o una mujer solteros; para que un marido fuera siempre fiel a una mujer; para conocer la cara del hombre con el que una mujer se iba a casar; para resultar atractivo/a para el sexo opuesto; para descubrir los pensamientos ocultos de una persona; para conseguir a la persona amada o deseada; para seducir a hombres o mujeres sólo con la mirada; para que el cónyuge no se fijara en nadie más; para reconciliarse; para reconquistar a la pareja; para alejar a alguien de su pareja en provecho propio... Contra todos estos recursos mágicos existían los correspondientes antihechizos y antifiltros.

Las hetairas griegas también fueron grandes aficionadas a los filtros amorosos. Asimismo, acostumbraban a pedir ayuda a los dioses y a consultar a los oráculos para sus asuntos amorosos y de negocios. Otra civilización creyente en el poder de la magia amorosa fue la del Antiguo Egipto.

La cocina medieval era muy refinada, dentro de las limitaciones de sus ingredientes, y se caracterizaba por una búsqueda constante de sabores y combinaciones, aunque se basaba en carnes de diversas procedencias y en sopas, caldos y potajes hechos con habas, arroz, guisantes, calabaza o hinojo, entre otros productos.

En los grandes banquetes se servía un gran número de platos de carne de mamíferos o de diversas especies de aves, de caza o de corral, aderezados con las más variadas especias —como canela, jengibre, ajos, agraz o azafrán—, salsas agridulces, agua de rosas... Las especias eran también una forma de disimular el sabor de algún alimento que no estaba en su mejor estado de conservación, uno de los problemas principales de la cocina de la Edad Media.

Era habitual servir los animales enteros y revestidos con su propia piel o plumas, rellenos con otros animales más pequeños o decorados con oro.

La forma de comer era harina de otro costal: se comía con las manos. Los más educados comían con tres dedos de la mano derecha a la manera árabe. No se usaba mantel ni servilletas ni tenedor y los invitados llevaban sus propios cuchillos. Se bebía de una jarra común, aunque los comensales, como deferencia, solían limpiarse los labios antes de beber.

Las piezas cortadas se colocaban sobre un pedazo de pan ázimo o sobre una escudilla de barro o de madera.

Se servía una gran variedad de frutas: manzanas, higos, uvas, moras, cerezas, ciruelas, melones, sandías, melocotones, naranjas, limones, peras, membrillos, granadas...

En Cuaresma, el pescado era el gran protagonista y ocupaba el lugar de la carne. Las grasas animales se sustituían por grasas vegetales y la leche animal, por la leche de almendras.

Como muestra de la cocina medieval, he aquí una receta de jabalí en salsa de almendras. Es para seis personas.

Ingredientes:
- 1 kg de carne de jabalí cortada en tacos
- 200 g de almendras
- 4 cebollas
- 1/2 l de nata.
- Aceite de oliva
- 1/2 l de vino blanco
- Sal y pimienta al gusto

Receta:
Fríe las almendras y resérvalas. Salpimenta la carne y luego fríela a fuego medio. Corta la cebolla en juliana. Sofríe la cebolla.

Cuando esté transparente, añade la carne. Fríe durante unos minutos más y remueve bien. Agrega el vino y deja cocer durante unos 5 minutos. Pica las almendras.

Agrega a la carne las almendras y la nata y deja cocer destapado. Mueve de vez en cuando y deja cocer hasta que la carne esté tierna y la salsa se espese.

El dominio del placer francés

Durante varios siglos, el placer, la gastronomía, el sibaritismo, la cultura y el goce sensual se identificaron con Francia, con sus grandes y lujuriosos reyes, sus magníficas favoritas y la ostentosa corte.

Francia siempre ha tenido ese sabor a lujuria, amor, lujos y diversiones refinadas y prohibidas, en contraposición a las, aparentemente, austeras cortes españolas, donde las procesiones —de cama en cama, de habitación en habitación— iban por dentro, y siempre intentando guardar las apariencias.

La sensual, seductora e intrigante Catalina de Médicis (1519-1589) era una apasionada de las alcachofas, cuyo cultivo introdujo en Francia procedente de su Italia natal. Introdujo, asimismo, un plato muy popular en Italia, compuesto de fondos de alcachofa con mollejas de ternera, riñones y crestas de gallo. A veces se servían conjuntamente y, en otras ocasiones, se presentaban las alcachofas acompañadas del resto de ingredientes en forma de paté. El plato tomó en Francia el nombre de *Beatilles*.

En los *Registres Journaux*, el cronista y secretario real Pierre de L'Estoile (1546-1611) describió los efectos de esta exquisitez en el ánimo de Catalina: «La reina comía tanto de ello que creía reventar y después de haber saciado su apetito con los fondos de alcachofa se sentía proclive a la sensualidad».

La corte puso todo su lujo y sensualidad en la celebración de la famosa e increíble «Noche de Chenonceaux», en el castillo de Chenonceaux, un lugar de ensueño que Enrique II (1519-1559) regaló a su enamorada y favorita vitalicia, Diana de Poitiers (1499-1566).

La célebre Diana fue amante de Francisco I, quien ordenó construir el castillo, y, posteriormente, de su hijo Enrique II, que era 18 años menor que ella. Sólo la muerte del rey, en un accidente mientras celebraba un torneo, logró separarles. La regente, Catalina, la despojó del castillo de Chenonceaux.

En esa fiesta memorable en Chenonceaux, en 1577, se celebró un banquete, al que asistieron franceses e italianos, se sirvieron las exquisitas *beatilles* y actuaron de camareras las damas más bellas de la corte, ataviadas sensualmente y con los cabellos sueltos.

Se cuenta que el rey de Polonia, de Francia y de la extravagancia, Enrique III (1551-1589), hijo de Catalina de Medicis y Enrique II, apareció vestido de rosa, con un jubón escotado y con unos pendientes de perlas.

Enrique III fue un rey aficionado a muchos placeres, entre ellos los hombres. Tuvo numerosos amantes. La historia (o la rumorología) cuenta que los paseaba por las calles de París vestidos de mujer y con los labios pintados y que peleaban arduamente entre ellos para conseguir ser el favorito del rey, hasta llegar al asesinato incluso.

Enrique IV (1553-1610), rey de Francia y de Navarra, creía fervientemente que las perdices producían calidez y deseos sensuales en las mujeres.

El monarca solía llevar perdices cuando visitaba a su amante, Gabrielle d'Estrées (1573-1599). A su carruaje, le seguía otro en el que viajaba un cocinero, las perdices —que se mantenían calientes gracias a unos platos especiales—, vino y dulces de Armagnac.

Una noche, Enrique IV se dio cuenta de que Gabrielle estaba tensa y poco predispuesta al amor. Mientras se preguntaba qué ocurría, oyó una respiración profunda proveniente de debajo del sofá. Muy considerado, acercó una perdiz hasta allí.

Fue de esta iniciativa real de visitas gastronómicas de donde surgió y se estableció la costumbre, a comienzos del siglo XVIII y durante el siglo XIX, de celebrar cenas íntimas en las suites privadas de los hoteles.

Gabrielle d'Estrees, gran amor de Enrique IV, estuvo a punto de convertirse en reina casándose con el monarca. No lo logró porque murió prematuramente. Según algunos testimonios de la época, envenenada. Durante el reinado de Luis XV la cocina francesa llegó a su máximo esplendor. Las bases las había sentado, en la Edad Media, el cocinero de Carlos V, Taillevent. El mismo Luis XV era un gran aficionado a los placeres de la mesa y a cocinar.

Para que la encantadora y fría marquesa de Pompadour fuera más ardiente, le recomendaba comer criadillas. En secreto, la marquesa seguía su propia dieta afrodisíaca. En palabras de Touchard-Lafosse, cronista de las costumbres de los reyes: «Desde hace tres meses, la favorita toma todas las mañanas chocolate con triple dosis de vainilla y ámbar. Come sopa de apio, manda poner trufas en todos los platos fuertes y hace que se aderecen con estos tubérculos los asados y con salsa picante de cangrejos cuantos estofados sirven en su mesa».

En una ocasión, la marquesa Pompadour, que lejos de ser una mujer frívola fue una entusiasta y efectiva impulsora de las artes, las ciencias y la cultura, mostró a su amiga madame de Branças una pequeña redoma con tintura de cantáridas y aseguró que le producía «un estado bastante deseable». Su amiga le advirtió de los peligros que corría y la convenció para tirar el tóxico al fuego de la chimenea.

Según contó un cronista de la época, Luis XV era responsable personalmente de diversas creaciones culinarias: «Prescindiendo de toda lisonja, os puedo asegurar que los guisos de Su Majestad son deliciosos y que varias salsas nuevas, cuya invención se atribuyen los cocineros de la Corte, se deben realmente a la imaginación del rey de Francia. El reino estaría lleno de prosperidades y venturas si Luis XV le consagrara como gobernante la mitad de las aptitudes y desvelos que aplica al arte culinario».

Cuentan que la última favorita del rey, la fogosa madame Du Barry tenía que esperar pacientemente a que éste preparara primorosamente una de sus creaciones, la afrodisíaca *omelette aux amourettes*.

El rey mezclaba unas yemas de huevo con azúcar molido, montaba las claras a punto de nieve y las incorporaba a la mezcla. Su pinche, el negro Zamora, desmenuzaba unos tuétanos de hueso de ternera hasta convertirlos en pasta. El rey los agregaba a la mezcla. El pinche derretía un poco de mantequilla en una sartén y, cuando se había calentado, Luis XV cuajaba la tortilla. La volcaba sobre una fuente de porcelana de Saint Cloud y la espolvoreaba con vainilla. Sin dejarla enfriar, la compartía con su amante.

La dulce *belle époque*

En este periodo singular, despreocupado y divertido —que nunca más sería ya posible, con los profundos cambios políticos y económicos que provocó la primera guerra mundial—, reinaron las grandes cortesanas, cortejadas, admiradas y deseadas por reyes, príncipes, nobles y hombres importantes, que les hacían regalos magníficos, como joyas de valor incalculable, mansiones, palacetes...

Tras el conflicto, este mundo afortunado y despreocupado desapareció para siempre por, entre otros factores, la caída de algunas monarquías, las transformaciones que experimentaron las monarquías supervivientes y los diferentes países, la enemistad entre naciones hermanas, la depresión económica y, sobre todo y como consecuencia de todos estos factores, de la pérdida del optimismo de este periodo, sustentado por los avances tecnológicos, el bienestar social y la posibilidad de hacer fortuna, o al menos vivir bien, que parecía asequible a todos

Las máximas representantes de este sueño según el cual todo el mundo podía llegar a triunfar fueron, sin duda, las grandes cortesanas, también conocidas como «las grandes horizontales» o las *demi-*

Cartel publicitario de una marca de absenta francesa (1923), licor que simboliza como ninguno los locos años de la *belle epoque* parisina.

mondaines (habitantes de un mundo propio, el «semimundo», a medio camino entre la burguesía y la nobleza, que eran agasajadas por los hombres y despreciadas por sus esposas).

Fueron populares la española Carolina Otero (1868-1965), conocida como «la bella Otero», la «devoradora de diamantes» o «la sirena de los suicidios»; Emilienne d'Alençon (1864-1901), una bella e inteligente parisina que, finalmente, perdió su fortuna por culpa de las carreras de caballos; y Liane de Pougy (1870-1953), que se casó con un príncipe moldavo al que desheredaron por su matrimonio, Georges Ghika, y que, cuando enviudó, ingresó en un convento al que legó su fortuna. Eran conocidas como «las tres gracias».

En París y en otras ciudades, muchas mujeres soñaban con emular a las grandes cortesanas, aunque muchas se quedaron en el camino o sólo consiguieron triunfos modestos.

Emillienne definió con precisión y agudeza la diferencia: «Si te acuestas con un burgués, no eres más que una puta, pero si lo haces con un rey, eres una favorita; el matiz es sensible y suena mucho mejor, ¿no?». Las «tres gracias» sedujeron a los reyes y a los príncipes más hedonistas de la época y consiguieron inmensas fortunas. Los símbolos de la optimista *belle époque* en París, su centro neurálgico, fueron la torre Eiffel, construida para la Exposición del Centenario de la revolución francesa en 1880; los tranvías a vapor; el lujoso Orient Express, un tren que originalmente unió París con Estambul; el ferrocarril subterráneo, el Metro; las diferentes vanguardias artísticas, como el fauvismo, el cubismo y el expresionismo y sus bohemios y excéntricos artistas y, por supuesto, los espectáculos, los cabarés, los cafés, los cafés-terreza, los music halls y los restaurantes, entre ellos Maxim's, Prunier, Drouant o El Grand Vefour.

El progreso alimentó el sueño de prosperidad y la idea de que todo era posible.

La cocina francesa alcanzó su cima con las creaciones de Auguste Escoffier, autor de recetas tan populares como los melocotones Melba, en honor de la soprano australiana Nellie Melba; las fresas Sarah Bernhardt, la ensalada Réjane, el pollo Derby (pollo asado y relleno con arroz, trufa y foie gras), y los tournedos Rossini, dedicados al compositor Gioacchino Rossini.

Auguste Escoffier se asoció con César Ritz y ambos abrieron diversos establecimientos en Londres y otras ciudades europeas. En 1889, Escoffier y Ritz abrieron el Hotel Ritz en París. En 1902, Escoffier publicó un libro que obtuvo un gran éxito, *La guía culinaria*, que contenía 5.000 recetas. Una de sus más famosas creaciones, los muslos de ninfa a la aurora, pudieron costarle un grave incidente. Los sirvió, sin informar de qué constaba el plato, al príncipe de Gales y a sus acompañantes, que los encontraron deliciosos. Cuando los comensales quisieron saber qué habían comido, su socio César Ritz, no tuvo más remedio que decirles que eran ancas de rana, temeroso del efecto que podía provocar la revelación pues sabía que a los ingleses no les hacen gracia los batracios en su plato. A pesar de todo, el príncipe pidió la receta en varias ocasiones más.

La comida y el sexo en las artes

Cuando hablamos de sexo, comida y cine, invariablemente nos viene a la mente la escena de *9 semanas y media* en la que Mickey Rourke juega con diversos alimentos sobre el cuerpo de Kim Basinger. Pero aquí no vamos a empezar por esta escena que, de tan típica, se ha convertido ya en tópica. No ha perdido su fuerza y su sensualidad, pero podemos explorar otras muchas posibilidades más desconocidas e igualmente vigorosas tanto en la literatura como en el cine.

El placer de amar y el placer de comer pueden ir tan unidos que algunos autores usan metáforas relacionadas con la preparación de las comidas para narrar los actos amorosos.

Entre los pasajes más bellos de este estilo, se encuentra un fragmento de *Nuestras bodas*, de Dorit Rabinyan, intenso libro sobre una familia aromatizado con los deseos ocultos de las hijas y el hijo del matrimonio fundador de la saga, en el que se ofrece un erotismo palpitante que se expresa en bellas imágenes y en un estilo poético y evocador.

Este texto retrocede en el tiempo de la acción principal, situado cuando los hijos ya son mayores, para rememorar la iniciación en el amor y en la pasión de los padres, cuando eran unos jóvenes inexpertos:

Como una pareja de serpientes en su madriguera, Iran y Solly retorcían sus cuerpos enrollándose uno alrededor del otro para compartir su calor durante la noche.

De día, Iran no tenía nada que hacer hasta que su marido volvía del mar [...]. Al atardecer, abría sus ojos de gacela joven, ojeaba el cuaderno de recetas de cocina que su madre le había dictado, aunque sin las cantidades, y destapaba el inagotable tesoro de especias que de ella había heredado. Cuando Solly volvía a la cabaña le embestían los fuertes aromas de la comida, así como los de las ilusiones de ella.

Comían rápidamente y se iban a practicar sus lecciones de amor. Como un alumno diligente, Solly aprendió de memoria la línea de los huesos de Iran, delicados como las espinas de los peces, y la historia de sus cicatrices. Los labios de Iran aprendieron a reconocer cada pelo del cuerpo de su marido y podía recitar de memoria el mapa estrellado de sus manchas de nacimiento.

Ambos eran niños, vírgenes, tímidos y nuevos inmigrantes, pero ella sabía cocinar y él era un hábil pescador.

Solly imitaba con la lengua los blandos músculos de los felinos del mar, lamía su cuerpo con los movimientos evasivos de la anguila y evocaba con sus dedos las aletas de seda del pez dorado. Ella intentaba con él toda clase de recetas. Le desnudaba delicadamente como si se tratara de un pimiento tostado, le lamía su cuello de pelo duro como si cortara un hibisco, le ponía los pelos de su pecho sudoroso de punta, como si fueran hojas de espinacas lavadas, un poco ásperas y otro poco dentelladas, y cuando la piel era rugosa como la de un lichi o con protuberancias como la de una frambuesa negra, la removía y relamía: los guisantes de sus tetillas, la piel guardiana de sus testículos, el néctar de su mango. De vez en cuando también daba soplos a todo, pero muy lentamente.

No tenían recuerdos de otras camas. Así pues, siempre hacían descubrimientos, ella el sabor de agua salada de él, y él las profundidades del río oscuro de ella. Cuando salían del agua, jadeando y palpitando, se gritaban lo que habían descubierto. Ella no sabía que en el pliegue del melocotón de sus genitales se escondía aquel exprimidor de naranjas y se sorprendió al descubrir el tallo del racimo escondido en ella. Él no sabía cuanta dulzura se escondía en sus labios, ni lo que su bigote era capaz de hacer, ni como sus axilas, con sus pelos escaldados por la lengua de ella, podían convertirse en tazas de té hirvientes, burbujeantes y fragantes. Entonces ya no pudieron permitirse dormir.

—No te duermas, querida, todavía no... —ahora no, cuando su piel de ciruela estaba suave, tensa y brillante como la de un delfín hembra y él podía inundar sus negros ojos con una luz translúcida de color caramelo. Ahora no, cuando ella ya sabía cómo extraer su miel con la boca, separar sus nalgas de albaricoque y hacer que de su garganta salieran unos profundos gemidos.

—¿Pepinos?

—Sí, cuando se me haya secado en las manos parecerá como si hubiera pelado pepinos.

—¿Medusa?

—Sí. Se abre y se cierra como una medusa, querida mía.

La casa de Iran Eliasfor y Solly Azizian es, en el momento en que se desarrolla la historia, un lugar melancólico, triste y abigarrado donde los hijos han perdido la alegría de vivir, la juventud y la inocencia por diversas circunstancias y donde Iran, a la que Solly adora y en la que sigue viendo a la niña que conoció, se ha ido distanciando cada vez más de su marido en favor de la religión. Aun así, su mundo de recetas, sabores, sentidos y sensualidad exuda y estalla a través de esas paredes opresivas. Los relatos de la vida actual nos llevan continuamente al pasado donde quizá un exceso de vida fraguó las desgracias actuales.

Porque la cocina es amor, pasión, fuego, sentidos y sentimientos que afloran en mil sabores.

Como una receta de cocina, la novela *Cómo cocinar a Esa Lagarta* está hecha de sabores, evocaciones, olores, platos, ingredientes variados y gustos opuestos, que son actos de vida, de amor y desamor, o sentimientos y emociones que burbujean continuamente en un caldero.

La novela, aderezada con humor ácido o agridulce, narra la experiencia de una apasionada cocinera y escritora de libros de cocina, Jasmine, que defiende la comida de verdad en un mundo dominado por los alimentos *light*, los sucedáneos y la cocina sin grasa y sin gracia.

En esta comedia deliciosa, crítica e irónica, el mundo de Jasmine y el mundo en general se divide entre la gente a la que le gusta comer y disfruta con ello y la gente que odia la comida y se preocupa exclusivamente por su línea y por la salud, aunque muchos acaben, como el propio marido de Jasmine, Daniel, estropeando su organismo al seguir las más peregrinas y agresivas dietas de limpieza y purificación. Asimismo, la compleja y rebelde hija adolescente del matrimonio, Careme —llamada así en recuerdo del gran cocinero Antoine Careme, fundador de la alta cocina francesa—, está en perpetua lucha con la comida. Se hace «respiracionista» e intenta alimentarse del aire.

Daniel se enamoró de Jasmine por su forma de comer y disfrutar de la comida y quedó absoluta e irremisiblemente conquistado por su talento y creatividad en la cocina.

En plena crisis de madurez, Daniel —profesor de interpretación sin éxito ninguno— renuncia a la buena comida en pos de una mujer joven y de sus ideas sobre la purificación en un intento más que fallido de conservar la juventud, pues con los salvajes tratamientos que sigue se pudre por dentro. Sin saberlo, ha caído en las garras de una gran manipuladora que es capaz de cualquier cosa para conseguir su objetivo: un hombre que la mantenga.

Jasmine intuye que algo no va bien e intenta reconquistarlo con sus armas: la cocina sensual. En este fragmento, cocina a Daniel y a la pasión:

Jasmine se sentó delante de él. Llevaba un poco de salsa pegada a la comisura del labio fino. Se inclinó y lo besó. Él permaneció inmóvil como una roca. Ella le desabotonó la camisa y abrió el tarro de pasta de pimentón que había en la bandeja de condimentos. Con un dedo, delicadamente, le embadurnó los pezones. Los ojos de Daniel parecían platos. Ella dobló una servilleta y le tapó los ojos con ella. Le cogió la mano, le metió los dedos en el tarro de miel y se los chupó. Él era su chupachups, sólo suyo. Daniel rebulló pero no dijo nada. Ella le dejó caer un chorrito de aceite, como llovizna, por encima de los hombros y frotó, fuerte, insistentemente, como lo haría con un caro solomillo de buey. Un pellizco de sal, un toque de pimienta. Inhaló su olor y le mordisqueó el cuello.

Daniel apartó la silla de golpe y de un tirón la tendió encima de la mesa. Empezó comiéndole las orejas, la parte que más le gustaba de ella, royendo y mordisqueando hasta labrar, con suaves dentelladas, un frenesí al rojo vivo. Jasmine sonrió. Se sentía mejor. Lo estrechó con fuerza, acariciándole el cuello, su parte animal favorita, con los labios. La comunicación era la respuesta.

Sin embargo, Jasmine pronto tiene la certeza de que Daniel le es infiel y decide vengarse a través de un amigo de su hija, fascinado por su personalidad y por su talento culinario. No se acuesta con el joven, simplemente cocina para él, algo que duele más a su marido que una infidelidad sexual. Entre diversos enredos, un asesinato que nadie sabe quién ha cometido, pero que toda la familia intenta ocultar, y mucho humor e ironía, al final llegará la solución a todos sus problemas.

Porque Jasmine vive la vida como una gran receta de cocina y todas sus vivencias, actos y pensamientos son fascinantes ingredientes. Su pasión por la vida y su filosofía quedan perfectamente reflejados en el siguiente fragmento:

Jasmine abrió el armario donde guardaba las especias, resistente a la luz, y examinó detenidamente sus provisiones. Recorrió los nombres con el dedo, saludando a cada una como si fuera una vieja amiga: nuez moscada, clavo, cilantro, hinojo, comino, alcaravea. Todas en grano. Asaba y trituraba todas sus especias ella misma. Cuando se abrían y estallaban en la sartén muy caliente, la casa se llenaba de un aroma exquisito. Los rayos del sol lo inundaban todo. Voces árabes entraban flotando por las ventanas. Y justo cuando estaban bien tostadas, a punto de chamuscarse, las sacaba del fuego y las echaba en su antiquísimo mortero donde las aplastaba con la mano del mortero, machacándolas y liberando un perfume todavía más embriagador que le llenaba la nariz y el cuerpo de un anhelo indescriptible.

El sexo y la pasión encierran olores y sabores relacionados con la cocina y con sus ingredientes. En este pasaje de *Afrodita*, una sensual novela sobre la vida cortesana en Alejandría, publicada en 1896, Pierre Louÿs realiza un hermoso canto al beso:

Y el beso no acaba nunca. Parece que bajo la lengua de Khrysís hay, no miel y leche como se dice en la Escritura, sino agua viva movible y encantada. A esta misma lengua que, multiforme, se ahueca y enrolla, se estira y se alarga, más acariciadora que la mano, más expresiva que los ojos, flor que se retuerce en forma de pistilo o se adelgaza como pétalo, carne que se hace rígida para vibrar o se ablanda para lamer, le infunde Khrysís toda su ternura y su apasionada fantasía. Siguen las caricias, que ella prolonga y que se repiten. Le basta con la extremidad de sus dedos para tender una red de construcciones espasmódicas que se propagan por los costados sin desvanecerse del todo. Ha dicho ella que no es feliz sino sacudida por el deseo o enervada por el agotamiento.

En el filme *Sugarbaby*, de Percy Adlon, también es con la comida como la protagonista logra atraer al atractivo conductor de metro, de cuya voz se enamora; la actriz es Marianne Sagebrecht, que encarnó el personaje de Jasmine en la inolvidable *Bagdad Café*.

A los 38 años de edad, la mujer que encarna la rellenita Marianne es un muerto en vida que vive para trabajar, flotar en la piscina, viajar en el metro con cara de desdichada y comer ante el televisor. No tiene una gran vida social; su trabajo no la hace muy popular: lava y maquilla, con mimo y cariño, a los muertos de una funeraria.

Su mundo se ilumina —literalmente— cuando coincide con el conductor, y, desde ese momento, dedica toda su energía y esfuerzos a conocerle. Primero le invita a una chocolatina, pero la conversación no da mucho juego.

Para volver a coincidir con él, investiga los horarios de trenes, interroga a los otros conductores —incluso alguno le propone una cita— y, al final, consigue saber dónde vive el sujeto de sus deseos, al que apoda «Sugarbaby», en recuerdo de una canción de cuando tenía 15 años. Paralelamente, renueva su vestuario, se compra zapatos de tacón altísimo, consigue lencería atrevida, redecora su casa y se transforma por una ilusión.

Como sabe que la pareja de Sugarbaby, una mujer tan guapa como malhumorada, estará fuera un par de días, decide aprovechar la ocasión y se presenta en su casa para invitarle a cenar.

Cuando ya ha pasado la hora de la cita y ella sigue esperando inútilmente en su casa, se desespera. Finalmente, él aparece e inician su relación, con naturalidad, ahuyentando el humo de la cena que se ha quemado. La comida pasa a segundo plano y él se deja desnudar, lentamente por ella, sin atreverse a tocarla, tímido y subyugado.

El director, Percy Adlon, logra una mezcla de ternura, sensibilidad y humor con algún regusto agridulce y una buena dosis de ironía. Lo que vemos es una historia de amor singular en la que, como el mismo espectador, Sugarbaby —el nombre por el que siempre le llama la protagonista, que acaba siendo también Sugarbaby— descubre poco a poco el extraordinario encanto de esta mujer obesa que se vuelve extraordinariamente sensual y atractiva desde que empiezan su relación.

Sugarbaby se revela como una mujer divertida, apasionada de la vida, coqueta, imaginativa, seductora, sensible... El espectador, convertido en cómplice, se pasa gran parte de la película sonriendo de pura ternura. También Sugarbaby, el hombre, evoluciona en esta relación y se revela como un hombre divertido, lleno de buen humor, soñador, espontáneo... Y enamorado. Nada que ver con su comportamiento del principio, donde parecía que su excepcional atractivo físico venía acompañado de una buena dosis de estolidez. Juntos, comparten travesuras, baños de espuma, dulces, alimentos y confidencias.

Pero todo sueño tiene su fin y esta historia, que es un gran amor, termina cuando la esposa del guapísimo y atlético Sugarbaby descubre que la está engañando y se presenta en el local donde están bailando temas de rock'n'roll como locos, entre otros, la canción de la que han tomado el apodo.

El mundo de ilusión creado por Adlon estalla violenta y trágicamente cuando la esposa agrede a «la otra» sin que ella se defienda. Sugarbaby queda tirada en el suelo. Su enamorado sólo hace un tímido gesto para defenderla, pero al final, sumiso y resignado, se va con su esposa.

Sin embargo, la nueva mujer que ha nacido de esta historia no está acabada. Magullada y un poco maltrecha, se dirige a la cámara, ataviada con un bonito vestido y con sus tacones de vértigo, y ofrece una chocolatina con una sonrisa tentadora...

En la calidoscópica *El otoño del patriarca*, Gabriel García Márquez elabora, en boca de una mujer, una explosiva mezcla de sexo y comida que funciona en varios niveles: la realidad, el deseo, el mundo de las fantasías realizadas y la imaginación apasionada y desbordada:

[...] No podía concebir el mundo sin el hombre que me había hecho feliz a los doce años como ningún otro lo volvió a conseguir desde las tardes de hacía tanto tiempo en que salíamos de la escuela a las cinco, y él acechaba por las claraboyas del establo a las niñas de uniforme azul de cuello marinero y una sola trenza en la espalda pensando madre mía Bendición Alvarado cómo son de bellas las mujeres a mi edad, nos llamaba, veíamos sus ojos trémulos, la mano con el guante de dedos rotos que trataba de cautivarnos con el cascabel de caramelos del embajador Forbes, todas corrían asustadas, todas menos yo, me quedé sola en la calle de la escuela cuando supe que nadie me estaba viendo y traté de alcanzar el caramelo y entonces él me agarró por las muñecas con un tierno zarpazo de tigre y me levantó sin dolor en el aire y me pasó por la claraboya con tanto cuidado que no me descompuso ni un pliegue del vestido y me acostó en el heno perfumado de orines rancios tratando de decirme algo que no le salía de la boca árida porque estaba más asustado que yo, temblaba, se le veían en la casaca los golpes del corazón, estaba pálido, tenía los ojos llenos de lágrimas como no los tuvo por mí ningún otro hombre en toda mi vida de exilio, me tocaba en silencio, respirando sin prisa, me tentaba con una ternura de hombre que nunca volví a encontrar, me hacía brotar los capullos del pecho, me metía los dedos por el borde de las bragas, se olía los dedos, me los hacía oler, siente, me decía, es tu olor, no volvió a necesitar los caramelos del embajador Baldrich para que yo me metiera por las claraboyas del establo a vivir las horas felices de mi pubertad con aquel hombre de corazón sano y triste que me esperaba sentado en el heno con una bolsa de cosas de comer, enjugaba con pan mis primeras salsas de adolescente, me metía las cosas por allá antes de comérselas, me las daba a comer, me metía los cabos de espárragos para comérselos marinados con la salmuera de mis humores íntimos, sabrosona, me decía, sabes a puerto, soñaba con comerse mis riñones hervidos en sus propios caldos amoniacales, con la sal de tus axilas, soñaba con tu orín tibio, me destazaba de pies a cabeza, me sazonaba con sal de piedra, pimienta picante y hojas de laurel y me dejaba hervir a fuego lento en las malvas incandescentes de los atardeceres efímeros de nuestros amores sin porvenir, me comía de pies a cabeza con unas ansias y una generosidad de viejo que nunca más volví a encontrar en tantos hombres apresurados y mezquinos que trataron de amarme sin conseguirlo en el resto de mi vida sin él, me hablaba de él mismo en las digestiones lentas del amor mientras nos quitábamos de encima los hocicos de las vacas que trataban de lamernos, me decía que ni él mismo sabía quién era él, que estaba de mi general hasta los cojones, decía sin amargura, sin ningún motivo, como hablando sólo, flotando en el zumbido continuo de un silencio interior que sólo era posible romper a gritos, nadie era más servicial ni más sabio que él, nadie era más hombre, se había convertido en la única razón de mi vida a los catorce años...

La comida sirve para unir a las personalidades más diversas. La pasión compartida por la cocina es el desencadenante del amor que, finalmente, surge entre los dos protagonistas de *Deliciosa Martha*, la cocinera que da título a la película, que no es consciente de lo sabrosa y divertida que puede ser, y el chispeante cocinero italiano, al que la dueña del restaurante, Frida, contrata, sin consultarla, para que colabore con ella.

Martha es una cocinera ultraperfeccionista, solitaria, triste y sin vida social. Está volcada en un trabajo que se nota que no la hace feliz. Le falta pasión aunque no es consciente de ello y ni siquiera su absoluta dedicación al trabajo consigue redimirla de su vacío. Respira soledad y tristeza.

Martha, por imposición de la dueña del restaurante, acude al psiquiatra. Las sesiones transcurren con Martha contando, con expresión y voz tristes y apagadas, la elaboración de diversos platos. No es capaz de abrirse, ni de hablar de sí misma. Está centrada en su mundo de manjares perfectos.

A su psiquiatra, visiblemente incómodo, le tortura con las recetas de sus creaciones, como ésta para preparar un pichón:

—Yo prefiero asarlo —explica con voz tranquila, ausente y monótona—, así el sabor es más fuerte y consistente. Para acompañar, están riquísimos los ravioli con rovellones, trufas y colmenilla y cantarella, según la temporada. Pero para ello es necesario encontrar el pichón adecuado. Debe tener mucha carne, si no se seca enseguida. Podemos cocerlo en una vejiga de cerdo regándolo con Madeira, Coñac u Oporto, así el pichón sabe mejor y lo mantenemos jugoso. Añadimos tagliatelle, cebollitas tiernas, trufas y chalotes en almíbar con una suave salsa de tomillo. Las trufas son garantía de un plato perfecto, suavizan el pichón y [...].
    El psiquiatra, agobiado, le pregunta por qué acude a su consulta.
—Mi jefa me dijo que me despediría si no sigo una terapia.
—¿Porqué cree que su jefa piensa que necesita una terapia?

—Pues no sé, ni idea —responde ella; entre sus talentos no están ni la introspección ni las relaciones sociales. En el fondo, no se conoce nada a sí misma.

El mundo de Martha se vuelve del revés cuando su hermana muere en un accidente y debe hacerse cargo de su hija, Lina. La protagonista verá cómo su perfecto y ordenado universo se desmorona: una sobrina a la que no sabe muy bien cómo cuidar y que no quiere comer, un nuevo chef en la cocina al que no soporta pero del que se acaba enamorando... El alegre y en apariencia frívolo Mario consigue que Lina coma y vuelva a ser la niña que era, y se acerca a Martha a través de la cocina, su lenguaje común.

Mario llega a Martha a través de la comida y por medio de su espontaneidad italiana —algo empalagosa en algunos momentos—. Habla sobre *Volare* y sentencia: «Esta canción se deshace en la lengua, es fantástica». O, mejor aún, realiza un cumplido a Martha: «Le aseguro que el mundo sería un valle de lágrimas sin su pichón con trufa».

La relación entre los dos crece lentamente y sufre retrocesos. Mario decide dimitir e irse de la cocina:

—Por favor, quédate Mario, te necesitamos —le ruega la dueña del restaurante, Frida.
—Al fin y al cabo, esto tendría que decirlo ella porque ésta es su cocina —objeta él.
—También es mi cocina —protesta Frida.
—No, es tu restaurante, pero es su cocina. Sin ella todo esto no valdría para nada, ella decide.

Mario consigue hacer reír a Martha y que se aleje de su tristeza y enconsertamiento cuando prepara una comida italiana ayudado por Lina... y se la comen sin platos, en un picnic improvisado en el suelo.

Mario ha entrado en el mundo de la cocinera, especialmente en su cocina, que deja hecha una pocilga. Una oportuna bolsa de papel y la hiperventilación evitan que Martha sufra una crisis de ansiedad. Poco a poco, la voluntad de Martha se desliza hacia Mario y son frecuentes las sonrisas ilusionadas y las miradas cómplices.

La relación se define cuando ella llega a casa y él le pregunta:

—¿Sabes qué hora es? —luce en su cara una gran sonrisa, y lleva una cazuela—. Es tarde, muy tarde.

¿Se puede pedir más? Él la espera con la cena preparada... Y se sumergen en un juego de cocineros... Ella juega a adivinar con los ojos vendados con un pañuelo negro qué sabores contiene el guiso:

—Coñac, vino blanco, apio, puerro, cebolla y ajo.

—Seguro que te las has arreglado a las mil maravillas sin mí —le provoca ella.

—Ha sido terrible, abre la boca –le da de comer con la cuchara.

—Basilico —anuncia Martha.

—Molto bene.

Le acerca la cuchara, la retira y la besa.

—Algo de anís —lo prueba de la boca de él.

La pasión está servida, aunque deberán vencer unos cuantos obstáculos más hasta convertirse en una familia feliz junto a Lina, la sobrina de Martha.

Como ocurre en *Cómo cocinar a esa lagarta*, en la película *Comer, beber, amar* el sentido de la vida, las preguntas existenciales y la vida misma giran en torno a la comida, aunque en este caso el mundo no se divide entre los que comen y los que no, sino entre los partidarios de los cambios y los que siguen la tradición, de la que el viejo cocinero Chu —experto en cocina tradicional, ya medio retirado— es la máxima expresión. El mundo antiguo y los nuevos tiempos están en permanente conflicto.

El mundo moderno lo encarnan las tres hijas del cocinero, de las que su padre dice estar harto, pero para las que cada día cocina con mimo exquisitos y variados platillos de primorosa elaboración.

Las técnicas tradicionales que usa el viejo cocinero son una curiosa mezcla de complicadas elaboraciones, manipulaciones que resultan extrañas a los ojos occidentales y actos decididamente violentos. El resultado, sin embargo, es exquisito, como casi se puede palpar y degustar en la pantalla, y los platos —gracias precisamente a estas expeditivas manipulaciones— son amables, suaves, reconfortantes y fáciles de comer.

La comida, símbolo del amor y de la vida familiar es la que reúne a una familia y conforma la forma en la que se comunican y en la que expresan sus sentimientos y su unión. Chu se expresa cocinando. Aparentemente duro, no duda en guisar a escondidas para la hija de una nueva vecina, una mujer a la que la amargada de su madre continuamente critica y maltrata verbalmente. El cocinero Chu, agotado, cansado de su vida y, además, torturado por la certeza de que ha perdido su paladar y por la idea de que la tradición desaparece, canaliza su ternura en la cocina y, de alguna forma, la hace llegar a los que le rodean y quieren.

En un momento clave de la película, bebiendo con su colega y jefe de cocina, se sincera y habla sobre sus hijas:

—No entiendo a ninguna de las tres, ni quiero entenderlas. Que se hagan mayores y que se larguen. Es lo mismo que cocinar, cuando está todo listo ya se te ha pasado el apetito.

—Por lo menos, a la gente le gusta mucho tu cocina —objeta su amigo.

—Es posible, pero sin ti, no serviría ni para eso. Estoy perdiendo el paladar, juzgo como están los platos por tu expresión.

—¡Bobadas!, sigues siendo el mejor chef de Taipei, no hay nadie que te supere ni lo habrá nunca. Eres como aquel gran compositor ¿Cómo se llamaba?

—Beethoven.

—Sí, ése, Beethoven. Mira la buena música no depende del oído, ni la buena comida depende del paladar, ni el buen sexo depende jejejejeje. Eeeeeh... El sexo es algo sencillo.

Se alejan, borrachos:

—Comer, beber, amar... —reflexiona el chef—, instintos primarios. Estoy harto de depender siempre de ellos. ¿Acaso no hay nada más? ¿Eso es todo lo que te ofrece la vida?

—Seguimos vivos y cocinando, algo es algo —le consuela su amigo.

Los cambios, el mundo actual, han entrado ya en la vida del chef sin que éste se haya dado cuenta. Sus circunstancias personales y las de sus hijas darán un giro ya que el cambio no es sólo inevitable sino también necesario. Sus hijas, como el mismo chef, necesitan descubrirse a sí mismas y recuperar o encontrar la capacidad de amar y su verdadera vocación e identidad. En una serie de sorprendentes decisiones o acciones, tratadas con el humor amable que preside toda la película, todos cambiarán su vida, aunque sin dejar atrás los valores tradicionales ni la cocina tradicional china, que una de las hijas —una ejecutiva de éxito— decidirá tomar como profesión.

En una de sus intervenciones, ella ya dejó claro su pasión por la cocina, de la que su padre, para su disgusto, la apartó cuando empezó a hacerse mayor: «Te parecerá una tontería, pero mis recuerdos están hechos de olores, de sabores... Sólo retrocedo a mi infancia cuando me pongo a cocinar».

Cada miembro de la familia hace ya su vida. Las reuniones familiares son escasas, pero la cocina brindará a padre e hija su oportunidad para reconciliarse. Cuando el viejo cocinero llega a casa de su hija, que está a punto de marchar para trabajar de cocinera en Europa, ella le sirve una sopa que cocinaba su madre. Él se queja del sabor. Y es que la comida tiene su parte de magia y el viejo cocinero ha recobrado en un instante el paladar perdido.

Los tiempos modernos han triunfado y la familia ya casi no se reúne, pero, quizá están más unidos ahora que antes.

Cocinar es un acto de amor, un proceso en el que hay que poner pasión y mimo. También por amor (aquí, incluso por amor propio), la protagonista de *El festín de Babette* —de la autora de *Memorias de África*, Isak Dinesen— decide preparar un delicioso banquete de alta cocina, en el que se gasta todos sus ahorros, para obsequiar a sus convecinos, que la acogieron en su pequeña comunidad con algo de recelo y reserva cuando ella pidió refugio huyendo de la guerra.

Sus invitados asisten escépticos y sin mucho entusiasmo, pero, a pesar de su provincianismo, quedan conquistados por los manjares de la cena y cambian su ánimo: «De lo que ocurrió más tarde, nada puede consignarse aquí. Ninguno de los invitados tenía después conciencia clara de ello. Sólo recordaban que los aposentos habían estado llenos de una luz celestial, como si diversos halos se combinaran en un resplandor glorioso. Las viejas y taciturnas gentes recibieron el don de lenguas; los oídos, que durante años habían estado casi sordos, se abrieron por una vez. El tiempo mismo se había fundido con la eternidad. Mucho después de la medianoche, las ventanas de la casa resplandecían con el oro, y doradas canciones se fundían con el aire invernal».

La calidez y los buenos sentimientos invadieron a los comensales, que olvidaron rencillas e incluso, dos de ellos, se dieron un largo beso que selló su secreto amor de juventud. Los asistentes a la cena volvieron a ser niños y a atesorar la inocencia y la paz en sus corazones.

Cuando una de las hermanas que la acogió en su casa, donde Babette trabajó desde entonces de sirvienta sin quejarse, descubre que se ha gastado todo su dinero en el festín exclama horrorizada: «Entonces, ahora será pobre toda su vida, Babettte».

«Una gran artista, *mesdames*, jamás es pobre» —responde con orgullo la cocinera, que en el pasado fue una chef famosa.

Más duraderos son los efectos que provocan la huracanada Vianne Rocher (Juliette Binoche), protagonista de *Chocolat*, y su hija Anouk (Victoire Thivisol) en una tradicional población francesa. Sus dulces, bombones y chocolates liberan los deseos más íntimos de los habitantes del pueblo. Vianne tiene la capacidad para satisfacerles con el dulce exacto, el que responde a sus anhelos, y consigue unos cuantos incondicionales a pesar del rechazo generalizado del pueblo, que no está preparado para los vientos de la libertad y para el placer, por inocente que sea.

Tita, la apasionada protagonista de *Cómo agua para chocolate*, novela de Laura Esquivel llevada al cine por Alfonso Arau, no sólo pone mucho amor en la cocina y se expresa en sabores, sino que es capaz de traspasar sus estados de ánimo a los manjares y comunicarlos, de esta manera, a los que comen de ellos. Tita es la hija pequeña y, por tanto, según la tradición familiar, está destinada a permanecer soltera para cuidar de su madre cuando envejezca.

El pastel de bodas de su hermana Rosaura —que se casa con el hombre al que Tita ama y le corresponde porque él, gran cobarde, considera que es la única forma de estar cerca de ella- convierte en un mar de llanto a los invitados porque las lágrimas de Tita cayeron en la masa mientras la preparaba. A la gran llorera general por un amor perdido o imposible, le sigue una vomitona popular y multitudinaria en el río pues no todos tienen la fortuna de llegar a tiempo al baño.

Más devastador aún es el efecto de las codornices en pétalos de rosa, elaboradas entre pensamientos sensuales y sexuales. Gertrudis, la otra hermana de Tita, es el crisol en el que se mezclan los sentimientos y emociones de los dos amantes contrariados.

Al saborear las codornices y sentir sus desconcertantes y poderosos efectos afrodisíacos, Gertrudis busca apoyo en Tita:

Pero ella estaba ausente, su cuerpo estaba sobre la silla, sentado, y muy
correctamente, por cierto, pero no había ningún signo de vida en sus
ojos. Tal parecía que, en un extraño fenómeno de alquimia, su ser se había disuelto en la salsa de rosas, en el cuerpo de las codornices, en el
vino y en cada uno de los olores de la comida. De esta manera, penetraba en el cuerpo de Pedro, voluptuosa, aromática, calurosa, completa-
mente sensual.

En Gertrudis se despierta toda la sensualidad reprimida y acaba corriendo por el campo, desnuda, exhalando un profundo olor a pétalos de rosa y a lujuria hasta que la encuentra un revolucionario y la
monta en su caballo —la escena que Gertrudis había imaginado
mientras sentía en su cuerpo el deseo provocado por el platillo de
Tita—, cara a cara, para besarla apasionadamente. Tita y el cobarde
Pedro ven la escena, pero él sigue siendo incapaz de luchar por ella
y proponerle que huyan juntos.

Las referencias cruzadas entre el sexo y la comida son continuas
en *Como agua para chocolate*. Cuando Pedro, el enamorado poco te-
naz, sorprende a Tita moliendo almendras y ajonjolí, todo cambia
para ellos.

Tita levantó la vista sin dejar de moverse y sus ojos se encontraron con
los de Pedro. Inmediatamente, sus miradas enardecidas se fundieron de
tal manera que quien los hubiera visto, sólo habría notado una sola mirada, un solo movimiento rítmico y sensual, una sola respiración agitada
y un solo deseo.

Permanecieron en éxtasis amoroso hasta que Pedro bajó la vista y la
clavó en los senos de Tita. Ésta dejó de moler, se enderezó y orgullosa-
mente irguió su pecho, para que Pedro lo observara plenamente. El exa-
men de que fue objeto cambió para siempre la relación entre ellos. Después de esa escrutadora mirada que penetraba la ropa ya nada volvería
a ser igual.

Sigue el fragmento más revelador:

Tita supo en carne propia por qué el contacto con el fuego altera los elementos, por qué un pedazo de masa se convierte en tortilla, por qué un pecho sin haber pasado por el fuego del amor es un pecho inerte, una bola de masa sin ninguna utilidad. En sólo unos instantes, Pedro había transformado los senos de Tita, de castos a voluptuosos, sin necesidad de tocarlos.

Cómo convertir una ensalada en algo obsceno

Son muchas las situaciones complicadas, divertidas, hilarantes y surrealistas que han vivido los inmaduros y neuróticos protagonistas de la serie *Friends*. En la segunda temporada, Mónica está buscando trabajo como cocinera. Su situación es algo desesperada y acude a una entrevista de trabajo que, en principio, parece ser un sueño de trabajo. Sin embargo, su entrevistador tiene unas aficiones sexuales peculiares.

—Prepáreme una ensalada —pide el hombre a Mónica.

—¿Una ensalada? —pregunta ella, algo sorprendida—, podría preparar algo más complicado si quiere.

—No, una ensalada está bien, pero quiero que me explique lo que va haciendo a medida que lo haga.

—De acuerdo... —contesta ella con una sonrisa, algo extrañada—. Ahora estoy partiendo la lechuga —explica ella mientras va troceando la lechuga poco a poco con las manos.

—Ajá —comenta él con expresión de placer y reconocimiento—. ¿Está sucia?

—No, no se preocupe, voy a lavarla —contesta Mónica rápidamente, para que él no piense que es descuidada en su profesión.

—¡No lo haga! ¡Me gusta sucia! —casi la corta él con expresión vehemente y ansiosa.

—Bien, como quiera —la cara y la voz de Mónica empiezan a cambiar, se siente desconcertada e incómoda.

—Dígame, ¿qué hará a continuación? —inquiere él.

—Bueno, había pensado cortar los tomates —dice Mónica; ella suena cada vez más incómoda. Todos sus intentos para que la prueba sea seria están naufragando junto al agua en la que no ha lavado la ensalada.

—¿Están... turgentes? —pregunta él con la excitación temblándole en la voz.

—Están... Bien —responde ella con la voz tan neutra como puede.

—¿Seguro que no están blandos?, ¿seguro que no están muy muy blandos?

—No, de veras, están bien —a estas alturas Mónica ya no sabe qué hacer ni cómo comportarse. Su voz intenta sonar tranquila y conciliadora, pero, aunque quiere sacarle hierro al asunto, se está poniendo nerviosa. Se le va torciendo el gesto.

—¿Piensa trocearlos muy pequeños?

—De hecho iba a cortarlos a tiras.

El tío gime.

—¡Me largo de aquí! —brama Mónica y sale corriendo.

Después, a salvo ya en su piso donde reina su orden y limpieza obsesivas, sale de la ducha y uno de los chicos le pregunta:

—¿Qué, ya te encuentras mejor?

—Creo que la quinta ducha me ha purificado de esa entrevista.

La experiencia negativa de Mónica en esta entrevista es un acoso, una invasión de su intimidad y dignidad, pero la situación hubiera sido muy diferente si los dos protagonistas de la escena hubieran querido jugar a lo mismo...

Como la pareja de *9 semanas y media* que, en la famosa escena de la nevera y los ojos vendados, juegan con la comida entre risas. El juego consiste en dar a comer a tu compañero de juegos todo lo que encuentres dentro de la nevera.

John, el personaje de Rourke, extrae de su ecléctica nevera diversos alimentos, algunos de sabor agradable, otros mucho menos apetitosos. Para tentar la lengua y el placer de la golosa Elizabeth, que juega divertida y expectante con cada alimento, usa aceitunas, cerezas confitadas, una cereza, fresas, jarabe para la tos —un poco repulsivo según la cara de ella—, pasta de espiral, huevos duros, cerezas gelatina de fresa, guindillas... Y Elizabeth, cuando prueba estas últimas, bebe con ansia un gran vaso de leche de forma que el líquido resbala por su cara y va cayendo sobre su cuerpo.

Después viene la gran fiesta final —llamadme mal pensada, pero ¡parece una eyaculación!—, cuando la rocía con vino espumoso. Luego, la escena de la miel en la lengua, en deliciosas gotas y chorre-

Una escena de
9 semanas y media,
donde los juegos
de poder son una
constante en
la relación.

tones dorados. Rourke anuncia: «Te la pondré en el sitio exacto». Y vemos cómo los muslos de Bassinger están cubiertos de miel que resbala hacia su sexo. El seductor extiende sensualmente con ambas manos la miel por las piernas de ella.

Curiosamente, en su segundo encuentro, él le había ofrecido comer espaguetis de su tenedor y ella rehusó... No menos curioso resulta que el sujeto del deseo del filme, por aquel entonces en la plenitud de su belleza física, usara una doble de cuerpo para las escenas que la convirtieron en un símbolo de la sensualidad.

Las bases de la relación entre John y Elizabeth quedan claras ya en los inicios con dos frases memorables de él:

—Soy especial, no me digas que no te he prevenido» —le advierte cuando le regala un chal francés de 300 dólares que ella había visto previamente en un puesto de un mercado al aire libre.

Por cierto, en esa escena, Rourke está realmente sensacional y totalmente comestible y casi hace olvidar la media sonrisa enigmática que luce durante toda la película, del tipo «soy peligroso, baby, y, además, tengo un triste pasado a cuestas que no me voy a dignar a contarte». «Quítate el vestido», le ordena (sí, le ordena) cuando ella accede a ir a su casa. Previamente, como inicio de sus juegos de poder, él la había dejado colgada en la noria y se fue a tomar un café con el encargado de la atracción.

Ante la orden, Elizabeth balbucea: «¿Qué?». Y él insiste: «¿Quieres quitártelo?».

Elizabeth, nerviosa, le obedece, aunque se siente incómoda. Su seguridad se tambalea y se muestra como la niña pacata e inocente —y algo repipi— que es en realidad en su interior.

—¿Puedo vendarte los ojos? —pregunta él.
—¿Y si no te dejo hacerlo?
—Bueno, si quieres puedo irme... —sonríe con esa sonrisa a medias que no transmite ningún sentimiento y que será su expresión habitual durante las nueve semanas y media.

Elizabeth, fluctuando entre el deseo, la rebeldía, la fascinación y el temor, accede. Es su primera rendición.
—No quiero que te vayas.

Y asistimos a una de las escenas más sexys de la película, cuando él acaricia con un cubito de hielo, suave y voluptuosamente, su cuerpo, cubierto sólo por un conjunto de ropa interior blanquísimo, símbolo —quizá— de la inocencia de ella y de su vulnerabilidad a pesar de su imagen de mujer fuerte. En el fondo, es una mujer conservadora que se deja encandilar por un tipo canalla y que no se siente del todo cómoda con los retos que él le plantea.

Los juegos son la constante de su relación. Estos juegos se han definido como sadomasoquistas, aunque quizá sería más correcto decir juegos de poder o de entrega total, pues John también se le ofrece incondicionalmente, excepto porque no está dispuesto a hablar de él mismo ni quiere entrar en él mundo de ella ni conocer a sus amigos.

A órdenes como «Elizabeth, cada día a las doce en punto, mirarás ese reloj y pensarás en mi cuando te acaricio», que John expresa con voz aterciopelada de canallita cuando le regala un bello reloj de oro, se contraponen declaraciones de sumisión:

—Nunca más tendrás que lavar los platos —anuncia John—. Yo lo haré por ti. Haré la compra, haré la comida y te la daré. Te vestiré cada mañana y te desnudaré cada noche. Te bañaré y siempre me ocuparé de ti. Podrás ver a tus amigos durante el día, yo sólo quiero las noches que, de ahora en adelante, serán nuestras.

Los juegos van creciendo en intensidad y en exigencia. La deja sola durante horas en su casa y la llama para preguntarle si ha curioseado en su armario. Ella confiesa que sí, y él se enfada. Cuando vuelve, la quiere castigar azotándola. Sin que lo sepan, están llegando al punto álgido de su historia que marca el principio de la decadencia.

Elizabeth se siente mal cuando él la obliga a andar a cuatro patas para recoger los billetes que ha tirado por el suelo. La mezcla entre excitación y dolor que siente Elizabeth se va volviendo amarga. Aun así, vuelve a dejarse arrebatar por su pasión/obsesión.

La Elizabeth de la película estalla finalmente cuando John la lleva a una modesta pensión, hace que la acaricie una prostituta y luego la deja sobre la cama con los ojos vendados para besarse con la mujer. Es el fin, por mucho que él intente recuperarla sincerándose, diciéndole que la quiere y contándole lo que nunca le ha contado. «Vuelve antes de que cumpla los cincuenta» —le pide él apesadumbrado, sabiendo que es el fin.

En la novela, escrita por Elizabeth Mac Neill, la relación entre ambos es más destructiva —sobre todo para ella—, y queda más claro cómo la protagonista se va perdiendo a sí misma por esta pasión y, sobre todo, por la búsqueda de placer.

El hombre, en una de las escenas más sexuales y excitantes, la azota con un cinturón —una acción a la que ella se niega en la película— después de que una prostituta le practique una felación. Ella se siente contrariada y mal por lo que ha pasado, pero él sabe excitarla y la convierte en puro placer. Hollywood suavizó y edulcoró el

relato para hacerlo más digestible y eliminó, asimismo, la continuación de este episodio; John, tumbado, abraza a Elizabeth, que está
tendida a su lado, y le pone los dedos en la boca, mientras la prostituta le cabalga. ¡Demasiado para Hollywood!

La escena de los juegos con comida de *9 semanas y media* tuvo
una parodia memorable y divertidísima en *Hot Shots*, de los creado-
res de *Aterriza como puedas*. Martin Sheen juguetea con la comida y
con Valeria Golino —que no usó doble de cuerpo.

La escena empieza más o menos bien, con una uva y, seguidamente, una fresa, que ella arrebata de un bocado de la mano de él,
pero se tuerce un poco, en el sentido sensual, con la pizza que él enrolla y sella con la lengua. Acto seguido, consigue disparar una oliva
desde el ombligo de la actriz hasta la boca de ella... Y ella se pone caliente —literalmente, como comprueba Sheen al pasar un cubito por
su vientre.

La barriga de la actriz está ardiendo. Tanto que, cuando Sheen
pone un huevo sobre él, se fríe. Ella goza intensamente. El galán
acaba friendo dos lonchas de bacon sobre Valeria. Ambos ponen cara
de extremo placer, especialmente ella, y la escena resulta hilarante.

La comida funciona como reclamo sexual, sobre todo si se come
de forma sexy. Es decir, con los dedos, lamiéndola, disfrutándola y
realizando todo tipo de juegos con la lengua y con ella, aunque es
una práctica sólo apta para las situaciones en la que hay mucha complicidad. Es el juego que practica en el restaurante la protagonista de
una película que despertó la pasión por el baile de toda una generación, *Flashdance*.

En una cena en un elegante restaurante, Alex, encarnada por Jen-
nifer Beals —soldadora y eléctrica bailarina que quiere entrar en el
conservatorio— tienta a su pretendiente, su jefe, Nick, comiendo
langosta con los dedos, haciéndola resbalar por su boca de forma juguetona, pasándola por su lengua, mordiéndola con fruición, sor-
biendo los trozos, poniendo cara de vicio...

—¿Cómo está la langosta? —pregunta su partenaire.
Alex, vestida con smoking y pajarita, responde, provocando:
—Horrible.
—¿Quieres la mía? —pregunta él entrando en el juego.
Alex se chupa los dedos:

—No tengo hambre, gracias.

—Pues, francamente, no lo parece.

Se lleva un nuevo trozo de langosta a la boca y chupándolo con fruición y un poco de cara de vicio inquiere:

—¿Qué te pone cachondo a ti?

Nick ya está descompuesto, sobre todo cuando nota que el pie de ella, enfundado en una media calada, sube por su pantorrilla hasta llegar a su entrepierna.

Mientras, ella sigue chupando el trozo de langosta y le sigue mirando a los ojos.

—¿Las cabinas telefónicas? —pregunta, mientras un trozo de langosta se desliza por su boca, guiado por su mano.

—¿Las cabinas? —se sorprende él.

—¿O sólo te gusta hacerlo en la cama?

Esta escena de seducción salvaje se interrumpe abruptamente cuando aparece la ex de él, Katy, y muestra sus celos. La temperatura en el ambiente aumenta aún más, pero esta vez por la tensión.

—Nick me ha hablado de ti

—Hola

—No eres soldadora, ¿verdad?

—Sí lo soy, de veras —responde Alex.

—¿Y te desnudas fácilmente por las noches? —inquiere con bastante mala uva la ex.

—No acostumbro a hacerlo fácilmente.

—Pues mira, yo tenía la impresión de que sí —se gira hacia Nick y continúa—. Tienes buen aspecto, Nick, no sé porque no lo tenías cuando estabas casado.

—Probablemente era la compañía... —ironiza él.

Katy se da por aludida levemente y prosigue su ataque contra Alex:

—¿Te ha llevado ya al almacén? Le gusta ir allí la primera vez. ¿Te citó en el almacén, ¿no?

—Sí, allí.

Alex se quita la chaqueta, en uno de sus momentos más sexys y comprobamos que debajo de ella lleva simplemente un peto que simula una camisa y añade:

—Y te diré más: follamos como locos.

Y sale vencedora de esta escena que demuestra el conservadurismo del Hollywood de la época y, probablemente, del actual, ya que la acusación de Katy no es si no que Alex es una mujer «fácil», un eterno problema para las mujeres que disfrutan del sexo...

En *Fresa y chocolate*, como cebo para entablar conversación con David, el chico en el que se ha fijado, y seducirle en la célebre heladería Coppelia de La Habana, Diego usa un helado aderezado con frases sugerentes y llenas de dobles sentidos.

Se sienta en la mesa de David y dice: «Con permiso. No pude resistir la tentación... ¡Me encanta la fresa! Umm..., es lo único bueno que hacen en este país. Ahorita lo exportan, y para nosotros, agua con azúcar. ¡Uuy... (toma una fresa de dentro del helado con la cuchara), hoy es mi día de suerte: encuentro maravillas!».

Sin saberlo, han iniciado una gran amistad que irá creciendo, entre algunas tiranteces, desconfianzas y malentendidos, a medida que avanza la película, a pesar de los prejuicios del joven contra los gays y de su adscripción, en un principio sin fisuras, al régimen de Fidel. Al final de la película, es el joven comunista quien le hace la broma del helado de fresa a su amigo, quien acosado por sus ideas y su orientación sexual tiene que exiliarse.

Renton, el personaje de Ewan McGregor en *Trainspotting*, tiene una receta para dejar la droga y pasarlo lo mejor posible: se trata de encerrarse en una habitación con un gran bote de helado de vainilla, agua mineral, pornografía, paracetamol, leche de magnesia, vitaminas, enjuague bucal, Lucozade (bebida energética), Valium, ocho botes de sopa de champiñones y diez botes de sopa de tomate, una colchoneta, una televisión...

Como *9 semanas y media*, el filme *El último tango en París* —con la famosa escena de la mantequilla para lubricar el acceso trasero del personaje de Maria Schneider— narra una relación tan pasional como destructiva y sin futuro. Sus protagonistas son un hombre maduro desesperado y una joven que se va a casar y descubre la trasgresión junto a él. «No quiero saber nada de tu pasado», le dice él a ella. «Nada de nombres, nada de ternura: sólo sexo furioso y urgente, violento y animal». No serán capaces de mantener su promesa, pero la historia no es un cuento edulcorado y no hay un final feliz: aunque intentan empezar de cero y conocerse realmente, lo que ha ocurrido entre ellos pesa demasiado.

La escena de la mantequilla fue una de las máximas responsables de que la censura franquista la prohibiera en España y de que la moral estadounidense la clasificara como película X y sólo pudiera ser exhibida en un número reducido de salas.

Otra pareja tormentosa, sexualmente ávida y con final trágico anunciado es la de *El imperio de los sentidos*. Es el hombre, Kichi, el dueño de la casa, quien iniciará el contacto con su sirvienta Abe Sada —que intenta zafarse de él avergonzada—, haciendo valer sus «derechos» como señor, y quien parece que va a llevar las riendas de su relación.

Poco a poco, es Sada quien toma el control y se deja llevar por sus celos y por su anhelo de poseer al hombre y, sobre todo, a su miembro viril, una pasión que ella evidencia por la forma golosa en la que le hace una felación. Sada adora tener el pene de Kichi en la boca.

Kichi y Sada celebran un ritual de matrimonio, en compañía de varias geishas, para demostrar que su unión y su amor son profundos. Mientras ellos copulan, las juguetonas geishas desnudan, acarician, masturban y desvirgan con un dildo a la más joven de ellas para instruirla en el amor carnal. Terminan todos en una dulce y lánguida confusión de cuerpos y de deseo.

La presencia de una o más personas mientras se aman es una constante de su relación. Sada se revela como una mujer sexualmente poderosa e hipersensible que, en ocasiones, agota al encantado Kichi.

La comida forma parte de sus juegos. En una de sus numerosas y maratonianas sesiones de amor, Sada toma con los palillos diversos alimentos y los pasa por su sexo antes de dárselos a su amado: «Todo lo que hacemos juntos —anuncia—, aunque sea el simple acto de comer, debe ser un acto de amor». Mientras tanto, una geisha toca su shamisen.

«Sada, tengo hambre. Mi placer radica en darte placer a ti y obedecer todos tus deseos», responde él.

Como juego, Kichi introduce un huevo duro en la vagina de Sada. Después de la sorpresa inicial y de que su deseo se dispare de nuevo al sentirlo dentro, Sada lo expulsa y obliga a Kichi a comérselo mientras se pone a horcajadas sobre él para poseerle.

Los celos, el ansia de Sada de poseerle y, sobre todo, los juegos de estrangulación que empiezan a practicar, acaban finalmente con la vida de Kichi. Su pasión es tan grande que lo devora todo. Con Kichi muerto, Sada consigue poseer totalmente su pene y sus testículos como ansiaba. Los corta y se los lleva.

Concluye el filme con una voz en off: «Sada vagó alrededor de Tokio durante cuatro días llevando en la mano la parte de Kichi que había cortado de su cuerpo. Quienes la detuvieron quedaron sorprendidos por la expresión de felicidad que irradiaba su rostro. El caso impresionó a todo el Japón y la compasión del pueblo hizo de ella una mujer extrañamente popular. Estos sucesos ocurrieron en 1936».

La cocina como escenario

Aunque la cocina era el lugar que Freud, con su proverbial machismo —fruto de su época—, consideraba la habitación de las mujeres por excelencia, también es junto a los fogones donde, en un buen número de películas, tienen lugar escenas de sexo, situaciones inquietantes, pasajes decisivos en la vida de los protagonistas, conversaciones familiares que mantienen unida a la familia...

Para muchos, la cocina es el único lugar en el que encuentran un momento para poder comunicarse; para otros, es una estancia pacífica donde desarrollan su creatividad y, para algunos otros, como los protagonistas de *Atracción fatal* y de *El cartero siempre llama dos veces*, el lugar donde sueltan su pasión y su desenfreno.

Cora, la hastiada ama de casa que interpreta Jessica Lange en *El cartero siempre llama dos veces*, es la esposa de un anodino propietario de una fonda. El trotamundos Frank Chambers, encarnado por Jack Nicholson, es un hombre que, como muchos en esos años, no tiene empleo ni futuro debido a la gran depresión. Ambos se conocen cuando Frank llega a la posada que el matrimonio regenta.

La tensión sexual entre los dos es extrema, aunque el personaje de Jessica se resiste. La pasión estalla, literalmente, cuando se encuentran en la cocina. Frank se abalanza sobre ella, aprovechando su fuerza y ambos se enzarzan en una salvaje y encarnizada lucha cuerpo a cuerpo.

Finalmente, ella se rinde a él, en lo que corresponde a una perfecta fantasía de violación —y ésta es una de las fantasías más extendidas entre las mujeres, que imaginan que un magnético desconocido las somete empleando su fuerza (controlada por la fantasía de la mujer) y, finalmente, las seduce con su pasión animal y su carisma.

Sobre la mesa, hemos visto una masa de pan y varios panes en una bandeja para horno, más algunos utensilios de cocina, entre ellos un enorme y afilado cuchillo.

Cuando Frank tiende sobre la mesa a Cora, ella le grita: «¡Espera un minuto! ¡Espera! ¡Apártate!». Cora tira al suelo, con varios manotazos, las bandejas de pan, la masa, el enorme cuchillo —como si se deshiciera de su aburrida vida de ama de casa con estos gestos frenéticos— y emerge, sensual e impresionante, con la cara manchada de harina.

Es entonces cuando ella toma el control y le apremia, le exige: «¡Venga! ¡Venga!».

En los minutos que dura su tórrido encuentro sensual asistimos a todo un despliegue de prácticas sexuales más o menos insinuadas: un cunnillingus; la mano de Frank que desciende al sexo de Cora; la mano de Cora que la aparta para estimularse ella misma; las manos de los dos que coinciden en el sexo de ella, una felación... Hasta que, allí mismo, sobre la amplia mesa de la cocina, se enzarzan en un coito frenético en el que, supuestamente, ambos, alcanzan el orgasmo a la vez. Entonces llega la ternura, en forma de cálidos besos en la boca. Con este encuentro sexual condensado, han sellado su destino en este intenso drama.

Juntos planean matar al esposo de ella. Tras un primer intento fallido, lo logran, pero el asesinato es un plato difícil de cocinar y de digerir y, sobre todo, difícil de tapar. La desconfianza entre ellos acaba por enfrentarles en un intento de salvar el propio pellejo. Es más fácil limpiar los restos de un banquete sexual en la mesa de amasar que lavar los restos de un asesinato, cocinar las coartadas de ambos de forma que se complementen y blanquear las conciencias.

En *atracción fatal*, Dan Gallagher (Michael Douglas) y la atractiva y subyugante Alex Forrest (Glenn Close) también empiezan haciéndolo apasionadamente en la cocina. Concretamente, sobre el fregadero, mientras ella le moja la cara con el agua del grifo. Para Dan, felizmente casado, ha sido sólo una divertida cana al aire. Para Alex, representa mucho más. Quiere quedar con él una y otra vez y hacerle suyo.

Alex no se da por vencida jamás. Cuando él va a marcharse para volver a su casa porque tiene diversos asuntos que atender, parece resignarse. Le abraza, le besa y le pasa las manos por la cara como hizo en su primer encuentro sexual. «Tienes las manos mojadas» —le dice él sonriendo. Horrorizado, se da cuenta de que la sangre proviene de las muñecas cortadas de ella y la socorre.

Dan es un buen hombre que ha cometido el error de cometer una infidelidad que le llevará a un peligroso camino y a una lucha por sobrevivir. Alex está dispuesta a todo para destruir su felicidad conyugal y conseguirle... o acabar con él.

La cocina —concretamente una suerte de anticocina— tiene un papel importante en esta historia llena de detalles que anticipan lo que va a ocurrir y coincidencias que dan complejidad psicológica a la historia y a los personajes. La esposa de Dan le deja espaguetis para que se alimente mientras ella está fuera y Alex cocina espaguetis para él. El plato de pasta cocinado por la esposa lo acaba comiendo el perro de la familia.

En *El cartero siempre llama dos veces* la cocina se convierte en un lugar de pasión y desenfreno.

Alex enloquece, se desata y se vuelve agresiva. Tras el acoso, su primera acción de violencia es hervir al conejo que la niña tiene por mascota. De nuevo la cocina entra en acción.

Como estamos en una película todo se soluciona satisfactoriamente, aunque de forma bastante traumática y violenta, con la muerte de Alex a manos de la pareja, que permanece unida.

La comida orgía

En *La gran bouffe* (La gran comilona) un grupo de amigos, cuatro burgueses hastiados de la vida, deciden reunirse en la mansión de uno de ellos y comer hasta morir. Por puro aburrimiento, sin que haya razones evidentes o explícitas para su decisión. En el film se quiso ver, en su momento, una crítica a la sociedad de consumo, que termina por destruirse a sí misma, y a la decadencia de Occidente.

Uno de los amigos, Ugo —interpretado por Ugo Tognazzi— es chef de cocina, y será él quien se encargue de crear y cocinar los platos que degustarán, al principio, y devorarán, ya sin ganas, a medida que transcurre el tiempo.

Todos los personajes llevan el nombre de pila de los actores que los encarnan, lo que provocó una mayor identificación con sus papeles. Philippe, un juez reprimido de complicada sexualidad totalmente dependiente de su niñera, está interpretado por Philippe Noiret; Marcello, un aviador mujeriego, por Marcello Mastroianni, y Michel, un productor de televisión es encarnado por Michel Piccoli. La golosa, voraz y sensual profesora Andrea es, en su vida real, Andréa Ferreol.

Por su mesa y por sus fauces hambrientas de sensaciones y de muerte, van pasando delicatessen que se convierten en platos obscenos por la forma en que los comen, como ostras, jabalí, corzo, ciervo, buey, riñones, langosta, bogavante, cochinillo, patés exquisitos...

Cada uno de estos platos serviría para saciar a un comensal menos ávido y desesperado, pero ellos comen y comen y devoran hasta tal punto que las prostitutas que habían contratado para que les acompañaran se van entre aburrimiento y vómitos.

Sólo queda con ellos, como testigo de su decadencia y muerte, la maestra de escuela, Andrea, que va a parar a la casa por casualidad.

Ella, una mujer gorda extremadamente sensual, les acompaña con placer en sus banquetes y se va acostando con ellos uno a uno en algunas escenas duras que predicen o preceden a su muerte. Los actos sexuales son decadentes. La sensualidad de *La gran bouffe* queda atenuada por el efecto cómico o grotesco de las acciones de sus protagonistas y por la forma en que la comida altera sus organismos. Porque morir comiendo no es, en absoluto, un acto glamouroso, sino que acarrea consecuencias físicas temibles que llevan a los cuatro amigos al dolor, a la aerofagia y a unas formas de morir entre absurdas, dantescas, dramáticas, humorísticas y, en algún caso, escatológicas.

Todos los platos que aparecen en la película, son exquisitos manjares preparados en Fauchon, un establecimiento idolatrado por los sibaritas, situado en el barrio de la Ópera de París.

Como narró Ugo Tognazzi, entre los aromas y sabores de los platos del día y su interpretación se estableció una peculiar relación:

La película se rodaba cronológicamente, del principio al, final: ya estaba claro que lo haríamos día a día, todos juntos. Sucedía que, por la mañana, si estábamos convocados para las ocho, el chef enviado especialmente por Fauchon para cocinar el menú del día tenía que estar listo a las seis: nunca tardaba menos de dos horas en preparar el libreto gastronómico que recitaríamos ante la cámara. Y, cuando llegábamos al set, en lugar de ver con los ojos las escenas que filmaríamos, las veíamos con la nariz. Olíamos los olores que provenían de las cocinas y sabíamos qué nos aguardaba.

—Hoy, muchachos, recitamos el riñoncito bourguignonne... —decía Mastroianni; o bien:

—Hoy interpretamos el puchero mixto...

Y Noiret agregaba:

—Lástima, ¡hubiera dado lo mejor de mí mismo con un soufflé de queso!

Nuestro ingreso en el set estaba puntuado por olores. Según el perfume que impregnaba el aire, sabíamos el destino que cumpliríamos en la escena a interpretar.

La cosa, pues, arrancaba muy bien. ¿Existe algo mejor, en efecto, que entrar por la mañana al lugar de trabajo y sentir el perfume de la comida que comerás un par de horas más tarde? Muy a menudo, sin embargo, terminábamos por comer la exquisita comida, no dos horas más tarde, sino a las siete de la noche, sometiéndonos a un molesto ayuno que no pocas veces interrumpíamos para ir a comer un buen almuerzo en la hostería más cercana. Porque rara vez renunciamos a la comida del mediodía. En todo caso, renunciamos a mantener la línea.

A medida que la película avanzaba, el aroma de descomposición fue instalándose en la mansión y los olores provenientes de la cocina daban nauseas a los actores.

El rodaje fue también inusual y muy intenso. Espoleados por el director, Marco Ferreri, los actores improvisaban frases, y se creó un clima de total libertad y una intensa relación. Hasta tal punto, que sufrían cuando uno de los personajes moría. Cuando, finalizado el

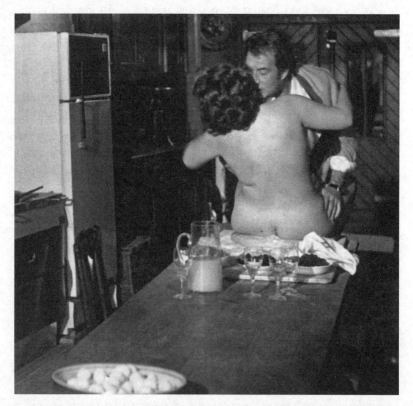

La sensualidad de *La gran bouffe* queda atenuada por el efecto cómico o grotesco de las acciones de sus protagonistas.

rodaje, los actores se reencontraron, se abrazaron efusivamente como si hubieran retornado efectivamente de la muerte.

La polémica *Calígula*, de Tinto Brass, muestra a un histriónico y afeminado Calígula, quizá no muy distante del real, interpretado por Malcolm McDowell, en unas escenas de erotismo desbordante y unos decorados teatrales y *kitsch* que causan sensación de irrealidad, extrañeza y ridículo.

El sexo y la decadencia y perversión del Imperio romano son los protagonistas de la película, especialmente en la versión de su productor, Bob Guccione —fundador de la revista Penthouse—, que incluyó, en un montaje alternativo y sin consentimiento del director, escenas pornográficas rodadas en secreto por otro equipo.

Gore Vidal, autor de la novela en la que se basó la película, empezó como guionista, aunque se desmarcó del proyecto cuando vio el rumbo que tomaba el rodaje.

Brass pretendía mostrar la vida cotidiana, los tejemanejes y los excesos de las personas poderosas del Imperio romano, así como abordar con rigor histórico la figura de Calígula, sus intrigas y traiciones.

Estrenada en 1979, la película fue un escándalo que se vio magnificado debido a la intervención en ella de algunos de los actores más respetados del momento: Malcolm McDowell (Calígula), Peter O'Toole (Tiberio), Helen Mirren (Caesonia, la lujuriosa primera esposa de Calígula), John Steiner (Longinus), John Gielgud (Nerva), Teressa Ann Savoy (Drusilla)...

Hoy día, el film ha perdido gran parte de su impacto y nos hace sonreír, aunque algunas de sus escenas siguen teniendo un efecto magnético, como las de los pececitos humanos del emperador Tiberio, seres dedicados al placer.

La torturada y torturante personalidad de Calígula se va desarrollando durante toda la obra hasta llegar a la crueldad extrema por la que ha pasado a la historia. En el film, asistimos con detalle a las relaciones incestuosas con su hermana Drusilla, la única mujer a la que amó y la única persona que tenía influencia sobre él; a las creativas formas con las que acabó con sus amigos, y a sus expeditivas intrigas para conseguir el poder absoluto.

La comida tiene también su papel en el filme. En el banquete de bodas de Lidia y el gladiador Próculo, incondicional del emperador, los comensales comen vorazmente la carne y se refrescan con uvas en un sorprendente decorado en el que destacan platos con falos y vulvas gigantes.

Estamos ante una orgía romana que acabará trágicamente cuando Calígula decida ejercer el derecho de pernada sobre la novia y la desvirgue sobre la mesa de la cocina. «Tienes la suerte de perder la virginidad con un descendiente directo de la diosa Venus», le informa. Seguidamente, desvirga también al novio, su atractivo amigo y seguidor. Para ello, le hace colocar a cuatro patas sobre la mesa de la cocina, embadurna generosa y groseramente la puerta trasera del gladiador con manteca y, simplemente, lo hace. Sin pasión ni emoción.

—Os doy mi bendición —sentencia Calígula, dejando a los dos cónyuges en las poses en las que lo ha violado. Antes de irse, inserta delicadamente una pequeña florecita roja en el ano de su amigo.

La comida es fuente de placer para muchos criminales y dictadores —a excepción de Hitler, que era vegetariano y no disfrutaba comiendo ni tampoco era un gran amante; un ejemplo de la relación entre la forma de comer y la manera de amar apuntada anteriormente.

En las películas sobre la mafia, como *Uno de los nuestros*, la comida tiene un gran papel. Mientras planean o cometen sus delitos, comen butifarra, empanada, canelones, lasaña, macarrones con tomate, albóndigas, ternera, buey... Y todo lo que se tercie.

En la magnífica serie sobre la mafia de Nueva Jersey *Los Soprano* —que refleja a la perfección el mundo mafioso y la psique de sus integrantes—, la comida también tiene un papel estelar. Invariablemente, los mafiosos se unen y reúnen en torno a una mesa para comer todo tipo de especialidades italianas y estrechar sus vínculos «familiares». Comen juntos, delinquen juntos y son una familia, pero cualquiera puede ser asesinado en cualquier momento si traiciona al grupo o, simplemente, molesta.

Carmela, la infeliz e insatisfecha esposa de Tony Soprano, es una excelente cocinera a la que puede verse habitualmente en la cocina.

Uno de los máximos placeres de la pareja y del resto de mafiosos es reunirse a comer en el Vesubio, un restaurante italiano. Sin embargo, en uno de los capítulos, Tony y Carmela descubren un nuevo e innovador restaurante italiano que les entusiasma y al que acuden como si fuera una travesura. Es su momento para estar juntos, su pequeña transgresión. Hasta tal punto que Carmela se siente traicionada cuando Tony va un día a este restaurante sin ella. La infidelidad a través de la comida...

La relación con la comida no acaba en la pantalla. Los participantes en *Los Soprano* adquirieron la costumbre de llevar a comer al restaurante Il Cortile, en Little Italy, a todos aquellos que eran asesinados en la serie.

En la trilogía de *El Padrino*, los mafiosos también se relacionan a través de la comida y en cada episodio violento aparece siempre algún alimento.

En cada una de las películas de la serie hay un gran banquete. De hecho, la primera parte de la película empieza con el festín de bodas de la hija de Don Corleone, Connie, que sirve para hacer un primer acercamiento a los personajes de la historia y a su peculiar psicología y forma de vida.

Bibliografía

Acevez, Luis Mariano; *Erotismo en las cuatro estaciones: el ciclo del placer y la sexualidad en la vida*, Paidós, Madrid, 2006.

Allende, Isabel; *Afrodita. Cuentos, recetas y otros afrodisíacos*, Plaza & Janés, Barcelona, 1997.

Bàguena i Maranges, Núria; *De l'Antiga Roma a la teva cuina*, El Mèdol, Tarragona, 1997.

Bascove; *Sustenance and Desire: A Food Lover's Anthology of Sensuality and Humor*; David R. Godine Publisher, Boston, 2004.

Belluscio, Marta; *Comida y cine: placeres unidos*, La Máscara, Barcelona, 1997.

Biasin, Gian-Paolo; *The flavors of modernity: food and the novel*, Princeton University Press, 1993.

Bober, Phyllis Pray; | *Art, culture, and cuisine: ancient and medieval gastronomy*, The University of Chicago Press, 1999.

Bolinches, Antonio; *Sexo sabio: cómo mantener el interés sexual en la pareja estable*, Debolsillo, Barcelona, 2003.

Brillat, Savarin; *Fisiología del gusto*, Iberia, Barcelona, 1999.

Crumpacker, Bunny; *The Sex Life of Food*, Thomas Dunne Books, Nueva York, 2006.

De La Mata, Héctor; *Guía de la dieta y del sexo*, Altalena, Madrid, 1981.

Espe Brown, Edward; *La cocina Zen*. *Inspiradas recetas y sabrosas reflexiones*, Integral, Barcelona, 1998.

Esquivel, Laura; *Íntimas suculencias: tratado filosófico de la cocina*, De Bolsillo, Barcelona, 2007.

Fellner, Tara; *Aromaterapia para amantes*, RBA, Barcelona, 2002.

Frazier, Grez & Beverly; *Cocina afrodisíaca*. *Antigua & Moderna*, Pequeña Biblioteca Calamos Scriptorius, 1980.

Freixa, Carmen; *Abre la boca: las mejores recetas sexuales para gourmets*, Temas de hoy, Madrid, 2003.

Gallotti, Alicia; *Kamasutra del sexo oral*, Martínez Roca, Barcelona, 2005.

García Mercadal, José; *La cocina y la mesa en la literatura*, Taurus, Madrid, 1962.

Greene, Gael; *Las delicias del sexo*, Edivisión, México, 1989.

Grimod de la Reynière, Alexandre-Balthazar-Laurent; *Manual de anfitriones y guía de golosos*, Tusquets, Barcelona, 1980.

Hooper, Anne; *Masaje erótico: juegos eróticos para despertar los sentidos*, Timun Mas, Barcelona, 2005.

Iturriaga, José N.; *Pasión a fuego lento*. *Sexo y comida mexicana*, Random House Mondadori, México, 2006.

Jiménez-Pajarero, Leticia S.; *La alquimia del amor: los afrodisíacos naturales*, Oasis, Barcelona, 1997.

Kermoal, Jacques, y Martine Bartolomei; *La mafia se sienta a la mesa: historias y recetas de la «honorable sociedad»*, Tusquets, Barcelona, 1998.

Killham, Nina, y María Isabel Merino; *Como cocinar a Esa Lagarta*, Umbriel, Barcelona, 2003.

King, Shirley; *Comiendo con Marcel Proust. Recetas de la Belle Epoque*, Emecé, Barcelona, 1982.

Lafourcade, Enrique; *La cocina erótica del Conde Lafourchette*, LOM, Santiago de Chile, 1997.

Laurioux, Bruno; *Les Livres de cuisine médiévaux*, Brepols, Turnhout, 1997.

Leman, Kevin; *El sexo empieza en la cocina*, Edivisión, México, 1986.

Linares, Félix; *Cocine recetas de película*, EITB Taldea, Iurreta (Bizkaia), 2005.

Luján, Néstor; *Como piñones mondados: cuento de cuentos de gastronomía*, Círculo de Lectores, Barcelona, 1996.

Marber, Ian; *En la cama con el Doctor Comida*, Océano, Barcelona, 2004.

Martínez Llopis, Manuel; *De cocina erótica. Para una historia del erotismo en la cocina*, Argos Vergara, Barcelona, 1983.

Martínez Llopis, Manuel; *Los alimentos afrodisíacos y sus recetas*. R&B, San Sebastián, 1997.

Martínez Llopis, Manuel; *Historia de la gastronomía española*, Altaya, Barcelona, 1998.

Miguel, Amando; *El sexo de nuestros abuelos*, Espasa Calpe, Madrid, 1998.

Moamar, David; *Hechizos de amor y sexo*, Edimat, Madrid, 1998.

Pérez, Sebastián Celestino (ed.); *La imagen del sexo en la Antigüedad*, Tusquets, Barcelona, 2007.

Purtí, E., y A. Viladomat; *La cocina afrodisíaca. Un recetario muy estimulante*, Grijalbo, Barcelona, 1992.

Rabinyan, Dorit; *Nuestras bodas*, Lumen, Barcelona, 2001.

Revel, Jean François; *Un Festín en palabras: historia literaria de la sensibilidad gastronómica de la Antigüedad a nuestros días*, Tusquets, Barcelona, 1980.

Roche, de Max; *Las recetas del amor con las delicias, virtudes, propiedades mágicas y recetas secretas para todo tipo de filtros de amor y afrodisíacos probados*, Everest, León, 1990.

Sánchez Romera, Miguel; *La cocina de los sentidos: la inteligencia y los sentimientos del arte culinario*, Planeta, Barcelona, 2001.

Schnitzer, Rita; *Recetas para enamorar*, Elfos, Barcelona, 1990.

Sicilia, Alejandro, Zurdo, David, y Juan Agustín Rodríguez; *La cocina del Titanic*, Ediciones B, Barcelona, 1998.

Sky, Susan, y Louise Woolf; *The X-Rated Cookbook. 50 Bedroom Tested Recipes*, R. H. Brown & CO. Nueva York, 1977.

Smith, Gil; *Fuego Al Fuego: Cocina Tropical Afrodisíaca*, Ediciones Unión, La Habana, 2002.

Smith, Richard; *Cómo adelgazar follando. Toda la verdad sobre la comida y el sexo*, Grijalbo-Mondadori, Barcelona, 1999.

Sohel, H. von; *Erotismo en China*, Ed. Producciones Editoriales, Barcelona, 1976.

Soler Santander, M. del Carmen; *Banquetes de amor y muerte*, Tusquets, Barcelona, 1981.

Tomás, Josep; *El gusto es mío*, La esfera de los libros, Barcelona, 2007.

Urbiola, Óscar; *Gran enciclopedia del sexo historia ilustrada de las prácticas sexuales anécdotas, sucesos curiosos, costumbres y tradiciones, prohibiciones, vicios, rarezas*, RBA, Barcelona, 2006.

VV.AA.; *Tábula 35 mm*, Navarrorum Tabula, 2007.

VV.AA.; *Gastronomía y erotismo*, La Val de Onsera, Huesca, 2006.

Wall Frank, Ann; *La cocina perversa. Platos buenos para momentos difíciles*, Ediciones B, Barcelona, 1995.

Warburton, Diana; *Guía de afrodisíacos*, Tellus, Madrid, 1987.

Wasserman, Ludwig; *Diccionario erótico*, Vilmar, Barcelona, 1976.

OTROS TÍTULOS DE

¿En mi casa o en la tuya? Alicia Misrahi

La lectura de este libro permite adentrarse en los deseos, dudas, miedos, experiencias y descubrimientos de las mujeres en materia de sexo y su acercamiento al mundo de los productos sensuales a través de las reuniones tuppersex.

No hay duda de que los tiempos están cambiando: las reuniones conocidas como tuppersex se han convertido en la punta de lanza de una nueva revolución sexual que, por fin, comienza a mostrar su rostro femenino.

El nuevo arte del masaje erótico. Andrew Yorke

Este libro constituye un complemento vital al juego erótico que puede ayudar a cualquier pareja a mejorar su vida emocional y sexual, a «descubrir» las debilidades sensuales de la pareja y conocer mejor sus zonas erógenas, o a encontrar fuentes de placer adicional e inimaginables...

Todas las técnicas del masaje puestas al servicio de la obtención del máximo placer y plenitud sexual. Ilustrado con sensuales fotografías de las diversas posturas y el paso a paso de los masajes, el libro le ayudará a obtener el máximo provecho del contacto físico y le ayudará a dominar las técnicas básicas de las caricias.

1001 secretos eróticos. Marc Dannam

Mil y un secretos para sacar a relucir lo mejor de vuestra pasión amorosa. Este manual práctico es la mejor herramienta para adentrarse en uno de los secretos de los dioses mejor guardados: el placer.

En este libro descubrirás técnicas que mejorarán tu vida sexual en adelante, por ejemplo cómo practicar una felación con éxito, cómo elaborar un filtro de amor, cómo acertar con un estriptis o cómo mantener una erección.

Atrévete... a descubrir las técnicas del placer. Italo Baccardi

Esta guía te proporcionará todos los consejos destinados a modelar tu cuerpo con vistas a descubrir las técnicas del placer.

Tatuajes, lencería erótica, afrodisíacos, depilación, gimnasia del perineo, masturbación... no deja ningún tema en el tintero.

Atrévete... a descubrir el punto G. Ovidie

¡Todo lo que hay que saber sobre el punto G y la eyaculación femenina! «Descubierto» en 1950 por un sexólogo que lo bautizó con la inicial de su apellido, este enigmático y pequeño lugar, situado en la pared interna de la vagina, es fuente de infinito placer para quien aprenda a desvelar sus secretos. Su estimulación provoca una de las manifestaciones más espectaculares: la eyaculación femenina.